Gemeinsam geführte Unternehmen im Bilanz- und Gesellschaftsrecht

Frankfurter wirtschaftsrechtliche Studien

Herausgegeben von
Theodor Baums, Andreas Cahn, Friedrich Kübler,
Hans-Joachim Mertens, Eckard Rehbinder
und Gunther Teubner

Band 76

PETER LANG
Frankfurt am Main · Berlin · Bern · Bruxelles · New York · Oxford · Wien

Markus Lauer

Gemeinsam geführte Unternehmen im Bilanz- und Gesellschaftsrecht

PETER LANG
Europäischer Verlag der Wissenschaften

Bibliografische Information Der Deutschen Bibliothek
Die Deutsche Bibliothek verzeichnet diese Publikation in der Deutschen Nationalbibliografie; detaillierte bibliografische Daten sind im Internet über <http://dnb.ddb.de> abrufbar.

Zugl.: Frankfurt (Main), Univ., Diss., 2004

D 30
ISSN 0723-0427
ISBN 3-631-54405-7

www.peterlang.de

Meinen Eltern

und

meiner Schwester

Vorwort

Die Arbeit lag der juristischen Fakultät der Johann Wolfgang Goethe Universität, Frankfurt am Main, im Wintersemester 2004/2005 als Dissertation vor. Die mündliche Doktorprüfung fand am 8. Dezember 2004 statt. Literatur und Rechsprechung konnten bis November 2003 berücksichtigt werden.

Mein Dank gilt meinem Doktorvater, Herrn Prof. Dr. Andreas Cahn, LL.M., der die Wahl des Themas angeregt und seine Bearbeitung betreut hat. Darüber hinaus danke ich herzlich Herrn Prof. Dr. Theodor Baums für die Erstellung des Zweitgutachtens.

Mein besonderer Dank gilt meinen Eltern, Frau Apothekerin Elisabeth Lauer und Herrn Dipl. Kfm. Eberhard Lauer, die mir sowohl während meines Studiums als auch bei der Erstellung dieser Arbeit alle Möglichkeiten eröffnet und mich stets großzügig unterstützt haben. Auch meiner Schwester, Frau Apothekerin Birgit Lauer, die mich immer ermutigt hat, danke ich von ganzem Herzen.

Frankfurt am Main, Dezember 2005

Markus Lauer

Inhaltsverzeichnis

A. Einleitung und Problemstellung

Die 4. EG-Richtlinie zur Koordinierung der einzelstaatlichen Vorschriften über Form und Inhalt des Jahresabschlusses und des Lageberichts von Kapitalgesellschaften wurde am 27.07.1978 vom Rat der Europäischen Gemeinschaft verabschiedet. In engem Zusammenhang hiermit steht ein am 04.04.1976 dem Rat von der Kommission vorgelegter Vorschlag (geändert am 14.12.1978) bzgl. der Konzernrechnungslegungsvorschriften für Kapitalgesellschaften, aus dem die am 13.06.1983 beschlossene 7. EG-Richtlinie zur Koordinierung der einzelstaatlichen Vorschriften über die Konzernrechnungslegung hervorging[1]. Hierin spiegelt sich das Bemühen des europäischen Gesetzgebers wider, das Gesellschaftsrecht in Europa zu vereinheitlichen. Rechtsgrundlage der Normierung ist Art. 54 Abs. 3 lit. G EWGV, "wonach Rat und Kommission soweit erforderlich die Schutzbestimmungen koordinieren, die in den Mitgliedstaaten im Sinne des Art. 58 Abs. 2 im Interesse der Gesellschaften sowie Dritter vorgeschrieben sind, um diese Bestimmungen gleichwertig zu gestalten"[2]. Die auf dieser Grundlage erlassene 4. und 7. Richtlinie hat der Deutsche Gesetzgeber zusammen mit der 8. EG-Richtlinie im Bilanzrichtliniengesetz 1985[3] umgesetzt.

In § 310 HGB wurde die Konzeption des Jahresabschlusses, die wirtschaftliche Einheit des Konzerns allein durch die Vollkonsolidierung darzustellen, umgestaltet (vgl. Art. 32 BiRiLiG). Nach der Neuregelung kann anstelle der Vollkonsolidierung die quotale Konsolidierung eines Unternehmens erfolgen, wenn es von einem in den Konzernabschluss einbezogenen Unternehmen und mindestens einem konzernaußenstehenden Unternehmen gemeinsam geführt wird (vgl. § 310 Abs. 1 HGB). Im Gegensatz zur Vollkonsolidierung, bei der die Bilanzwerte eines Konzernunternehmens unabhängig von der jeweiligen Beteiligungshöhe immer zu 100 % in den Konzernabschluss eingebracht werden, erfolgt im Rahmen der Quotenkonsolidierung eine Einbeziehung nur in Höhe der jeweiligen Beteiligung, die der Konzern an dem betreffenden Unternehmen hält. Dem konzernrechnungslegungspflichtigen Unternehmen wird damit versagt, Werte aus einem "gemeinsam geführten" Unternehmen vollständig in den Konzernabschluss zu übernehmen. In der Konzernbilanz schlägt sich dies vor allem dann sichtbar nieder, wenn das "gemeinsam geführte" Unternehmen wesentliche Vermögensgegenstände des Konzerns verwaltet oder für den Konzern erhebli-

[1] BT-DruckS. 7/5221.

[2] *Lutter*, Europäisches Gesellschaftsrecht, S. 4 f.

[3] Im Folgenden BiRiLiG.

che Schulden oder Gewinne erwirtschaftet. All dies kann im Rahmen der Quotenkonsolidierung nur anteilig dargestellt werden[4].

Ausschlaggebend für die Behandlung eines Unternehmens nach § 310 HGB und damit für die Anwendung der Quotenkonsolidierung ist, dass die Gesellschafterunternehmen einen lenkenden Einfluss ausüben, der im Gesetz als "gemeinsame Führung" bezeichnet wird. Eine umfassende inhaltliche Ausfüllung dieses unbestimmten Rechtsbegriffs hat weder die Literatur bisher erreicht, noch war sie Gegenstand der Rechtsprechung. Unklar ist daher, wie die "gemeinsame Führung" von anderen Führungskonzepten ("einheitliche Leitung", § 290 Abs. 1 HGB und "maßgeblicher Einfluss" § 311 Abs. 1 HGB) abzugrenzen ist. Offen ist auch, ob neben den im HGB normierten Führungskonzepten Raum ist für die sog. gemeinschaftliche einheitliche Leitung", die von Rechtsprechung[5] und Schrifttum[6] als eine weitere Führungskonzeption entwickelt wurde und bei deren Vorliegen eine Vollkonsolidierung statthaft sein soll.

Die Beantwortung der Frage, wann eine "gemeinsame Führung" durch die Gesellschafterunternehmen vorliegt, ist von entscheidender Bedeutung für eine sachgerechte Anwendung des § 310 HGB. Nur wenn geklärt ist, welche Führungsaufgaben von den Gesellschafterunternehmen in welcher Form wahrgenommen werden müssen, ist es möglich, eine Entscheidung darüber zu treffen, ob ein Unternehmen im Wege der Quotenkonsolidierung in den Konzernabschluss einbezogen werden kann.

4 Neben der Quotenkonsolidierung erlaubt das Gesetz für "gemeinsam geführte" Unternehmen auch eine Konsolidierung "at equity". Hierbei werden die Rechnungslegungsposten des zu erfassenden Unternehmens nicht in Höhe der Beteiligung einzeln in den Konzernabschluss eingestellt, sondern zu einer Zahl zusammengefasst, mit der bilanziellen Konsequenz, dass die Ausweisung des Unternehmens in nur einer Zeile erfolgt. Für den Bilanzleser hat dies zur Folge, dass er nicht ohne weiteres erkennen kann, aus welchen Einzelwerten sich die ihm vorliegende Zahl ergeben hat. Der Abgrenzung der Voraussetzungen einer Konsolidierung "at equity" und der Quotenkonsolidierung kommt allerdings keine große Bedeutung zu, was darauf zurückzuführen ist, dass man im Falle des Vorliegens der Voraussetzungen der Quotenkonsolidierung stets auch "at equity" konsolidieren darf, vgl. §§ 310 Abs. 1, 311 Abs. 1 HGB. Weitaus wichtiger ist die Beantwortung der Frage, wann eine Quotenkonsolidierung als Alternative zur Vollkonsolidierung erfolgen kann.

5 Vgl. BGHZ 62, S. 193 ff.; BGHZ 74, S. 359 ff.; BAG AG 1988, S. 106 ff.

6 Unter vielen: *Maas/Schruff*, WpG 1986, S. 237; *Barz* in: GroßkommAktG, 3. Aufl., § 329, Rn. 9.

Gegenstand der nachfolgenden Untersuchung bilden daher Fragestellungen, die sich im Bilanz- und Gesellschaftsrecht aus dem in § 310 Abs. 1 HGB verwendeten Begriff der "gemeinsamen Führung" ergeben. Die Arbeit untersucht, was Gegenstand einer "gemeinsamen Führung" im Sinne des § 310 HGB ist, d.h. welche Aufgaben der Unternehmensführung die beteiligten Unternehmen (nachfolgend Gesellschafterunternehmen) in welcher Form wahrzunehmen haben, damit der Tatbestand der Norm erfüllt ist. Hierbei wird eine Erfassung des Begriffes unter juristischen und betriebswirtschaftlichen Gesichtspunkten erfolgen. Die Notwendigkeit einer betriebswirtschaftlichen Betrachtung ergibt sich daraus, dass der in § 310 HGB verwendete unbestimmte Rechtsbegriff der "gemeinsamen Führung" einen ökonomischen Sachverhalt beschreibt. Um § 310 HGB sachgerecht auszulegen, sind die wirtschaftlichen Umstände, die der "gemeinsamen Führung" zugrunde liegen, möglichst genau aufzuzeigen. Dies spielt auch eine Rolle im Zusammenhang mit Frage, ob bei einer Aktiengesellschaft die "gemeinsame Führung" schon durch eine entsprechende Ausgestaltung der Satzung herbeigeführt werden kann. Die Bestimmung der entscheidenden Kriterien erfolgt dabei anhand von Erkenntnissen, die die Betriebswirtschaftslehre zu den Problemen der Unternehmensführung zur Verfügung stellt[7].

Einleitend sei darauf hingewiesen, dass § 310 HGB einhellig als eine Vorschrift verstanden wird, die vorwiegend bei sog. Gemeinschaftsunternehmen Anwendung findet[8]. Aus § 310 HGB selbst ergibt sich dies nicht. Allerdings geht aus den Gesetzesmaterialien hervor, dass man besonders diese Unternehmensform bei der Normierung der Quotenkonsolidierung im Auge hatte[9]. Daher sollen die angesprochenen Probleme auch mit Bezug auf Gemeinschaftsunternehmen behandelt werden. Dies drängt sich deshalb auf, weil die Bedeutung von Gemeinschaftsunternehmen in den letzten Jahren stark zugenommen hat, besonders bei grenzüberschreitenden Kooperationen. Die praktische Bedeutung lässt sich mit der Aussage der Monopolkommission belegen, die Gemeinschaftsunternehmen als eine "wesentliche Form der Verflechtung" bezeichnet hat[10]. So waren 1998 von den zwanzig nach ihrer Bilanzsumme größten deutschen Gesellschaften 18 untereinander durch ein oder mehrere Gemeinschaftsunternehmen verbunden, an

7 Zur Notwendigkeit einer betriebswirtschaftlichen Analyse siehe auch: *Coing* in: Raiser, Das Verhältnis der Wirtschaftswissenschaft zur Rechtswissenschaft, S. 1 ff.

8 Vgl. unter vielen: *ADS*, § 310, Rn. 1.

9 BT-DruckS. 10/3340, S. 40; 7/5221, S. 22; 10/4268, S. 4.

10 13. Hauptgutachten Monopolkommission 1999, S. 300.

denen sie direkt oder indirekt jeweils zumindest 25 % der Anteile hielten; insgesamt wurden 78 Gemeinschaftsunternehmen gezählt, an denen mindestens zwei Unternehmen aus dem Kreis der zwanzig Größten beteiligt waren. Die VEBA AG und die RWE AG besaßen dabei mit 31 bzw. 30 die größte Anzahl von Beteiligungen an Gemeinschaftsunternehmen.

Besondere Bedeutung kommt mit 25 der 78 erfassten Gemeinschaftsunternehmen dem Energiesektor zu, gefolgt von Anlage- und Verwaltungsgesellschaften mit 17 und Telekommunikationsunternehmen mit sechs. Interessant ist dabei festzustellen, dass im führenden Energiesektor die Gesellschafterunternehmen nahezu ausschließlich ebenfalls Energieversorgungsunternehmen waren. Dies hängt damit zusammen, dass im Falle einer Branchenidentität höhere Synergieeffekte zu erzielen sind als bei verschiedenen Tätigkeitsschwerpunkten[11].

Die vorherrschende Rechtsform bei den Gemeinschaftsunternehmen ist mit 73% die GmbH, gefolgt von der GmbH & Co. KG mit 11,5 % und der Aktiengesellschaft mit knapp 9 %.

Außerhalb der zwanzig größten deutschen Gesellschaften findet sich eine hohe Zahl von Gemeinschaftsunternehmen in der Kreditwirtschaft an, wo 1998 aus dem Kreis der 100 größten Kreditinstitute 63 über Beteiligungen an 29 Gemeinschaftsunternehmen verfügten, darunter 20 Verflechtungen untereinander. Allgemein nahm die Nutzung der Möglichkeit einer Kooperation zwischen 1996 und 1998 in der Branche zu. Die am häufigsten vorkommende Rechtsform ist mit 58,6 % wiederum die GmbH[12].

Diese Daten zeigen, dass das Gemeinschaftsunternehmen eine wichtige Form der Zusammenarbeit zwischen Großunternehmen ist, die alle der Pflicht unterliegen, einen Konzernabschluss nach HGB zu erstellen. Für die angesprochenen Unternehmen wie auch für die Konzernabschlussadressaten gewinnt damit die Frage an Bedeutung, wie Gemeinschaftsunternehmen im Konzernabschluss darzustellen sind, damit den Anforderungen des Gesetzes entsprochen wird. Oder – anders betrachtet – wie ein (Gemeinschafts-)Unternehmen zu führen ist, wenn man es quotal im Konzernabschluss erfassen möchte.

[11] 13. Hauptgutachten Monopolkommission 1999, S. 309.

[12] 13. Hauptgutachten Monopolkommission 1999, S. 301-311.

B. Auffassungen zur "gemeinsamen Führung"

I. Einleitung

§ 310 HGB gestattet für Unternehmen, die der "gemeinsamen Führung" eines in einen Konzernabschluss einbezogenen und eines konzernaußenstehenden Unternehmens unterliegen, die Quotenkonsolidierung. Unstreitig ist, dass diese Form der Konsolidierung nach § 310 HGB nicht lex specialis zur Vollkonsolidierung nach § 290 Abs. 1 HGB ist[13]. Dies ergibt sich aus den Gesetzesmaterialien[14], lässt sich aber auch auf die Stellung von § 310 HGB innerhalb der Konzernrechnungslegungsvorschriften stützen. Die Vorschrift gehört anders als § 290 HGB nicht zum 1. Titel, der die Pflicht zur Aufstellung eines Konzernabschlusses behandelt, sondern zum 6. Titel, in dem es um Fragen der Konsolidierungstechnik geht.

§ 290 HGB und § 310 HGB befassen sich mit ganz unterschiedlichen Fragen der Konzernrechnungslegung[15]. Während sich die Pflicht zur Konzernrechnungslegung nur aus § 290 HGB ergibt, bietet § 310 HGB, wenn diese Pflicht besteht, eine Alternative zur Konsolidierung "at equity"[16]. Letzteres beruht auf der Annahme, dass mit der "gemeinsamen Führung" eines Unternehmens immer ein "maßgeblicher Einfluss" auf dessen Geschäfts- und Finanzpolitik im Sinne des § 311 HGB einhergeht[17] und somit der "maßgebliche Einfluss" vor dem Hintergrund der Leitungsintensität betrachtet ein minus zur "gemeinsamen Führung" nach § 310 HGB darstellt. Damit sind "gemeinsam geführte" Unternehmen auch als assoziierte Unternehmen anzusehen, mit der Folge, dass alternativ zu einer Quotenkonsolidierung ihr Ausweis "at equity" gemäß § 311 HGB zulässig ist. Die Ausübung des Wahlrechts steht im pflichtgemäßen Ermessen des Abschlussersthellers. Er hat darauf zu achten, dass hierbei die Zielsetzung der Bilanz, gemäß § 297 Abs. 2 HGB klar und übersichtlich dargestellt einen Einblick in die tatsächlichen Verhältnisse des Konzerns zu vermitteln ("true and fair view"), gewahrt wird. Für das Wahlrecht kann auch von Bedeutung sein, wie im

[13] *Budde/Suhrbier* in: Beck'scher Bilanzkommentar, § 310, Rn. 2; *ADS*, § 310, Rn. 6.

[14] BT-DrucksS. 10/4268, S. 116; 10/3440, S. 40.

[15] *ADS*, § 290, Rn. 110; § 310, Rn. 6; *Busse von Colbe/Chmielewicz*, DBW 1986, S. 289, 326.

[16] BT-DrucksS 10/4268, S. 116.

[17] *ADS*, § 310, Rn. 7; BT-DrucksS. 7/5221, S. 22.

Konzernanhang über das in Frage stehende Unternehmen berichtet werden soll: Ist das Unternehmen im Vergleich zu anderen Tochterunternehmen bedeutsam, sollte es im Konzernanhang gesondert behandelt werden. In Verbindung mit einer quotalen Konsolidierung wird so die Rolle des Unternehmens für den Bilanzleser verdeutlicht. Dies kann insbesondere von Interesse sein, wenn bedeutende Aktivitäten mit dem Unternehmen verfolgt werden oder erhebliche Liefer- und Leistungsbeziehungen bestehen. Eine höhere Aussagekraft gegenüber der Konsolidierung "at equity" besteht dann, weil der Beteiligungsbuchwert mit der Quotenkonsolidierung offen in seine Bestandteile zerlegt wird.

II. Gesetzesmaterialien

Der unbestimmte Rechtsbegriff der "gemeinsamen Führung" entstammt Art. 32 der 7. EG-Richtlinie, wo diese Art und Weise der Leitung eines Unternehmens als wesentliche Voraussetzung für eine Quotenkonsolidierung genannt wird[18]. In den Materialien heißt es hierzu, dass die Methode der Quotenkonsolidierung in Fällen dieser Art der Unternehmensführung vertretbar sei, "weil der Konzern aktiv an der gemeinsamen Leitung des in Frage stehenden Unternehmens mitwirkt...".[19] Wie diese "aktive" Mitwirkung ausgestaltet sein soll, welche Einflussmöglichkeiten den Partnern zustehen müssen und ob die Anzahl der Beteiligten begrenzt ist, lässt die Begründung offen. Ebenso wenig finden sich in den weiteren Gesetzesmaterialien Anhaltspunkte zu den Voraussetzungen der Quotenkonsolidierung[20].

III. Schrifttum

1. Adler/Düring/Schmaltz

ADS sehen bei den im HGB enthaltenen Abstufungen der Beziehungen "Beteiligungsverhältnis" (§ 271 Abs. 1 HGB), "maßgeblicher Einfluss" (§ 311 Abs. 1 HGB), "gemeinsame Führung" (§ 310 Abs. 1 HGB) und "einheitliche Leitung" (§ 290 Abs. 1 HGB) zwischen zwei Unternehmen einen fließenden Übergang, der eine scharf definierte Abgrenzung erschwere[21]. Für die "gemeinsame Führung" müssten alle beteiligten Unternehmen zusammenwirkend eine im Interes-

[18] BT-DruckS. 7/5221, S. 6.

[19] BT-DruckS. 7/5221, S. 22.

[20] Vgl. BT-DruckS. 10/3440, S. 40; 10/4268, S. 116.

[21] *ADS*, § 310, Rn. 19, 20.

se aller Gesellschafter liegende Geschäftsführung sicherstellen, ohne dass dabei einem Partner die "einheitliche Leitung" zustehe[22]. Daneben sei erheblich, dass die Führung tatsächlich ausgeübt werde, weshalb es nicht ausreiche, dass die Partner gemeinsam die Rechte ausüben können, die in § 290 Abs. 2 HGB genannt sind[23]. Vielmehr müsse über die wichtigen Bereiche wie Planung, Durchführung und Überwachung gemeinsam und einstimmig entschieden werden[24]. Warum gerade diese Bereiche wesentlich sind, wird nicht ausgeführt.

ADS vertreten die Meinung, es müssten zudem die Grundzüge der Geschäftsführung festgelegt werden. Eine getrennte Zuweisung verschiedener Sachbereiche schade dabei ebenso wenig wie fehlender Einfluss auf die "tägliche Führung der Geschäfte"[25]. Nicht ausreichend für die "gemeinsame Führung" sei hingegen die bloße Mitwirkung an Sitzungen der Gesellschaftsorgane, die Teilnahme an deren Beschlüssen sowie die Entgegennahme von Informationen aus dem Gemeinschaftsunternehmen[26]. Betont wird, dass unabhängig von der Rechtsform des Gemeinschaftsunternehmens im Führungsorgan Kompromisse über die zur Steuerung notwendigen Maßnahmen gefunden werden müssten. Nur unter dieser Voraussetzung sehe sich das Gemeinschaftsunternehmen stets einer einheitlichen Stellungnahme und nicht differierenden Anweisungen jedes einzelnen Gesellschafterunternehmens gegenübergestellt[27].

2. Sigle

Sigle bezieht sich bei der Bestimmung der "gemeinsamen Führung" auf § 290 HGB. Zwar lasse § 310 HGB jeden ausdrücklichen Hinweis auf diese Vorschrift vermissen, gleichwohl solle daraus nicht der Schluss zu ziehen sein, dass der Gegenstand der "Führung" in § 310 HGB ein anderer sei als der von "Leitung" in § 290 Abs. 1 HGB. Vielmehr gehe es in beiden Fällen darum, die Grundsätze der Geschäftspolitik vorzugeben, die wirtschaftliche, organisatorische und finanzielle Führung zu übernehmen, die Geschäftsführung zu überwa-

[22] *ADS*, § 310, Rn. 21.

[23] *ADS*, § 310, Rn. 23.

[24] *ADS*, § 310, Rn. 23.

[25] *ADS*, § 310, Rn. 23.

[26] *ADS*, § 310, Rn. 23.

[27] *ADS*, § 310, Rn. 24.

chen und wesentlichen Geschäftsvorfällen zuzustimmen[28]. Das "Gemeinsame" der Führung wird darin gesehen, dass die Beteiligten bei gegensätzlichen Interessen Kompromisse finden müssten, so dass dadurch am Ende eine einvernehmliche Stellungnahme gegenüber dem Gemeinschaftsunternehmen erfolge[29]. Sigle geht davon aus, entsprechend den in § 290 Abs. 2 HGB aufgeführten Kriterien sei eine Führung im Sinne des § 310 Abs. 1 HGB nur möglich, wenn den Gesellschafterunternehmen zumindest eine der dort aufgeführten Rechtspositionen gemeinsam zustehe. Damit müssten für die Quotenkonsolidierung die Partner zusammen die Mehrheit der Stimmrechte, und/oder das Recht zur Bestellung der Mehrheit der Mitglieder des Verwaltungs-, Leitungs- oder Aufsichtsorgans und/oder das Recht, beherrschenden Einfluss aufgrund eines Beherrschungsvertrags oder der Satzung/des Gesellschaftervertrags auszuüben, innehaben.

3. Baetge

Baetge führt aus, eine rein finanzielle Beteiligung sei für die Anwendung der Quotenkonsolidierung nicht ausreichend. Vielmehr müssten die beteiligten Parteien die geschäftspolitischen Entscheidungen einstimmig bzw. in Form von Kompromissen treffen, wobei der Einflussbereich eines jeden Partners dadurch begrenzt sei, dass er die Interessen des oder der anderen Partner nicht übergehen könne. Darüber hinaus sei zu verlangen, dass die Gesellschafterunternehmen ihren Einfluss tatsächlich aktiv ausübten[30].

4. Busse von Colbe/Ordelheide

Busse von Colbe/Ordelheide verlangen für die "gemeinsame Führung" eine fortgesetzte Wahrnehmung der Führungsaufgaben, bei der insbesondere die Investitions-, Finanz- und Personalpolitik sowie "andere Fragen grundsätzlicher Bedeutung" zu bestimmen seien[31]. Sie verstehen die "gemeinsame Führung" als ein faktisches Verhältnis zwischen einem Gemeinschaftsunternehmen und seinen Gesellschafterunternehmen, das nicht bestehe, wenn lediglich eine Finanzbeteiligung oder völlige Passivität eines Gesellschafterunternehmens vorliege.

[28] *Sigle* in: HdKR, § 310, Rn. 24.

[29] *Sigle* in: HdKR, § 310, Rn. 30.

[30] *Baetge*, Konzernbilanzen, S. 361, 362.

[31] *Busse von Colbe/Ordelheide*, S. 458.

5. Budde/Suhrbier

Budde/Suhrbier stellen in den Vordergrund, dass für die "gemeinsame Führung" eine isolierte Ausübung allein der rechtsformabhängigen mitgliedschaftlichen Rechte nicht genüge. Satzung oder entsprechende Vertragsregelungen müssten gewährleisten, dass über die wichtigen Fragen der Geschäftspolitik, namentlich über deren Planung, Durchführung und Überwachung, gemeinsam und einstimmig befunden werde[32]. Mit Blick auf die regelmäßig bei jedem Gemeinschaftsunternehmen vorhandene gemeinsame bzw. ergänzende Zwecksetzung der Gesellschafterunternehmen sei gewährleistet, dass die Partner ein Interesse an einer sachgerechten Führungsverteilung hätten. Die Bestimmung des Unternehmenszwecks habe in den Grundlagenverträgen (Satzung oder Kooperationsvertrag) zu erfolgen, die Gesellschafterunternehmen seien daran gebunden. Daher müsse eine fortgesetzte "gemeinsame Führung" über die Festlegung des Gesellschaftszwecks abgesichert werden[33].

6. Herrenberger

Herrenberger erkennt bei den im Konsolidierungskreis liegenden Unternehmen ein Kontinuum unterschiedlicher Grade der Einflussnahme, welches sich aus der Stimmrechtsverteilung, der jeweiligen Stärke und den Verhältnissen der Partner untereinander ergebe. Dieses Kontinuum drücke sich im Gesetz in den Abstufungen "einheitliche Leitung", "gemeinsame Führung", "maßgeblicher Einfluss" und "dauerhafte Verbindung" (§ 271 Abs. 1 HGB) aus[34]. Was den Umfang der Einflussnahme angehe, sei hauptsächlich auf die Stimmrechtsverhältnisse abzustellen[35]. *Herrenberger* begründet dies damit, dass zwar die Feststellung der Konsolidierungskreise von der jeweiligen Leitungsintensität abhänge, diese aber nie trennscharf definiert werden könne. Andererseits seien aber Umstände denkbar, in denen die Beurteilung der tatsächlichen Leitungsverhältnisse zu anderen Ergebnissen führe als die Anteilsbetrachtung[36]. Dies sei der Fall, wenn bei einem kapitalmäßigen 50:50-Unternehmen einem der beiden Partner ein entscheidendes Übergewicht bei der Leitung eingeräumt werde. Dann müsse dieser

[32] *Budde/Suhrbier* in: Beck'scher Bilanzkommentar, § 310, Rn. 15.

[33] *Budde/Suhrbier* in: Beck'scher Bilanzkommentar, § 310, Rn. 16.

[34] *Herrenberger* in: Beck'sches Handbuch der Rechnungslegung, C 500, Rn. 2.

[35] *Herrenberger* in: Beck'sches Handbuch der Rechnungslegung, C 500, Rn. 4, 5.

[36] *Herrenberger* in: Beck'sches Handbuch der Rechnungslegung, C 500, Rn. 5.

Partner trotz seiner nur 50 %igen Beteiligung voll konsolidieren, da er in dieser Konstellation das Unternehmen "einheitlich" leite[37]. Weiter führt *Herrenberger* aus, Unternehmen könnten mit der Quotenkonsolidierung nach § 310 HGB erfasst werden, die nicht Gemeinschaftsunternehmen i.e.S. seien, d.h. keine Aufgaben im gemeinsamen Interesse der Gesellschafterunternehmen wahrnähmen, aber rein faktisch und ohne rechtliche Absprachen einer "gemeinsamen Führung" unterlägen[38]. Schließlich sei auch der Fall denkbar, dass ein Unternehmen mit der Quotenkonsolidierung erfasst werde, an dem entweder mehr als zwei Gesellschafterunternehmen beteiligt (z.B. 3 Partner mit 33,33 %) oder in dem die Partner vom Kapitalanteil unterschiedlich stark seien (z.B. 55 %: 45 %), das Unternehmen aber aufgrund vertraglicher Vereinbarungen "gemeinsam" führten.

7. Wysocki/Wohlgemuth

Wysocki/Wohlgemuth vertreten die Auffassung, bei der "gemeinsamen Führung" handele es sich um ein rein tatsächliches Verhältnis, rechtliche Einflussmöglichkeiten der Gesellschafterunternehmen auf die Steuerung des (Gemeinschafts-) Unternehmens allein reichten für dessen Begründung nicht aus. Entscheidend sei, dass Maßnahmen nicht gegen den Willen eines der Gesellschafterunternehmen getroffen werden könnten[39].

8. Scherrer

Scherrer führt zu § 310 HGB aus, dass der dort verwendete Begriff " Führung" mit dem der "Leitung" in § 290 Abs. 1 HGB synonym sei und somit für beide Fälle ein tatsächliches Verhältnis verlangt werden müsse[40]. "Führung" enthalte damit in Anlehnung an § 290 Abs. 1 HGB "die Festlegung der Geschäftspolitik und die Koordination der Geschäftsentscheidungen in den einzelnen Unternehmensbereichen"[41]. Die Geschäftspolitik umfasse die Grundsatzentscheidungen wie Standortwahl, Produktpolitik, Beschaffungs-, Fertigungs- und Absatzpolitik, Forschungs- und Entwicklungspolitik, Investitions- und Finanzpolitik sowie die Rechnungslegungspolitik einschließlich der Steuerpolitik. Steuerungsmittel in

[37] *Herrenberger* in: Beck`sches Handbuch der Rechnungslegung, C 500, Rn. 6.

[38] *Herrenberger* in: Beck`sches Handbuch der Rechnungslegung, C 500, Rn. 6. Dem ist aufgrund des Wortlautes von § 310 HGB sicherlich zuzustimmen.

[39] *Wysocki/Wohlgemuth*, S. 141.

[40] *Scherrer*, Konzernrechnungslegung, S. 120.

[41] *Scherrer*, Konzernrechnungslegung, S. 121.

diesen Bereichen seien die aus der Kapitalbeteiligung erwachsenden Rechte, aber auch Verträge und personelle Verflechtungen[42].

In der Kommentierung zu § 310 HGB im Bonner Handbuch der Konzernrechnungslegung hebt *Scherrer* hervor, dass eine Bestimmung des Inhalts der "gemeinsamen Führung" nur in einer Abgrenzung zur "einheitlichen Leitung" erfolgen könne. Im allgemeinen mangele es nämlich daran, dass es weder eine Legaldefinition noch feste Kriterien für eine Erfassung des entscheidenden Teils des Tatbestandes von § 310 Abs. 1 HGB gebe. Es stehe noch nicht einmal fest, welche Anforderungen ein von der Vorschrift erfasstes Gemeinschaftsunternehmen erfüllen müsse[43]. In Anlehnung an § 290 Abs. 1 HGB sei jedenfalls eine tatsächliche und nachhaltige Ausübung des Einflusses auch für die "gemeinsame Führung" erforderlich. Im Gegensatz zur "einheitlichen Leitung" setze die "gemeinsame Führung" aber weder die planvolle Koordination mit den wesentlichen Konzerninteressen voraus noch die Dominanz dieser Interessen gegenüber den Mitgesellschaftern[44]. Wichtig sei lediglich, dass mindestens ein anderes, nicht konzernzugehöriges Unternehmen an der Führung beteiligt sei, wobei weder die Anzahl der Partner noch die Höhe ihrer Beteiligungen Bedeutung zukomme[45].

9. Zusammenfassung und Bewertung

Vergleicht man die vertretenen Auffassungen, lassen sich Gemeinsamkeiten und Unterschiede feststellen. Einigkeit herrscht wohl darüber, dass es sich bei der "gemeinsamen Führung" um die tatsächliche aktive Ausübung der Einflussmöglichkeiten auf ein Unternehmen handelt. Auch erkennen alle Autoren an, dass es im HGB eine Abstufung zwischen der "einheitlichen Leitung", "gemeinsamen Führung" und dem "maßgeblichen Einfluss" gibt, wobei die "gemeinsame Führung" zwischen den beiden anderen Leitungskonzepten angesiedelt zu werden scheint.

Unklarheiten ergeben sich bei der Erfassung des Begriffs "Führung": Teilweise wird er ausdrücklich als Synonym für " Leitung" (§ 18 AktG oder

42 *Scherrer*, Konzernrechnungslegung, S. 34.

43 *Scherrer* in: BoHdR, § 310, Rn. 12.

44 *Scherrer* in: BoHdR, § 310, Rn. 14.

45 *Scherrer* in: BoHdR, § 310, Rn. 15.

§ 290 Abs. 1 HGB) verstanden[46]. Wäre dies richtig, so ließen sich die für diesen Begriff geprägten Merkmale auf § 310 HGB übertragen.

Davon abgesehen stimmt man darin überein, dass "Führung" jedenfalls die Bestimmung der Geschäftspolitik umfassen muss. Es finden sich aber auch eigenständige Umschreibungen für den Inhalt von " Führung", die von der Bestimmung der wichtigen oder wesentlichen Geschäftsvorfälle[47] über Planung, Kontrolle und Durchführung der Unternehmensabläufe[48] bis hin zur Aufzählung aller denkbaren Aufgabengebiete[49] reichen. Eine geschlossene, speziell auf § 310 HGB ausgerichtete Konzeption lassen alle Autoren ebenso vermissen wie eine inhaltliche Ausfüllung der ihrer Meinung nach bei einer "gemeinsamen Führung" wahrzunehmenden Aufgaben. Es findet keine Differenzierung zwischen Führungsfunktionen (Planung, Kontrolle, Organisation) und Sachbereichen (z.B. Finanzen, Personal, Produktion etc.) statt. Nicht geklärt ist weiter, nach welchen Kriterien sich wesentliche von unwesentlichen Geschäftsvorfällen unterscheiden lassen sollen.

Ferner ist unklar, was das "gemeinsame" einer Führung durch mehrere Unternehmen ausmacht. Im Falle nur zweier Partner mit je hälftiger Beteiligung bereitet die Beantwortung der Frage keine Probleme: Hier sind die Partner auf Kompromisse angewiesen und können die Entscheidungen nur übereinstimmend treffen, da die Bestimmung durch nur einen Partner nicht möglich ist. Was geschieht aber bei mehr als zwei Partnern? Man könnte für die "gemeinsame Führung" verlangen, dass stets Kompromisse gefunden werden müssen und nur einstimmige Entscheidungen zulässig sind, da ansonsten nicht sichergestellt wäre, dass alle Partner jede Führungsmaßnahme tragen. Allerdings ist eine derartige Vorgehensweise in § 310 HGB nicht ausdrücklich vorgeschrieben. Je nachdem, wie man das Wort "gemeinsam" auslegt, ist auch denkbar, Mehrheitsentscheidungen für ausreichend zu halten. Dann ist aber fraglich, ob der überstimmte Partner an der "gemeinsamen Führung" des Unternehmens noch beteiligt ist. Im Schrifttum finden sich zu diesem Problem keinerlei Lösungsvorschläge. Es wer-

[46] *Sigle* in: HdKR, § 310, Rn. 24; *Scherrer*, Konzernrechnungslegung, S. 120.

[47] *Sigle*, HdKR, § 310, Rn. 24.

[48] *ADS*, § 310, Rn. 23; *Budde/Suhrbier* in: Beck´scher Bilanzkommentar, § 310, Rn. 15.

[49] *Scherrer*, Konzernrechnungslegung, S. 34; *Sigle* in HdKR, § 310, Rn. 24.

den einstimmige Entscheidungen verlangt, ohne dass dies näher begründet würde[50].

Insgesamt ist festzustellen, dass zu wenige oder zu unscharfe Kriterien für die Anwendung des § 310 HGB entwickelt wurden. Zudem finden sich keine Angaben zu der Frage, wie eine "gemeinsame Führung" rechtsformspezifisch herbeigeführt bzw. anhand welcher Umstände sie festzustellen ist. Insbesondere bei er Aktiengesellschaft können sich bei einer "Fremdsteuerung" Probleme aufgrund des zwingenden Charakters vieler Normen des Aktiengesetzes ergeben. Daher ist es notwendig, den Begriff der "gemeinsamen Führung" im Sinne dieser Kritik genauer einzugrenzen. Daher sollen in dieser Arbeit der Mindestinhalt der "gemeinsamen Führung" bestimmt und die wesentlichen Merkmale gefunden werden, an denen man sich auch in Grenzfällen orientieren kann.

C. Zur Bedeutung von "gemeinsam" im Sinne des § 310 HGB

§ 310 Abs. 1 HGB verlangt, dass die Gesellschafterunternehmen ein Unternehmen "gemeinsam" führen. Ausgegangen wird davon, dass im Rahmen der "Führung" die Gesellschafterunternehmen geschlossen vorgehen, das geführte Unternehmen also immer nur einheitlichen Anordnungen ausgesetzt ist[51]. Damit ist die Frage aufgeworfen, wie die Willensbildung zwischen den Gesellschafterunternehmen zu erfolgen hat, damit die Führung als "gemeinsam" im Sinne des § 310 HGB angesehen werden kann.

Im Schrifttum wird hiefür gefordert, dass über die wichtigen Themenbereiche gemeinsam und einstimmig entschieden wird[52] und dass die Gesellschafterunternehmen bei unterschiedlichen Auffassungen einen Kompromiss zu finden haben[53]. Teilweise werden aber auch Mehrheitsentscheidungen für zulässig gehalten, insbesondere wenn mehr als zwei Gesellschafterunternehmen beteiligt sind. Es müsse dann die genaue Prüfung erfolgen, ob eine "gemeinsame Führung" wirklich vorliege[54].

50 *ADS*, § 310, Rn. 23; *Baetge*, Konzernbilanzen, S. 361.

51 So auch: *Sigle* in: HdKR, § 310, Rn. 27 ff.; *ADS*, § 310, Rn. 24.

52 *ADS*, § 310, Rn. 23; *Budde/Suhrbier* in: Beck`scher Bilanzkommentar, § 310, Rn. 15.

53 *ADS*, § 310, Rn. 24.

54 *ADS*, § 310, Rn. 24; *Schindler*, BB 1987, S. 158, 164; *Zündorf*, BB 1987, S. 1910, 1912.

Ausgangspunkt für die Erfassung des Begriffs "gemeinsam" ist die Frage, wie Konfliktsituationen zwischen Gesellschafterunternehmen bewältigt werden können. Es wird beschrieben, welche Lösungsmechanismen zur Konfliktbewältigung eingesetzt und, abhängig von der Rechtsform des (Gemeinschafts-)Unternehmens, umgesetzt werden können. Im Anschluss wird aufgezeigt, ob im Zusammenhang mit der "gemeinsamen Führung" Mehrheitsentscheidungen zulässig sind bzw. wie andere denkbare Wege der Konfliktlösung (Vetorechte, Austrittsrechte, ggf. in der Form einer Put-Option) zu beurteilen sind. Auch soll geklärt werden, ob die gewonnen Erkenntnisse über den Begriff "gemeinsam" auf Unternehmen übertragbar sind, die keine Aufgaben im gemeinsamen Interesse ihrer Gesellschafterunternehmen erfüllen oder deren Anteile den Gesellschafterunternehmen in unterschiedlicher Höhe gehören bzw. an denen mehr als zwei Partner beteiligt sind.

I. Lösung von Konfliktsituationen zwischen den Gesellschafterunternehmen

Bei der Leitung eines Unternehmens ergeben sich Konflikte immer dann, wenn es den Gesellschafterunternehmen nicht möglich ist, sich in kontroversen Fragen bei Führungsentscheidungen zu einigen. Hier besteht die Notwendigkeit, Abreden zu treffen, wie in derartigen Fällen ein Interessenausgleich herbeigeführt werden kann.

Im Schrifttum werden "unternehmensinterne" und "unternehmensexterne" Lösungswege vorgeschlagen[55]. Der zentrale Unterschied zwischen den Ansätzen liegt darin, dass bei unternehmensexternen Lösungen Personen oder Institutionen in Anspruch genommen werden, die außerhalb der beteiligten und des zu leitenden Unternehmens stehen, während sich unternehmensinterne Lösungen durch Entscheidungsmechanismen in den Organen des gemeinsamen Unternehmens auszeichnen.

1. "Unternehmensinterne" Lösungen

Die erste Möglichkeit, kontroverse Auffassungen der Gesellschafterunternehmen auszugleichen, besteht in der Hintereinanderschaltung mehrerer, jeweils paritätisch besetzter Instanzen[56]. "In vielen Fällen fördert bereits das Unbehagen der niedrigeren Instanz, bei dem nächsthöheren Gremium mit einer Vorlage an-

[55] *Rolfes*, S. 167 ff.

[56] *Schaub*, GU, S. 185.

treten zu müssen, die Bereitschaft, echt nach einer gemeinschaftlichen Kompromisslösung zu suchen"[57]. Auch können in den unterschiedlichen Instanzen Erfahrungen eingebracht werden, die zu einer Konfliktbewältigung führen[58]. In der höchsten Instanz kann es zu einem Nachgeben eines Partners in der konkreten Streitsituation kommen, um auf einem anderen Gebiet (z.B. bei einem anderen gemeinsamen Unternehmen der Partner oder in einer anderen kontroversen Angelegenheit) einen Vorteil zu erlangen. Diese Situation ist deshalb nur auf der "höchsten Ebene" denkbar, da hierfür die Beteiligten als Entscheidungsträger in der Lage sein müssen, für die Gesellschafterunternehmen als Ganzes zu handeln[59].

Einen weiteren Ausweg, Führungskonflikte zwischen den Gesellschafterunternehmen zu bewältigen, bietet die grundsätzliche Übereinkunft, dem Vorsitzenden eines paritätischen Entscheidungsgremiums oder einem in der Streitfrage besonders kompetenten Gremiumsmitglied (z.B. dem Gremiumsmitglied, dessen Fachbereich von der strittigen Entscheidung betroffen ist) in Pattsituationen eine Doppelstimme zuzugestehen[60]. Auch ist es vorstellbar, dass das Recht zur Entscheidung bei Stimmengleichheit zwischen Vertretern der Gesellschafterunternehmen hin und her wechselt.

Zu bemerken ist, dass bei Einräumung eines Doppelstimmrechts das Prinzip der vollen Parität der Partner aufgegeben wird. Der Person, der im Streit die letzte Entscheidungsgewalt zusteht, kommt eine besondere Rolle zu. Wird eine Doppelstimme dem Vorsitzenden des jeweiligen Gremiums eingeräumt, dürfte es bei dessen Ernennung zu Kontroversen zwischen den Partnern kommen. Auch im Falle der Übertragung der letzen Entscheidungsgewalt auf ein besonders qualifiziertes Gremiumsmitglied wird die Pattsituation nicht von den Gesellschafterunternehmen, sondern von nur einer Person aufgelöst. Es besteht die Gefahr, dass diese sich vorrangig den Belangen des Gesellschafterunternehmens verpflichtet fühlt, das sie berufen hat[61].

[57] *Schaub*, GU, S. 185.

[58] *Rolfes*, S. 169.

[59] *Rolfes*, S.170.

[60] *Rolfes*, S. 171.

[61] *Rolfes*, S. 171.

Aus diesen Gründen meint *Rolfes*, die angesprochenen Regelungen entsprächen nicht der Vorstellung von einem Unternehmen, bei dem alle wichtigen Entscheidungen von den Gesellschafterunternehmen in Form von Kompromissen getroffen werden. Die Ausräumung von Meinungsverschiedenheiten finde nicht mehr in Verhandlungen zwischen den Partnern statt, sondern sei vielmehr eine Frage der Besetzung bestimmter Positionen[62].

Damit ist aber nicht die Frage beantwortet, ob diese "unternehmensinternen" Regelungen für eine "gemeinsame Führung" des Unternehmens im Sinne des § 310 HGB ausreichen können.

Man kann die Ansicht vertreten, dass ein Unternehmen nur dann "gemeinsam" geleitet ist, wenn alle wesentlichen Führungsentscheidungen von den Gesellschafterunternehmen zusammen in Form von Kompromissen getroffen werden[63]. Diesem Verständnis entspricht das Herbeiführen einer Einigung durch Hintereinanderschalten mehrerer Entscheidungsgremien. Hat aber ein Unternehmen durch das Doppelstimmrecht "seines" Vertreters die Möglichkeit, eine Pattsituation aufzulösen, können Zweifel an der "Gemeinsamkeit" der Führung aufkommen.

Einer auf Verständigung angewiesene Leitung wohnt indes die Gefahr inne, schwerfällig zu sein. In der Praxis ist es oft wichtig, schnell bzw. überhaupt handlungsfähig zu sein. Ist es in einer solchen Situation nicht möglich, sich auf ein einheitliches Vorgehen zu einigen, wäre das gemeinsame Unternehmen auf Dauer zum Scheitern verurteilt. Auch eine Entscheidungsfindung in mehreren Instanzen nimmt unter Umständen zu viel Zeit in Anspruch. Daher liegt es im Interesse der Gesellschafterunternehmen, für diese Fälle ein Verfahren vorzubestimmen, das schnelle Reaktionen möglich macht.

Das Doppelstimmrecht stellt unter diesem Aspekt einen unkomplizierten und sachgerechten Regelungsmechanismus dar. Dementsprechend häufig dürfte man diese Form der Konfliktbewältigung wählen. Die Zulässigkeit einer quotalen Konsolidierung wäre fraglich, wenn man wie *Rolfes* die Gemeinsamkeit der Führung in solchen Fällen ablehnt.

[62] *Rolfes*, S. 171.

[63] So etwa: *ADS*, § 310, Rn. 23; *Budde/Suhrbier* in: Beck`scher Bilanzkommentar, § 310, Rn. 15.

Es ist jedoch nicht zwingend belegt, dass im Falle eines Doppelstimmrechts die Führung eines Unternehmens nicht kompromissgeprägt ist.

Die entscheidende Stimme gewinnt erst dann an Bedeutung, wenn vorher alle anderen Einigungsversuche gescheitert sind. Insofern wird der letzten Entscheidung informelles Verfahren vorausgehen, in dem man nach einem gemeinsamen Ausweg sucht. Wechselt das Doppelstimmrecht zwischen den Gesellschafterunternehmen, wird der jeweils entscheidungsberechtigte Partner darauf achten, dass die Lösung der Kontroverse möglichst nahe an die Auffassung des anderen Anteilseigners heranreicht. Ansonsten riskiert man Nachteile bei der nächsten Entscheidungsfrage.

Ferner sollte man berücksichtigen, dass die Gesellschafterunternehmen zusammenarbeiten, weil sie erkannt haben, dass die jeweiligen Interessen gemeinsam besser als anders verfolgt werden können. Daher ist die Führung des gemeinsamen Unternehmens im Ansatz nicht durch Interessengegensätze, sondern durch Gleichlauf oder Ergänzung wesentlicher Interessen geprägt. Die Situation, in der es auf die Doppelstimme ankommt, wird die Ausnahme darstellen. Ansonsten wäre die Entscheidung zur Kooperation schon ursprünglich fehlerhaft und das Ende des gemeinsamen Unternehmens von Anfang an absehbar.

Schließlich werden in der Regel die mit der Zusammenarbeit verfolgten Ziele in einem Kooperations- oder Konsortialvertrag oder in der Satzung des gemeinsamen Unternehmens festgelegt. An diese Zielsetzung sind die Partner gebunden. Je nach Einzelfall wird sich hieraus sogar eine Rechtspflicht zu einer ganz bestimmten Entscheidung herleiten lassen, da jeder der Beteiligten gezwungen ist, den Interessen des Partners im Rahmen der Zielsetzung Rechnung zu tragen.

So betrachtet kann auch in Fällen, in denen Konflikte bei der Leitung eines gemeinsamen Unternehmens mit Hilfe von Doppelstimmrechten bewältigt werden, eine "gemeinsame Führung" im Sinne des § 310 HGB vorliegen. Dies gilt auch, wenn verschiedene "unternehmensinterne" Mechanismen kombiniert werden.

2. "Unternehmensexterne" Lösungen

Neben oder statt "unternehmensinternen" Lösungen ist es möglich, dass die Gesellschafterunternehmen zur Klärung von Meinungsverschiedenheiten den Rat außenstehender, ggf. sachverständiger Dritter in Anspruch nehmen und sich verpflichten, deren Rat entsprechend vorzugehen.

Anstelle einer solchen Gutachterentscheidung kann man sich auch dem Spruch eines Schiedsgerichts unterwerfen. Regelungen zur Überwindung von Streitigkeiten außerhalb der ordentlichen Gerichtsbarkeit finden sich bei vielen gemeinsamen Unternehmen[64]. Das Schiedsgericht kann dabei völlig unabhängig sein oder auch aus Personen des Vertrauens der Gesellschafterunternehmen bestehen. Jedenfalls führt den Vorsitz ein von beiden Gesellschafterunternehmen akzeptierter unparteiischer Dritter. Dieser hat auch die Letztentscheidungsgewalt in einem solchen Gremium[65].

In bestimmten Konstellationen ist es auch möglich, eine Bank als externe Entscheidungsinstanz einzuschalten[66].

Zu diesen Regelungsmechanismen ist anzumerken, dass sie in der in der Zusammenarbeit zwischen den Partnern von geringer Bedeutung sind. Bestehen zwischen den Gesellschafterunternehmen bzgl. einer Maßnahme so kontroverse Auffassungen, dass trotz intensiver Bemühungen kein Kompromiss gefunden werden kann, wird man, soweit dies möglich ist, auf die Maßnahme verzichten[67].

Die angesprochenen Mechanismen greifen nur ein, wenn sich die Partner nicht auf ein einheitliches Vorgehen einigen können, dies aber wollen. In Fällen, in denen sich die Gesellschafterunternehmen einig sind, bedarf es einer Konfliktlösung nicht, und es bestehen bzgl. der "Gemeinsamkeit" der Unternehmensführung keinerlei Bedenken: sie liegt, soweit die übrigen Voraussetzungen gegeben sind, im Sinne des § 310 HGB vor. Sinn machen externe Lösungsmechanismen nur, wenn die Gesellschafterunternehmen stets einverständlich vorgehen wollen, dies im Regelfall tun, aber auch bei Kontroversen einen Kompromiss finden wollen und es auf beschriebenen externen Wegen auch können. Dies spricht dafür, dass ein (Gemeinschafts-)unternehmen, bei dem die Lösung von Führungskonflikten externen Institutionen überlassen wurde, im Sinne des § 310 HGB "gemeinsam" geführt ist.

[64] *Rolfes*, S. 171-174.

[65] *Rolfes*, S 171-174.

[66] Beispiel bei *Rolfes*, S. 174.

[67] *Rolfes*, S. 175.

II. Zu den rechtlichen Anforderungen der "gemeinsamen Führung"

Mit den bisher zur Frage der "Gemeinsamkeit" gemachten Ausführungen ist noch nichts darüber gesagt, welche gesellschaftsrechtlichen Regelungen oder welche Absprachen zwischen den Gesellschafterunternehmen einen im Sinne des § 310 HGB ausreichenden Einfluss aller Beteiligten auf die Führung eines Unternehmens gewährleisten. Die sich den Gesellschafterunternehmen eröffnenden Ausgestaltungsmöglichkeiten sind dabei abhängig von der Rechtsform des Unternehmens und den damit im Zusammenhang stehenden zwingenden gesetzlichen Vorschriften. Auch wer Träger der Willensbildung in einem gemeinsamen Unternehmen sein kann, hängt von der Rechtsform ab, in der die Gesellschafterunternehmen kooperieren.

Als Organisationsformen für ein gemeinsames Unternehmen kommen sowohl Personen- als auch Kapitalgesellschaften in Betracht. Die Wahl der jeweiligen Rechtsform ist regelmäßig geprägt von finanziellen und organisatorischen, mitunter auch von steuerlichen Erwägungen. Die Rechtsform ist von grundsätzlicher Bedeutung für die Zusammenarbeit der Beteiligten, da hierdurch die Wege zur Einwirkung auf die Willensbildung im gemeinsamen Unternehmen überwiegend vorgezeichnet werden. Finanzielle Aspekte können eine Rolle spielen, wenn es um Fragen der Kapitalbeschaffung, der Übertragbarkeit von Anteilen, die Auflösung oder die Gründungskosten geht.

1. Personengesellschaften

a) Träger der Willensbildung

Bei den Personengesellschaften GbR, OHG und KG sind die Gesellschafterunternehmen in der Führung des gemeinsamen Unternehmens kaum beschränkt. In einer GbR führen die Partner als Gesellschafter die Geschäfte selbst und gemeinschaftlich (§ 709 Abs. 1 BGB) und sind Träger der Willensbildung. Für die OHG und KG gilt im Grundsatz nichts anderes (vgl. §§ 114 Abs. 1, 116 Abs. 1 , 2HGB). Bei der KG ist zu beachten, dass der Kommanditist von der laufenden Geschäftsführung ausgeschlossen ist (§ 164 S. 1, 1. HS. HGB). Nur bei Geschäften, die nicht zum gewöhnlichen Betrieb der Gesellschaft zählen[68], haben Kommanditisten ein Mitentscheidungsrecht, § 164 S. 1, HS. 2 HGB. Darunter fallen z.B. Auflösung, Aufnahme neuer Gesellschafter oder Umwandlung der KG, nicht aber alle Fragen, mit denen sich die Führung eines Unternehmens

[68] Dazu *K. Schmidt*, GesR., § 47 V 1.

auseinanderzusetzen hat. Daher hätte ein Kommanditist aufgrund der gesetzlichen Regelung keine Möglichkeit, an der "gemeinsamen Führung" eines als KG verfassten gemeinsamen Unternehmens teilzuhaben. Allerdings kann der Gesellschaftsvertrag hiervon abweichen und dem Kommanditisten Geschäftsführungsrechte verleihen[69].

Insgesamt ergeben sich durch das bei den Personengesellschaften geltende Prinzip der Selbstorganschaft[70] keine Schwierigkeiten bei der Frage, wer Träger der Willensbildung ist: Es sind die Gesellschafterunternehmen selbst bzw. die Personen aus den Gesellschafterunternehmen, die von diesen als Funktionsträger für das gemeinsame Unternehmen bestimmt werden.

b) Rechtliche Ausgestaltung der "gemeinsamen Führung"

(1) Gemeinschaftliche Geschäftsführung

Nach dem gesetzlichen Vorbild sind die Personengesellschaften (mit Ausnahme der KG) von den an ihr beteiligten Personen gemeinschaftlich geführte Zusammenschlüsse. Dies bedeutet gemäß § 709 Abs. 1 BGB, dass alle Gesellschafter den Geschäften der Gesellschaft zuzustimmen haben. Jede Personengesellschaft ist in dieser Form im Sinne des § 310 HGB "gemeinsam geführt".

Allerdings sieht das Gesetz schon in § 709 Abs. 2 BGB die Möglichkeit vor, im Gesellschaftsvertrag die Entscheidungen über Maßnahmen der Geschäftsführung der Verantwortung der Mehrheit der Gesellschafter zu übertragen. Fraglich ist, ob man auch bei dieser Konstellation noch von einer gemeinschaftlich geführten Personengesellschaft sprechen kann.

Der systematische Zusammenhang zwischen § 709 Abs. 1 und Abs. 2 BGB spricht dafür. Denn § 709 Abs. 2 BGB bezieht sich auf die Fälle der gemeinschaftlichen Geschäftsführung nach § 709 Abs. 1 BGB. An der tatsächlichen Geschäftsführung sind immer noch alle Gesellschafter beteiligt. Nur was sie im einzelnen zu tun haben, also welche Geschäftsführungsmaßnahmen vorzunehmen sind, bestimmt die Mehrheit aller Gesellschafter; Entscheidungen treffen immer noch alle, nur nicht notwendig einstimmig. Für die gemeinschaftliche Führung im Sinne des BGB reicht es demnach aus, dass ein Gesellschafter an

[69] *K. Schmidt*, GesR., § 53 III 2.

[70] *K. Schmidt*, GesR., § 14 II 2.

der Entscheidungsfindung und der Umsetzung der Entscheidung beteiligt ist[71]. Dass er ihr auch zugestimmt hat, ist nicht erforderlich. Das Gesetz geht somit davon aus, dass eine mehrheitlich zustande gekommene Entscheidung auch von den überstimmten Gesellschaftern getragen wird. Einen dementsprechenden Willen haben diese damit geäußert, dass sie einen Gesellschaftsvertrag abgeschossen haben, der die Entscheidung durch die Mehrheit der Gesellschafter vorsieht.

Im Ergebnis ist festzuhalten, dass auch bei der Möglichkeit von Mehrheitsentscheidungen noch eine gemeinschaftliche Geschäftsführung der Personengesellschaft durch alle Gesellschafter vorliegt. Fraglich ist, ob dann auch immer die "gemeinsame Führung" durch alle Gesellschafter im Sinne des § 310 HGB gegeben ist.

Dies wäre zu verneinen, wenn man für § 310 HGB verlangen würde, dass Entscheidungen stets einstimmig getroffen werden[72]. In der Praxis führte dies dazu, dass man bei Widerstand nur eines Gesellschafters die jeweilige Maßnahme stets unterlassen müsste. Auch wäre eine "gemeinsame Führung" dann nicht denkbar, wenn ein Gesellschafter in Pattsituationen das Entscheidungsrecht zustünde. Wie oben bereits aufgezeigt wurde, ist eine "gemeinsame Führung" aber durchaus zu bejahen, wenn es ein Doppelstimmrecht gibt. Wird es ausgeübt, ist die Situation für die unterliegenden Gesellschafter aber nicht anders, als wenn die Mehrheit entschieden hätte.

Geschützt werden die grundlegenden Belange jedes Gesellschafters dadurch, dass alle beschlossenen Maßnahmen den Gesellschaftszweck zu fördern haben. Dies ergibt sich bereits aus § 705 BGB. Eine Maßnahme, die dem nicht gerecht wird, darf nicht vorgenommen werden. Zuzugeben ist, dass über diese Frage zwischen den Partnern trefflich gestritten werden kann. Daher ist es wichtig, dass für solche Fälle die schon genannten Konfliktlösungsmechanismen installiert werden, um zu verhindern, dass die Kooperation wegen andauernder Auseinandersetzungen scheitert.

Zudem müssen stets die Entscheidungen einstimmig getroffen werden, die die Stellung des Gesellschafters als solchen bzw. seine Mitgliedschaft betreffen.

[71] *Koppensteiner* in: KK, 2. Aufl., § 17, Rn. 74.

[72] So *ADS*, § 310, Rn. 23; *Baetge*, Konzernbilanzen, S. 361 f.; *Budde/Suhrbier* in: Beck'scher Bilanzkommentar, § 310, Rn. 15.

Dies stellt einen weitere Absicherung dar. Insgesamt bleibt aber jeder Gesellschafter Entscheidungsträger der dann "gemeinsamen geführten" Gesellschaft.

Allgemein kann man daher sagen, dass die "gemeinsame Führung" im Sinne des § 310 HGB mit dem übereinstimmt, was man bei der GbR unter der gemeinschaftlichen Geschäftsführung versteht. Ist das Unternehmen ein Gemeinschaftsunternehmen, wird der Gesellschaftszweck auf die Förderung der Interessen ihrer Gesellschafter ausgerichtet sein. Gerade diese einvernehmliche Festlegung auf ein gemeinsames Ziel ist der Grund dafür, warum die Gesellschafter auch Mehrheitsentscheidungen zulassen: jede auch mehrheitlich beschlossene Maßnahme hat diesem Zweck zu dienen und ist daher im Interesse aller Gesellschafter. Eine dem Zweck nicht förderliche Handlungsweise verstößt gegen den Gesellschaftsvertrag und wäre deshalb unzulässig. Ganz entscheidend für die "Gemeinsamkeit" der Zusammenarbeit ist somit das Vorhandensein einer kooperativen Zielsetzung. Diese kann in den Personengesellschaften sehr detailliert ausgeführt werden. So ist es z.B. möglich, der Gesellschaft insgesamt nur eine dienende Funktion als Zweck zuzuweisen. Daneben können weitere konkrete Parameter schon im Gesellschaftsvertrag vorgegeben werden. Denkbar ist, z.B., dass die Gesellschaft eine bestimmte Menge einer ganz bestimmten Leistung für jedes Gesellschafterunternehmen zu erbringen hat, bzw. in dem von der jeweiligen Gesellschaft gewünschten Umfang. Wenn dies im Grundsatz feststeht, sind alle übrigen Entscheidungen auf dieses Ziel hin auszurichten, es bleibt die oberste Prämisse, die es einzuhalten gilt. Werden andere Entscheidungen auf dem Weg zur Zielerreichung auch mehrheitlich getroffen, das zentrale Interesse der Gesellschafter bleibt stets gewahrt.

Dem kann man entgegenhalten, dass allein die Bestimmung aufgrund gleichgerichteter Interessen nicht ausreicht, um die "gemeinsame Führung" zu begründen[73]. Das gilt aber nur dann, wenn für die Interessenausübung keine gesicherte Grundlage vorhanden ist. Diese ist aber gerade in der angesprochenen kooperativen Zielsetzung zu erkennen. Sie muss auch inhaltlich nicht für alle beteiligten Parteien gleich sein. So kann das Interesse an einem (Gemeinschafts-) Unternehmen z.B. auf der einen Seite ein rein finanzielles, auf der anderen Seite ein materialwirtschaftliches sein. Wesentlich ist, dass in der Zielsetzung zwischen den Interessen ein Ausgleich gefunden wird, der sich im festzulegenden Zweck der Gesellschaft wiederfindet. An diesen Zweck sind die Gesellschafter bei allen Entscheidungen gebunden, so dass man auch bei Mehrheitsentscheidungen noch

[73] *Koppensteiner* in: KK, 2. Aufl., § 17, Rn. 74.

von einem von den Gesellschaftern "gemeinsam" im Sinne des § 310 HGB geführten Unternehmen sprechen kann.

Für die Praxis hat dies die Folge, dass bei der Überprüfung, ob ein Unternehmen "gemeinsam" von den Gesellschafterunternehmen geführt ist oder nicht, zunächst darauf zu achten ist, ob Mehrheitsentscheidungen zulässig sind oder nicht. Sind sie unzulässig und müssen daher stets Kompromisse gefunden werden, spricht dies für die "Gemeinsamkeit" der Führung. Können jedoch Entscheidungen in den wesentlichen Führungsbereichen mehrheitlich getroffen werden, muss untersucht werden, inwieweit der Gesellschaftsvertrag oder ein Kooperationsvertrag eine kooperative Zielsetzung enthält. Je ausgeprägter und detaillierter diese zum Vorschein kommt, desto präziser ist die Bindung, die sie bei jeder Maßnahme für die Gesellschafterunternehmen entfaltet und desto mehr spricht dafür, dass das Unternehmen "gemeinsam" geleitet wird, obwohl mehrheitlich entschieden werden kann.

(2) Widerspruchsrecht

§ 710 BGB eröffnet die Möglichkeit, die Befugnis zur Führung der Geschäfte auf alle Gesellschafter in der Art zu übertragen, dass jeder für sich allein handeln darf. Bei einer solchen Regelung könnte jeder Gesellschafter ohne die Zustimmung des Partners das Unternehmen führen. Jedoch räumt § 711 BGB jedem Gesellschafter ein Widerspruchsrecht ein, mit dem er die Maßnahmen eines Mitgesellschafters verhindern kann. Fraglich ist, ob man hier noch von einer "gemeinsamen Führung" im Sinne des § 310 HGB sprechen kann. Dagegen spricht grundsätzlich, dass einem Gesellschafterunternehmen die Rechtsmacht zusteht, die Führung des Unternehmens alleine zu bestimmen. Allerdings ist man durch das Widerspruchsrecht stark beschränkt. Einer Handlungsweise, die Interessen des Partners verletzt, wird dieser widersprechen. Insofern bliebe bei den wichtigen Fragen ein Kompromiss unter den Gesellschaftern weiterhin unentbehrlich. Damit besteht der Unterschied zur gemeinschaftlichen Geschäftsführung nur darin, dass ein Gesellschafter alleine handeln kann. Im Fall, dass der Widerspruch ausbleibt, ist der Partner mit der jeweiligen Maßnahme ebenso einverstanden, als ob er selbst mit entschieden hätte. Widerspricht er, hat die Maßnahmen zu unterbleiben und es muss eine Lösung gefunden werden, die einen Ausgleich der Interessen gewährleistet. Daher ist im Ergebnis davon auszugehen, dass auch bei Einräumung der Alleingeschäftsführungsbefugnis eine "gemeinsame Führung" gegeben ist, wenn dem Mitgesellschafter ein Widerspruchsrecht im Sinne des § 709 BGB zusteht. Dabei kommt der kooperativen Zielsetzung eine ebensolche Bedeutung zu wie bei Mehrheitsentscheidungen. An ihr ist ablesbar, ob bei Unterlassen eines Widerspruchs eine Interessenwahrung gewährleistet ist. Zu beachten ist allerdings, dass der zum Widerspruch Berechtigte auch Kenntnis von den Geschäftsführungsmaßnahmen haben muss, um sein Recht sachgerecht wahrnehmen zu können. Damit zeigt sich bereits hier die Bedeutung eines Informationssystems, das die Gesellschafterunternehmen mit den für die Führung relevanten Daten versorgt[74].

(3) Geteilte Geschäftsführung

Der Gesellschaftsvertrag kann auch vorsehen, dass die Befugnis zur Geschäftsführung nach Tätigkeitsbereichen unter den Gesellschafterunternehmen aufgeteilt wird. Dann verzichten die Mitgeschäftsführer für den jeweils dem Partner zugewiesenen Bereich auf ihr Widerspruchsrecht. Damit besteht jedenfalls in den einzelnen Komplexen keine "gemeinsame Führung" mehr. Zu bedenken ist allerdings, dass zwischen den Tätigkeitsbereichen immer Abhängigkeiten bestehen. Diese zwingen zu einer Abstimmung unter den einzelnen Gesellschaftern. Die Koordination kann in einem übergeordneten Gremium oder unter den Abteilungen direkt erfolgen. Dabei wird jedes Gesellschafterunternehmen wiederum gezielt seine Interessen verfolgen. Es kommt somit zwangsläufig zu einem Interessenausgleich, wie er auch bei der gemeinschaftlichen Geschäftsführung erfolgt; oder die Partner haben sich vorher darauf geeinigt, dass in Streitfällen eines der oben bereits aufgezeigten internen oder externen Lösungsverfahren angewendet werden soll. Insofern entspricht eine nach Aufgaben geteilte Geschäftsführung den Anforderung des § 310 HGB. Dieses Ergebnis wird auch durch folgende Erwägung untermauert: Auch bei geteilter Geschäftsführung sind Entscheidungen zu treffen, die inhaltlich nicht in den Aufgabenbereich nur eines Gesellschafters fallen (man denke z.B. an Fragen der Unternehmenspolitik oder -strategie). Diese unterliegen, soweit es keine anderweitige Regelung gibt, der gemeinschaftlichen Entscheidungskompetenz aller Gesellschafter. Somit hat man auch bei einer Aufgabenteilung in grundlegenden Fragen einen Interessenausgleich herbeizuführen. An die so entstehenden Vorgaben sind die Gesellschafterunternehmen bei ihrer Handlungsweise in den ihnen zugewiesenen Aufgabenbereichen gebunden. Diese Bindung reicht für eine "gemeinsame Führung" im Sinne des § 310 HGB aus.

[74] Eingehend unten D II 3 d).

(4) Austrittsrecht

Die Vereinbarung eines Austrittsrechts ist eine weitere denkbare Regelung, den Einfluss eines Gesellschafterunternehmens auf die Geschäftsführung eines als Personengesellschaft verfassten gemeinsamen Unternehmens rechtlich zu gewährleisten. In diesem Fall kann einer der Gesellschafter formal führungsberechtigt sein und ist nur durch den Gesellschafts- oder Kooperationsvertrag, in dem die Interessen beider Gesellschafterunternehmen ihren Ausdruck gefunden haben, gezwungen, die Belange seines Partners zu berücksichtigen. Allerdings ist dieser Rahmen u.U. so weit gefasst, dass man hieraus allein noch nicht auf eine "gemeinsame Führung" durch alle Beteiligten wird schließen können, die § 310 HGB gerecht wird. Offen ist, ob sich an diesem Befund etwas ändert, wenn ein Austrittsrecht dergestalt besteht, dass der oder die nicht geschäftsführenden Partner zum Verlassen des gemeinsamen Unternehmens unter Übernahme der Anteile durch den oder die anderen Partner berechtigt ist (sogenannte "put-option"), wenn seine Interessen nicht oder nur noch untergeordnet berücksichtigt werden.

Die Frage, ob in einer solchen Konstellation eine § 310 HGB entsprechende Führung vorliegt, ist schwer zu beantworten: Zum einen nimmt ein Partner formal keine Aufgaben wahr, die in den Bereich der Unternehmensführung fallen. Daher ist anhand dieses Kriteriums nicht ablesbar, welchen Einfluss er ausübt. Allerdings ist diese Situation kaum anders, wenn nur ein Widerspruchsrecht besteht. Zum anderen ist der vorhandene Einfluss informeller Natur: Er wird nicht durch ein Mitbestimmungs- oder Widerspruchsrecht vermittelt, sondern beruht allein auf der Befürchtung eines Teils, die Zusammenarbeit könne deswegen scheitern, weil der andere Teil bei Verletzung seiner Interessen ausscheiden würde. Dieser Druck ist nicht unbeachtlich, allerdings stark abhängig von den Konditionen, die für einen Austritt vereinbart sind. So kann sich unter Umständen das Ausscheiden aus der Kooperation für den Partner als wirtschaftlich vorteilhaft erweisen, so dass ein Druckmittel tatsächlich nicht mehr vorhanden ist.

Vergleicht man die Situation mit der, dass einem Gesellschafterunternehmen ein Widerspruchsrecht eingeräumt ist, dann ist sie ihr nicht unähnlich: Muss beim Widerspruchsrecht das führende Gesellschafterunternehmen, das nach seinen Vorstellungen handeln will, immer mit Einwänden des Partners rechnen, so droht ihm, wenn ein Austrittsrecht vereinbart ist, dessen Austritt. Um dies zu verhindern, wird man gehalten sein, die Anforderungen des anderen Gesellschafterunternehmens möglichst so weit umzusetzen, wie es die eigenen Interessen erlauben. Bewegt man sich innerhalb dieser Parameter, hat man zwar durchaus einen Spielraum, den man nutzen kann. Trotzdem findet ein Interessenausgleich statt, vorausgesetzt, man will den Fortbestand der Kooperation gewährleisten. Schließlich kann man berücksichtigen, dass der führende Partner im Rahmen der Grundlagenverträge (Gesellschafts- oder Kooperationsvertrag) an die gemeinsam formulierten Ziele und Aufgaben gebunden ist[75]. Je detaillierter sich Gesellschafts- oder Kooperationsvertrag hiermit auseinandersetzen, desto geringer ist der Spielraum der Unternehmensführung, hiervon abzuweichen.

Im Ergebnis ist die Vereinbarung eines Austrittsrecht nur ein Mittel, um die "gemeinsame Führung" eines Unternehmens abzusichern. Für sich alleine kann dies jedoch nicht ausreichen, hinzutreten müssen stets weitere Umstände. Dies beruht auf der Erkenntnis, dass die tatsächliche Einflussnahme auf die Führung des Unternehmens durch ein Austrittsrecht nicht sichergestellt werden kann.

(5) "Aktive" Führungsteilnahme

Der Gesetzgeber[76] wie auch Auffassungen im Schrifttum[77] verlangen für die "gemeinsame Führung" eine "aktive" Teilnahme an der Unternehmensleitung. Dieses Merkmal befasst sich mit der Frage, wie sich die "führenden" Gesellschafter bei Führungsentscheidungen einzubringen haben und ist grundsätzlich unabhängig davon zu beantworten, wie die "Gemeinsamkeit" der Führung rechtlich abgesichert ist.

Es wird behauptet, die aktive Teilnahme an der Leitung des Unternehmens müsse tatsächlich vorliegen. Jedes Gesellschafterunternehmen, das für sich die Teilnahme an der "gemeinsamen Führung" behaupte, müsse daher seine Vorstellungen im Bereich der Unternehmensführung in den Entscheidungsprozeß einbringen. Dies habe zur Folge - wenn ein Partner durch Widerspruchsrechte über die Rechtsmacht verfügt, Maßnahmen zu verhindern -, dass eine "gemeinsame Führung" im Sinne des § 310 HGB dann nicht stattfände, wenn er stets "passiv" die Entscheidungsfindung über sich ergehen lasse.

Aus Sicht der Praxis stellt sich die Frage, woran zu messen ist, ob eine "aktive" Teilnahme vorliegt oder nicht. Müssen Entscheidungen einstimmig getroffen

[75] Vgl. *Budde/Suhrbier* in: Beck´scher Bilanzkommentar, § 310, Rn. 16.

[76] Vgl. BT-DrucksS. 7/5221, S. 22.

[77] *Baetge*, Konzernbilanzen, S. 361, 362; ähnlich *Busse von Colbe/Ordelheide*, S. 458, die bei "völliger Passivität eines Partners die "gemeinsame Führung" verneinen wollen.

werden, ergeben sich keine Schwierigkeiten, da jeder Partner schon formal an allen Führungsentscheidungen mitwirken muss. Gleiches gilt, wenn ein Widerspruchsrecht ausgeübt wird. Erfolgt jedoch kein Widerspruch, ist die Frage, ob der Widerspruchsberechtigte in diesem Fall "aktiv" an der Entscheidungsfindung teilnimmt, schwer zu beantworten. Zwar spricht einiges für eine aktive Teilnahme, wenn dem Partner derart weitreichende Rechte eingeräumt sind, da ansonsten kaum zu begreifen wäre, warum er sich diese hat zusprechen lassen, wenn nicht zur Absicherung seiner "aktiven" Teilnahme an der Unternehmensführung. Sicher ist dieser Befund allerdings nicht. Unklar ist ferner, wie es zu bewerten ist, wenn sich ein Partner bei Führungsentscheidungen im ersten Halbjahr aktiv einbringt, im zweiten aber nicht. Die Betrachtung in der Konzernbilanz ist schließlich stets eine jährliche. Mit letzter Sicherheit kann man sich in diesen Konstellationen an den rechtlichen Faktoren aber nicht orientieren. Vielmehr sind tatsächliche Kriterien für die Beurteilung heranzuziehen. Es ist daher festzustellen, inwieweit der jeweilige Partner seine Vorstellungen tatsächlich in die Führungsarbeit einbringt. Indiz für die "aktive" Teilnahme kann sein, dass sich seine Auffassungen regelmäßig in den getroffenen Führungsentscheidungen niedergeschlagen haben. Auch ist denkbar, dass schon der Kooperationsvertrag ein Verfahren regelt, das jeden Partner in die Lage versetzt oder verpflichtet, seine Auffassung zu Führungsentscheidungen mitzuteilen. Schließlich ist auch denkbar, Protokolle der jeweiligen Sitzungen des Entscheidungsgremiums zu konsultieren, um festzustellen, inwieweit eine "aktive" Teilnahme vorliegt. Im Ergebnis wird man stets eine wertende Betrachtung zugrundelegen müssen.

2. Kapitalgesellschaften

Größere Bedeutung als den Personengesellschaften kommt bei Gemeinschaftsunternehmen den Kapitalgesellschaften, insbesondere GmbH und Aktiengesellschaft zu[78].

a) Träger der Willensbildung in der Gesellschaft mit beschränkter Haftung

Als Entscheidungsorgane kommen bei der GmbH der oder die Geschäftsführer, die Gesellschafterversammlung sowie ein Aufsichtsrat in Betracht, falls er satzungsmäßig oder gesetzlich vorgeschrieben ist.

[78] *Rolfes*, S. 149; 13. Hauptgutachten Monopolkommission 1999, S. 301-311.

Die Geschäftsführung wird im Regelfall mit Personen besetzt sein, die die Interessen der Gesellschafterunternehmen umsetzen sollen. Aus diesem Grund werden sich die Gesellschafterunternehmen entweder auf den oder die Geschäftsführer einigen oder jeweils einen oder mehrere Geschäftsführer bestimmen, die Führungsentscheidungen nur gemeinsam treffen können. Schon so ist in einem gewissen Maße der Einfluss der Gesellschafterunternehmen auf die Führung des Unternehmens sichergestellt.

Für die Gesellschafterversammlung tritt bei der GmbH die Möglichkeit hinzu, die Geschäftsführer anzuweisen, bestimmte Maßnahmen durchzuführen (vgl. § 37 Abs. 1 GmbHG). Insofern kommt die Gesellschafterversammlung als das Organ in Betracht, das Führungsentscheidungen im gemeinsamen Unternehmen trifft. Die Gesellschafterunternehmen können hier ein einheitliches Vorgehen festlegen und der Geschäftsführung dementsprechende Weisungen erteilen.

Für einen Aufsichtsrat oder ein anderes Gremium, das von den Gesellschafterunternehmen errichtet werden kann, gelten diese Ausführungen entsprechend.

b) Rechtliche Ausgestaltung der "gemeinsamen Führung" in der GmbH

(1) Vetorechte und geteilte Unternehmensführung

Probleme, die die "Gemeinsamkeit" der Führung einer GmbH betreffen, ergeben sich nicht, wenn an dem betreffenden Unternehmen nur zwei Gesellschafterunternehmen zu gleichen Teilen beteiligt sind. Für den Fall, dass einem Gesellschafterunternehmen im Entscheidungsgremium ein Vetorecht zusteht, gelten sinngemäß die Aussagen, die zum Widerspruchsrecht bei der GbR gemacht wurden. Denn die Situation dort stellt sich dann nicht anders dar, als die in der Gesellschafterversammlung einer GbR. Dies gilt ebenso für den Fall, in dem mehr als zwei Partner in einem Gemeinschaftsunternehmen zusammentreffen: Auch hier müssen die Gesellschafterunternehmen bei kontroversen Fragen einen Kompromiss finden, da eine Entscheidungsfindung unter Ausschluss nur eines der Partner rechtlich nicht möglich ist, wenn einstimmig zu entscheiden ist. So üben stets alle Gesellschafterunternehmen, soweit der Gesellschafterversammlung durch die weiteren gesellschaftsrechtlichen Regelungen die Führungsfunktion zugeteilt ist, eine "gemeinsame Führung" des Unternehmens aus.

Für den Fall, dass die Gesellschafterunternehmen die Unternehmensleitung nach Sachbereichen untereinander aufteilen, kann auf die Ausführungen zurückgegriffen werden, die bei der GbR zur "geteilten Geschäftsführung" gemacht wurden. Letzter Entscheidungsträger ist somit immer ein übergeordnetes Gremium, das über die Punkte zu befinden hat, die nicht mehr allein in die Kompetenz eines Sachbereichs fallen bzw. über die sich die für die jeweiligen Sachbereiche zuständigen Gesellschafterunternehmen nicht einigen können. Für die "Gemeinsamkeit" der Führung ist dann entscheidend, wie dort die Entscheidungen getroffen werden. Denkbar sind wiederum Mehrheitsentscheidungen, aber auch das Eingreifen von Vetorechten. Dieses Vorgehen bei der geteilten Unternehmensführung ist einer Hintereinanderschaltung verschiedener Entscheidungsgremien ähnlich, da zunächst ein Ausgleich auf der Ebene der Sachbereiche gefunden werden soll und sich erst danach ein übergeordnetes Gremium, z.B. in der Gesellschafterversammlung oder in einem freiwilligen Aufsichtsrat, damit zu befassen hat.

(2) Mehrheitsentscheidungen

Die Frage, ob eine "gemeinsame Führung" im Sinne des § 310 HGB vorliegen kann, wenn im jeweils entscheidenden Gremium/Organ nach der Satzung Mehrheitsentscheidungen zulässig sind, stellt sich nur, wenn bei zwei Partnern einer über die Mehrheit verfügt oder wenn mehr als zwei Gesellschafterunternehmen zu gleichen oder unterschiedlichen Anteilen mitwirken. Bei solchen Konstellationen ist fragwürdig, ob zum einen überhaupt eine "gemeinsame Führung" denkbar ist, zum anderen, inwieweit auch ein überstimmtes Gesellschafterunternehmen noch an ihr teilnimmt.

Für die grundsätzliche Zulässigkeit von Mehrheitsentscheidungen gelten die Ausführungen entsprechend, die zu diesem Problem schon für die GbR gemacht wurden[79]. Für die Beurteilung der "Gemeinsamkeit" der Führung bei Gestattung mehrheitlicher Entscheidungen ist demzufolge ausschlaggebend, inwieweit die Satzung eine kooperative Zielsetzung enthält.

Konsequenz dieser Auffassung ist, dass auch ein Gesellschafterunternehmen, das überstimmt wird, noch an der "gemeinsamen Führung" eines Unternehmens teilnimmt. Denn jede Maßnahme muss sich im Rahmen dessen bewegen, was die Satzung als Zielsetzung für das gemeinsame Unternehmen vorsieht. Bei einer sinnvoll konzipierten Zusammenarbeit wird sich jede Maßnahme innerhalb von bestimmten Parametern bewegen, so dass die Maßnahme auch für das bei der Entscheidung unterlegene Gesellschafterunternehmen noch akzeptabel ist.

[79] C II 1 b (1).

Die Führung bleibt eine "gemeinsame", da sie im Grunde von allen Gesellschafterunternehmen getragen wird. Das haben sie damit zum Ausdruck gebracht, dass sie bei der Gründung eine Satzung diesen Inhalts beschlossen bzw. Anteile an einem Unternehmen erworben haben, aus dessen Satzung sich diese Vorgänge ergeben.

Vorhaben, die sich außerhalb der kooperativen Zielsetzung bewegen, sind dann unzulässig, wenn nicht alle Gesellschafterunternehmen mit ihnen einverstanden sind. Ggf. muss ein Gesellschafterunternehmen, wenn es der Auffassung ist, dass mit einer Maßnahme der Bereich der gemeinsamen Zusammenarbeit verlassen wird, eine gerichtliche Entscheidung hierüber herbeiführen. In solchen Fällen ist aber das Ende der Zusammenarbeit schon absehbar. Dies ist ein Problem, das sich bei jeder Kooperation ergeben kann. Es liegt in der Natur der Sache, dass sich die Interessen der Gesellschafterunternehmen, die einmal vereinbar waren, mit der Zeit voneinander entfernen können, ohne dass dies am Anfang so vorhersehbar war, z.B. aufgrund neuer Technologien, Marktentwicklungen oder Rohstoffknappheit.

c) Zwischenergebnis für GmbH und Personengesellschaften

An dieser Stelle ist festzuhalten, dass "unternehmensexterne" Regelungen von Führungskonflikten für die "Gemeinsamkeit" der Führung sprechen, da in diesen Fällen die Gesellschafterunternehmen zusammen die Maßnahmen tragen, die ein externer Entscheidungsträger für das Unternehmen vorgibt.

Werden die Entscheidungen "unternehmensintern" getroffen, liegt eine "gemeinsame Führung" dann vor, wenn jedes Gesellschafterunternehmen bzgl. der Führungsmaßnahmen ein Widerspruchs- oder Vetorecht besitzt. Wird ein solches ausgeübt, ist ein Kompromiss zu finden oder die Maßnahme muss unterbleiben. Wesentlich ist die Wahrung der jedem Gesellschafterunternehmen eigenen Interessen. Erfolgt diese, wird man in dem Unternehmen verbleiben, dessen Führung dann eine "gemeinsame" ist.

Für alle anderen Konstellationen lässt sich keine derart klare Aussage treffen. Das liegt daran, dass stets die Möglichkeit besteht, dass Führungsentscheidungen gegen den Willen zumindest eines Gesellschafterunternehmens getroffen werden können, da im entscheidenden Gremium entweder mehrheitlich beschlossen werden kann oder einer Seite das Letztentscheidungsrecht zusteht. Für die "Gemeinsamkeit" der Führung kommt es dann maßgeblich darauf an, ob eine Bindung vorliegt, die nur Maßnahmen zulässt, die noch die wesentlichen Interessen auch der überstimmten Beteiligten gewährleistet. Diese Bindung kann nur in der kooperativen Zielsetzung gefunden werden, die sich im Regelfall in dem Kooperationsvertrag oder der Satzung des Unternehmens entnehmen lässt. Je ausgeprägter die kooperative Zielsetzung dort zu Tage tritt, desto mehr spricht dafür, dass auch in Fällen mehrheitlicher Entscheidung eine von allen Gesellschafterunternehmen getragene Führung vorliegt, die "gemeinsam" im Sinne des § 310 HGB ist. Damit steht aber auch fest, dass ein rein zufälliges Führungsverhalten den Anforderungen des § 310 HGB nicht gerecht werden kann[80].

Im Schrifttum wird in diesem Zusammenhang diskutiert, ob es für die Erfüllung des Tatbestands von § 310 HGB ausreicht, wenn den Gesellschafterunternehmen "gemeinsam" eine der in § 290 Abs. 2 Nr. 1 bis 3 HGB genannten Rechtspositionen zusteht[81]. Dafür spricht, dass in diesen Fällen die Gesellschafterunternehmen über einen erheblichen rechtlichen Einfluss verfügen. Allerdings kann die Überprüfung der Voraussetzungen des § 310 HGB nicht an dieser Stelle stehen bleiben. Insbesondere muss es für § 310 HGB nicht ausreichen, dass die Gesellschafterunternehmen im Sinne des § 290 Abs. 2 Nr. 1 HGB gemeinsam die Stimmrechtsmehrheit halten. Denn wenn zugunsten eines dritten Gesellschafterunternehmens ein Widerspruchsrecht besteht, kann es gleichberechtigt an der "gemeinsamen Führung" partizipieren. Bei konzentrativen Gemeinschaftsunternehmen[82] reicht es jedenfalls nicht aus, allein personellen Einfluss im Sinne des § 290 Abs. 2 Nr. 2 HGB auszuüben.

Im Ergebnis sollte die Feststellung, inwieweit die Rechte aus § 290 Abs. 2 HGB Gesellschafterunternehmen "gemeinsam" zustehen, den Anfang der Prüfung der Voraussetzungen des § 310 HGB darstellen. Darauf beschränkt bleiben darf sie aber nicht.

An dieser Stelle lässt sich auch die Frage beantworten, ob als Grundlage für die "gemeinsame Führung" rechtsverbindliche Verträge erforderlich sind oder ob es ausreicht, dass zwischen den Gesellschafterunternehmen rechtlich unverbindliche oder nicht durchsetzbare Abreden, z.B. in Form von Absichtserklärungen, bestehen.

80 *ADS*, § 310, Rn. 23; *Hoffmann-Becking/Rellermeyer*, S. 216.

81 *Sigle*, HdKR, § 310, Rn. 25; aA *ADS*, § 310, Rn. 23.

82 Vgl. untern E VI 7.

Für den Fall, dass die Satzung des Gesellschaftsunternehmens eine genaue kooperative Zielsetzung enthält, durch die eine Interessenwahrung für die Gesellschafterunternehmen sichergestellt wird, bedarf es keiner weiteren verbindlichen Abreden zwischen den Gesellschafterunternehmen. Die "gemeinsame Führung" wird dann schon durch die entsprechenden Satzungsbestimmungen gewährleistet. Zusätzliche Abreden dienen der Konkretisierung der Zusammenarbeit und können bei der Auslegung von Rechten und Pflichten in der Kooperation eine Rolle spielen.

Fehlt eine ausdrückliche satzungsmäßige Zielsetzung, muss auf andere Weise sichergestellt werden, dass die Interessen der jeweiligen Partner bei der Leitung des Gemeinschaftsunternehmens gewahrt bleiben. So muss ein festgelegtes Verfahren sicherstellen, dass die Belange aller Partner bei der Unternehmensführung Berücksichtigung finden. Die für diesen Zweck denkbaren Verfahrenswege wurden oben bereits im Zusammenhang mit der Lösung von Konfliktsituationen unter den Beteiligungsgesellschaften dargestellt. Derartige Verfahren müssen verbindlich geregelt werden, um eine sichere Grundlage für die "gemeinsame Führung" zu schaffen. Dabei ist eine Regelung auf gesellschaftsrechtlicher Ebene nicht zwingend erforderlich, da die angesprochenen Verfahren der gemeinsamen Willensbildung nicht in den Organen des (Gemeinschafts-)Unternehmens stattfinden müssen, sondern auch im Vorfeld der Entscheidungen in den Organen durchgeführt werden können. Eine dahingehende Bindung der Partner an die jeweiligen Prozesse kann folglich auch auf schuldrechtlicher Ebene erfolgen.

Die Richtigkeit dieser Annahme lässt sich auch an einem Vergleich mit den Anforderungen belegen, die an die mehrfache Abhängigkeit von Unternehmen gestellt werden[83]. In diesem Zusammenhang wird verlangt, dass die Einflussmöglichkeit der verschiedenen Herrschaftsträger koordiniert ist. Diese Harmonisierung kann zum einen durch Abreden über die Bestimmung des Unternehmens erfolgen, was nichts anderes ist als die Festlegung einer kooperativen Zielsetzung. Hierdurch wird eine zukünftige Koordination unternehmerischer Entscheidungen weitestgehend entbehrlich[84]. Fehlt eine gemeinsame Zielsetzung, ist durch andere Verfahrensregelungen sicherzustellen, dass es zur Bildung eines Gesamtwillens kommt. Dafür muss allerdings eine gesicherte Grundlage vorhanden sein, an der es mangelt, wenn die Herrschaftsträger keine verbindlichen Absprachen über die Art und Weise der Willensbildung treffen und es auch kei-

[83] Ausführlich zu diesem Problem siehe unten G II 1.

[84] *Koppensteiner* in: KK, 2. Aufl., § 17, Rn. 71.

ne kooperative Zielsetzung gibt[85]. Als ausreichender Koordinationsfaktor kann auch nicht durchweg das tatsächliche "Aufeinander-Angewiesen-Sein" bei einem 50:50 Unternehmen anerkannt werden. Es ist nicht gesagt, dass es stets zu einer gemeinsamen Willensbildung in Führungsfragen zwischen den Gesellschafterunternehmen kommt, weil ein faktischer Einigungszwang besteht. Vielmehr können sich die Gesellschafterunternehmen darüber einig sein, dass sich das Unternehmen "selbst", also ohne eine leitende Beeinflussung durch die Gesellschafterunternehmen führt. Dann liegt eine "gemeinsame Führung" durch die Gesellschafterunternehmen nicht vor[86].

d) Träger der Willensbildung in der Aktiengesellschaft

Als Träger der Willensbildung kommen bei einer Aktiengesellschaft deren Organe Vorstand, Aufsichtsrat und Hauptversammlung in Betracht.

(1) Der Vorstand

Der Vorstand leitet ein als Aktiengesellschaft verfasstes gemeinsames Unternehmen gemäß § 76 Abs. 1 AktG unter eigener Verantwortung. Allgemein wird in einem Gemeinschaftsunternehmen eine paritätische Besetzung der Positionen im Vorstand durch die Gesellschafterunternehmen erstrebenswert sein[87]. Denkbar ist auch eine Personalunion von Geschäftsleitung der Gesellschafterunternehmen und Vorstand der Aktiengesellschaft. Damit ist ein Einfluss der Gesellschafterunternehmen auf den Vorstand des gemeinsamen Unternehmens durch die Berufung "ihrer" Mitglieder nicht von der Hand zu weisen. Allerdings ist dieser Einfluss informeller Natur. Denn der Vorstand handelt in "eigener Verantwortung" und ein Anspruch auf die Befolgung von Weisungen ist nur gegeben, wenn mit den Gesellschafterunternehmen ein Beherrschungsvertrag nach § 291 AktG besteht (sog. Mehrmütter-Berherrschungsvertrag). Dann muss aber gemäß § 290 Abs. 2 Nr. 3 HGB eine Vollkonsolidierung des Unternehmens durch beide Gesellschafterunternehmen stattfinden[88]. Die Frage nach einer für die Quotenkonsolidierung relevanten "gemeinsamen Führung" im Sinne des § 310 Abs. 1 HGB stellt sich dann nicht mehr. Durch einen Beherrschungsver-

[85] Vgl. BGHZ 62, 193, 199; *Koppensteiner* in: KK, 2. Aufl., § 17, Rn. 74; *Windbichler* in: Großkomm.AktG, 4. Aufl., § 17, Rn. 51 f., 64, 65.

[86] Vgl. *Koppensteiner* in: KK, 2. Aufl., § 17, Rn. 75.

[87] *Rolfes*, S. 162.

[88] Einhellige Meinung, vgl. *ADS*, § 290, Rn. 105, 108 f.

trag kann die "gemeinsame Führung" daher nicht gewährleistet werden. Die Partner müssen ihren Einfluss auf die Leitung in anderer Weise absichern.

Zu untersuchen ist, wie die Gesellschafterunternehmen ohne einen Beherrschungsvertrag auf die Leitung durch den Vorstand Einfluss nehmen können.

Grundsätzlich ist es außerhalb zulässiger konzernrechtlicher Gestaltungen nicht gestattet, die Führung einer Aktiengesellschaft in andere Hände als die des Vorstands zu legen[89]. Man spricht davon, dass der Vorstand die Unternehmenspolitik festlegt und die Zielkonzeption, Organisation, Führungsgrundsätze, Geschäftspolitik und die Besetzung der ihm unmittelbar nachgeordneten Führungsstellen selbst bestimmt[90]. Insoweit muss der Vorstand nach der Konzeption des AktG genau die Leitungsentscheidungen treffen, welche im Rahmen einer "gemeinsamen Führung" einer Bestimmung durch die Gesellschafterunternehmen unterliegen sollen[91]. Der für die "gemeinsame Führung" geforderte Einfluss der Gesellschafterunternehmen scheint daher in einem als Aktiengesellschaft verfassten gemeinsamen Unternehmen ohne Beherrschungsvertrag nicht durchsetzbar zu sein, da das AktG Führungsentscheidungen ausschließlich in die Hand des Vorstandes legt, der grundsätzlich nicht weisungsgebunden ist[92]. Von daher könnte die "gemeinsame Führung" ohne weitere rechtliche Maßnahmen nur mittels informeller und/oder faktischer Einflussnahme durchgesetzt werden.

Vorstellbar ist, dass eine tatsächliche Abhängigkeit des Vorstandes von den Gesellschafterunternehmen besteht, wenn die wirtschaftliche Existenz der Aktiengesellschaft nicht von dem der Gesellschafterunternehmen zu trennen ist. Dies kann so für kooperative Gemeinschaftsunternehmen[93] gelten. Diese sind mit ihren Gesellschafterunternehmen regelmäßig wirtschaftlich und finanziell so eng verflochten, dass eine Erfüllung der Wünsche der Gesellschafterunternehmen notwendig ist, um das eigene Fortbestehen zu gewährleisten. Dieser Sachlage hat der Vorstand Rechnung zu tragen, wenn er sich mit der Unternehmensplanung und -steuerung befasst. Die daraus entstehende "Abhängigkeit" ist allerdings rechtlich nicht abgesichert.

89 Unter vielen: *Mertens* in: KK, 2. Aufl., § 76, Rn. 4 mwN.

90 *Mertens* in: KK, 2. Aufl., § 76, Rn. 4, 5; *Hüffer*, AktG, § 76, Rn. 8; *Semler*, S. 10.

91 Vgl. oben B III 1-8.

92 *Hüffer*, AktG, § 76, Rn. 10.

93 Vgl. E VI 7.

Geht es um die Leitung eines konzentrativen Gemeinschaftsunternehmens oder um die eines Unternehmens, das kein Gemeinschaftsunternehmen im engeren Sinne ist, entfällt die beschriebene tatsächliche Bindung, soweit der Fortbestand auch ohne Mithilfe der Gesellschafterunternehmen sichergestellt werden kann.

(2) Der Aufsichtsrat

Der Aufsichtsrat eines als Aktiengesellschaft verfassten gemeinsamen Unternehmens wird im Regelfall entsprechend den Kapitalanteilen der Partner paritätisch besetzt werden[94]. Gemäß § 95 Satz 1 AktG beträgt die Anzahl der Aufsichtsratsmitglieder grundsätzlich drei, kann aber durch die Satzung erhöht werden. Bei der Festlegung der Größe des Aufsichtsrat ist daher die Anzahl der Aufsichtsratsposten so zu bestimmen, dass eine paritätische Besetzung möglich ist. Bestellt wird der Aufsichtsrat von der Hauptversammlung (§§ 101, 124 Abs. 3 Satz 1, 4 AktG), gemäß § 101 Abs. 2 AktG ist es aber zulässig, dass in der Satzung für ein Drittel des Aufsichtsrats Entsendungsrechte verankert werden.

Gemäß § 84 Abs. 5 AktG fällt dem Aufsichtsrat die Aufgabe zu, den Vorstand zu bestellen. Damit können die Gesellschafterunternehmen über den Aufsichtsrat Einfluss auf die Leitung des gemeinsamen Unternehmens schon dadurch nehmen, dass sie die Positionen im Vorstand nach ihren Vorstellungen besetzen.

Im Übrigen ist der Aufsichtsrat aber ein reines Kontrollorgan (vgl. § 111 Abs. 1 AktG) und folglich nicht mit dem Treffen von Führungsentscheidungen befasst. Nach § 111 Abs. 4 Satz 1 AktG ist es dem Aufsichtsrat sogar ausdrücklich untersagt, die Geschäftsführung und Geschäftsführungsinitiative zu übernehmen[95]. Indessen müssen Aufsichtsrat oder Satzung der Aktiengesellschaft einen Katalog von Geschäften festlegen, die der Vorstand nur mit Zustimmung des Aufsichtsrats vornehmen darf (vgl. § 111 Abs. 4 S. 2 AktG). Unter den Begriff "Geschäft" fallen nach herrschender Ansicht nicht allein Rechtsgeschäfte der Gesellschaft, sondern auch Fragen der Unternehmensplanung, Unternehmensorganisation und Finanzierung[96]. Es gibt aber Grenzen für die Anordnung einer Zustimmungspflicht. Diese beruhen auf dem Spannungsverhältnis zu § 76 AktG. Damit scheint es zunächst fernliegend, dass die Gesellschafterun-

[94] Mitbestimmungsrechtliche Aspekte werden hier nicht behandelt.

[95] *Mertens* in: KK, 2. Aufl., § 111, Rn. 59.

[96] *Mertens* in: KK, 2. Aufl., § 111, Rn. 61.

ternehmen durch den Aufsichtsrat die Leitung eines gemeinsamen Unternehmens beeinflussen.

Seine Kontrollfunktion könnte ein Aufsichtsrat aber kaum wirksam wahrnehmen, wenn nicht eine Möglichkeit eröffnet wäre, Maßnahmen des Vorstandes in wesentlichen Bereichen zu verhindern, bevor sie in die Tat umgesetzt werden. Dies könnte man dadurch erreichen, dass man bestimmte Entscheidungen einer Zustimmungspflicht des Aufsichtsrats unterwirft. Einer umfassenden Anordnung der Zustimmungspflicht stehen allerdings die §§ 76 und 111 Abs. 4 S. 1 AktG entgegen. Daher sind nur solche Geschäfte für eine Unterwerfung unter die Zustimmungspflicht offen, "die nach Umfang, Gegenstand, Bedeutung oder Risiko für ein Unternehmen der betreffenden Art und Größe aus dem routinemäßigen Geschäftsbetrieb signifikant herausragen oder von spezifischer unternehmensstrategischer Bedeutung sind"[97]. Ferner kennzeichnend für die Art der Geschäfte ist, dass sie bei einer ordnungsgemäßen Leitung des Unternehmens unbedingt vom Vorstand selbst behandelt werden müssen[98]. Im wichtigen Bereich der finanziellen Unternehmensplanung ist es dem Aufsichtsrat zwar verwehrt, sie einem umfassenden Zustimmungsvorbehalt unterzuordnen. Jedoch kann man gerade bei Entscheidungen über Budgets und Investitionen davon ausgehen, dass sie regelmäßig von strategischer Bedeutung sind und somit über eine routinemäßige Geschäftsführung durch den Vorstand hinausgehen. Damit kann hier ein Zustimmungserfordernis durch den Aufsichtsrat etabliert werden[99]. Wenn sich die für die "gemeinsame Führung" maßgeblichen Führungsentscheidungen[100] inhaltlich mit den "Geschäften von besonderer Bedeutung" im Sinne des § 111 Abs. 4 AktG decken, können die Gesellschafterunternehmen die für § 310 HGB notwendige Einwirkung auf die Leitung des gemeinsamen Unternehmens über den Aufsichtsrat wahrnehmen. Denn wenn dieser paritätisch besetzt ist, kann die Zustimmung zu den angeführten Geschäften nur durch beide Gesellschafterunternehmen einvernehmlich bzw. in den Formen erfolgen, die schon bei der "gemeinsamen Führung" der Personengesellschaften für zulässig erachtet wurden, soweit das AktG dem nicht entgegensteht.

[97] *Mertens* in: KK, 2. Aufl., § 111, Rn. 66.

[98] *Mertens* in: KK, 2. Aufl., § 111, Rn. 66.

[99] Mertens in: KK, 2. Aufl., § 111, Rn. 68.

[100] Vgl. unten D II.

Ebenso wie der Vorstand ist aber auch der Aufsichtsrat an die Satzung gebunden und kann sich demzufolge weder über den Unternehmensgegenstand oder Gesellschaftszweck noch über das Gesellschaftsinteresse als solches hinwegsetzen[101]. Wollen die Gesellschafterunternehmen eine "gemeinsame Führung" über den Aufsichtsrat rechtlich sicherstellen, müssen sie das Gesellschaftsinteresse insgesamt im Sinne ihrer Zusammenarbeit ausgestalten. Daher gewinnt die unten noch zu klärende Frage an Bedeutung, ob und inwieweit eine statutarische Indienststellung einer Aktiengesellschaft für ihre Gesellschafterunternehmen zulässig ist.

Zu beachten ist weiter, dass man nicht alle wesentlichen Geschäftsvorfälle generell durch eine abstrakte Regelung in der Satzung einem Zustimmungsvorbehalt unterwerfen darf. Aus § 111 Abs. 4 Satz 2 AktG ergibt sich, dass die betroffenen Geschäfte explizit zu umschreiben und abschließend aufzuzählen sind. Auch darüber haben sich die Gesellschafterunternehmen zu einigen, bestenfalls schon bei Gründung bzw. Erwerb des gemeinsamen Unternehmens.

Um eine dementsprechende Stimmabgabe bei den Aufsichtsratssitzungen sicherzustellen, müssen die Gesellschafterunternehmen in engem Kontakt stehen, um Streitpunkte hinsichtlich zustimmungsbedürftiger Geschäftsvorfälle vorab zu klären. De facto stellen daher nichtinstitutionalisierte Aktionärsbesprechungen einen weiteren, sehr wesentlichen Träger der Willensbildung dar. Es ist auch denkbar, dass die Gesellschafterunternehmen auf schuldrechtlicher Ebene ein Gremium außerhalb des Aufsichtsrats einrichten, in dem Fragen der Geschäftspolitik oder der Besetzung von Positionen im gemeinsamen Unternehmen erörtert werden, bevor sich der Aufsichtsrat damit befasst. Dabei ist allerdings sicherzustellen, dass die gesetzlich festgelegte Funktion des Aufsichtsrats nicht ausgehöhlt wird.

Rückschlüsse darauf, welche Arten von Geschäften einem Zustimmungsvorbehalt unterworfen werden können, lassen sich auch aus § 90 Abs. 1 AktG ziehen: Hier nennt das Gesetz die Geschäfte, über die der Vorstand dem Aufsichtsrat Bericht zu erstatten hat. Dies sind insbesondere die Geschäftspolitik und Unternehmensplanung, vor allem Finanz-, Investitions- und Personalplanung (§ 90 Abs. 1 Nr. 1 AktG) und die Geschäfte, die für Rentabilität oder Liquidität der Gesellschaft von erheblicher Bedeutung sein können (§ 90 Abs. 1 Nr. 4 AktG). Informationen können in diesem Kontext nur den Sinn haben, dem Auf-

[101] *Timmann*, S. 122.

sichtsrat eine Grundlage für die Wahrnehmung seiner Kontrollaufgaben zu geben. Wenn das Gesetz gerade in den genannten Bereichen eine Informationspflicht vorschreibt (Informationen also für wichtig hält), wird daraus deutlich, dass diesen im Rahmen der Kontrolle eine besondere Bedeutung zukommt. Bei der Kontrolle ist aber die Anordnung eines Zustimmungsvorbehalts das wirksamste Mittel. Diesem Zusammenhang ist zu entnehmen, dass gerade bei Beschlüssen, die mit den in § 90 Abs. 1 AktG aufgezählten Angelegenheiten in Verbindung stehen, die Anordnung des Zustimmungsvorbehalts statthaft ist.

In Planungsfragen wird es bei der Wahrnehmung dieser Kontrolle aber dazu kommen, dass der Vorstand den Aufsichtsrat entweder beteiligt oder sich an dessen Vorgaben hält, um eine Zustimmung zu erhalten. Dies ist allerdings eine praktische Erwägung aus der Sicht des Vorstands. Bedenkt man Zusammenhänge zwischen Information, Planung und Kontrolle[102], liegt der Schluss nahe, dass der Aufsichtsrat, um seine Kontrollaufgaben effektiv zu erfüllen, wenigstens in den grundlegenden (strategischen) Bereichen in die Planung eingebunden werden muss[103]. Der Aufsichtsrat ist insofern mehr als ein bloßes Kontrollorgan[104].

Weiteren Einfluss auf die Leitung des gemeinsamen Unternehmens können die Gesellschafterunternehmen durch den Aufsichtsrat in den Gebieten Jahresabschluss und Gewinnverwendung nehmen. Dass die Kompetenz des Aufsichtsrats, einen vom Vorstand aufgestellten (§§ 264 Abs. 1, 289 ff. HGB, 170 ff. AktG) Jahresabschluss zu prüfen und ggf. mit diesem zu billigen (§§ 172 f. AktG), in den Bereich der Führungsentscheidungen fällt, muss nicht weiter erläutert werden. Vor allem weil sich in einem gemeinsamen Unternehmen regelmäßig eine enge Verbindung zwischen Vorstand und Aufsichtsrat zeigen wird, liegt eine einvernehmliche Zusammenarbeit dieser Organe bei der Ausgestaltung des Jahresabschlusses nahe. Die Hauptversammlung könnte nur tätig werden, wenn Vorstand und Aufsichtsrat sich nicht einigen können. Das ist aber bei einem gemeinsamen Wirken von Vorstand und Aufsichtsrat unwahrscheinlich, zumal man sehen muss, dass in der Hauptversammlung der vorliegend betrachteten Unternehmen regelmäßig die gleichen Machtverhältnisse wie im Aufsichtsrat bestehen. Der Einfluss des Aufsichtsrats vermehrt sich noch dadurch, dass er mit dem Vorstand im Rahmen des § 58 AktG über die Gewinnverwendung entscheiden kann.

102 Vgl. unten D II 3 b).

103 *Albach*, ZGR 1997, S. 32, 36, 39 f.

104 *Wilhelm*, Kapitalgesellschaftsrecht, Rn. 946; *Albach*, ZGR 1997, S. 32, 40.

(3) Die Hauptversammlung

Die Bedeutung der Hauptversammlung in einem gemeinsamen Unternehmen, in dem Partner mit gleichen Anteilen zusammenarbeiten, ist gering. In der Praxis bleibt die Hauptversammlung häufig ohne Einfluss auf die Leitung des Unternehmens und existiert nur aus formaljuristischen Gründen. Ferner kann auch eine Personalunion von Hauptversammlung und Aufsichtsrat bestehen[105], so dass die Befugnis der Hauptversammlung, die Mitglieder des Aufsichtsrats zu bestimmen bzw. abzuberufen (§ 119 Abs. 1 Nr. 1 bzw. § 103 Abs. 1 S. 1 AktG), nicht zur Geltung kommt.

Nach § 119 Abs. 2 AktG kann die Hauptversammlung über Fragen der Unternehmensführung nur dann entscheiden, wenn der Vorstand es verlangt. Eine Eigeninitiative dergestalt, dass der Hauptversammlung eine Kompetenz zur Geschäftsführung in Konkurrenz zum Vorstand zustünde, kann daraus nicht hergeleitet werden. Beachtenswert ist in diesem Zusammenhang die Rechtsprechung des BGH, die bei wesentlichen Strukturentscheidungen, die auf eine faktische Änderung der Satzung hinauslaufen, ausnahmsweise eine Pflicht des Vorstandes annimmt, das Votum der Hauptversammlung einzuholen[106]. Gleich, ob man dieser Ansicht beitritt oder nicht: Jedenfalls kann hierdurch kein allgemeines Teilhaberecht der Hauptversammlung an der Unternehmensführung hergeleitet werden. Denn an die Fälle, in denen nach Ansicht des BGH der Vorstand die Hauptversammlung befragen muss, sind hohe Anforderungen zu stellen, weitaus höhere, als an die für die "gemeinsame Führung" relevanten Leitungsentscheidungen. Daher ist es nicht möglich, dass die Gesellschafterunternehmen die "gemeinsame Führung" ausschließlich durch die Hauptversammlung wahrnehmen.

Auch dem Recht der Hauptversammlung nach § 111 Abs. 4 S. 3-5 AktG, die verweigerte Zustimmung des Aufsichtsrats nach § 111 Abs. 4 S. 2 AktG mit einer qualifizierten Mehrheit (75 % der abgegebenen Stimmen) zu überwinden, kommt bei der hier zugrunde gelegten Anteilsstruktur keine Bedeutung zu.

Im Ergebnis kann festgehalten werden, dass die Hauptversammlung bei der Leitung eines Unternehmens im Verhältnis zu Aufsichtsrat und Vorstand vergleichsweise geringe Kompetenzen hat. Da das AktG nicht dispositiv ist, kann

[105] *Arbeitskreis Gemeinschaftsunternehmen*, S. 18; *Rolfes*, S. 160.

[106] BGHZ 83, 122 ("Holzmüller").

die grundsätzliche Kompetenzverteilung auch nicht im Wege von Satzungsbestimmungen abgeändert werden.

Immerhin bestellt die Hauptversammlung die Anteilseignervertreter im Aufsichtsrat, die aufgrund der Befristung ihres Mandats von der Hauptversammlung abhängig sind. Ebenso ist der Vorstand auf Rückhalt in der Hauptversammlung angewiesen, da der Vertrauensentzug gemäß § 84 Abs. 2 Satz 3 AktG einen wichtigen Grund zur Abberufung des Vorstandes darstellen kann. Damit zeigt sich, dass der Einfluss der Hauptversammlung im Wesentlichen auf Personalfragen beschränkt ist. Diese stellen bei der Führung eines Unternehmens sicherlich einen wichtigen Faktor dar. Gleichwohl reicht allein die Auswahl des Leitungspersonals im Regelfall noch nicht dazu aus, einen dem Mindestinhalt der "gemeinsamen Führung" gerecht werdenden Einfluss[107] auf ein gemeinsames Unternehmen auszuüben.

Aufgrund der geringen Bedeutung, die der Hauptversammlung bei der direkten Steuerung eines Unternehmens zukommt, spielen Abreden zwischen den Parteien bzgl. der Stimmrechtsausübung in der Hauptversammlung vor allem dann eine Rolle, wenn es um eine Ausrichtung der Aktiengesellschaft auf die Interessen der Gesellschafterunternehmen über die Satzung geht. Beachtlich sind sie ferner, wenn die "gemeinsame Führung" faktisch erfolgen soll, da in diesem Zusammenhang die Besetzung der Führungspositionen im Unternehmen im Mittelpunkt steht.

e) Die statutarische Ausrichtung auf die Gesellschafterunternehmen

(1) Einleitung

In der Aktiengesellschaft ist die Satzung das einzige Mittel, mit dem Aktionäre, also hier die Gesellschafterunternehmen, nach der Vorstellung des AktG auf die Bestimmung der Geschäftspolitik und damit auf die Leitung des Unternehmens einwirken können. Diese Annahme beruht auf der Vorstellung, dass die Organe bei ihrer Tätigkeit an die Vorgaben der Satzung gebunden sind. Oben wurde bereits angesprochen, dass - auf den ersten Blick - die Möglichkeiten einer derartigen Beeinflussung begrenzt sind. Fraglich ist, ob es möglich ist, das Spannungsverhältnis zwischen der Geschäftsführungsautonomie des Vorstandes einerseits und der durch die Gesellschafterunternehmen auszuübenden "gemeinsamen

[107] Vgl. unten D IV.

Führung" andererseits im Einklang mit den aktienrechtlichen Vorschriften aufzulösen.

Ob und inwieweit in der Satzung die Ausrichtung einer Aktiengesellschaft auf die Interessen ihrer Gesellschafterunternehmen erfolgen darf, hat auch Bedeutung für die Frage, in welchem Umfang eine "gemeinsame Führung" der Gesellschafterunternehmen über den Aufsichtsrat hergestellt werden kann. Will man über dieses Organ eine "gemeinsame Führung" sicherstellen, ist zu bedenken, dass die Aufsichtsratsmitglieder bei ihren Entscheidungen primär das Interesse der Gesellschaft zu bewahren haben. Dieses Ziel kann aber zu den Zielen der Gesellschafterunternehmen im Widerspruch stehen, so dass die Aufsichtsratsmitglieder im Zweifel eine Entscheidung im Interesse der Gesellschaft zu treffen hätten.

(2) Bindung des Vorstandes

Ein Weg, den Vorstand bei der Wahrnehmung seiner Leitungsfunktion rechtlich an Entscheidungen der Gesellschafterunternehmen oder der von den Anteilseignern paritätisch besetzten Hauptversammlung zu binden, liegt darin, in der Satzung festzulegen, dass das Unternehmen den Zwecken der Gesellschafterunternehmen zu dienen hat. So könnte der für die "gemeinsame Führung" notwendige Einfluss der Gesellschafterunternehmen auf die Geschäftspolitik rechtlich abgesichert werden. Allerdings werden damit zum einen die Befugnisse des Vorstandes nach § 76 Abs. 1 AktG beschnitten, zum anderen die Kompetenzen der Organe der Aktiengesellschaft verändert. Dies ist aber gemäß § 23 Abs. 5 AktG nur möglich, wenn das Gesetz eine derartige Satzungsbestimmung ausdrücklich zulässt oder die Satzungsbestimmung das Gesetz nur ergänzt. Insofern ist die Satzungsautonomie im Aktienrecht limitiert.

Der Vorstand ist im Sinne des § 76 AktG das ausschließliche Leitungsorgan und ihm kann diese Position jenseits der gesetzlichen Vorschriften weder entzogen werden, noch könnte er sich ihrer selbst entäußern[108]. Eine Bestimmung in der Satzung, durch die diese Funktion aufgelöst wird, verstieße gegen die §§ 76, 23 Abs. 5 AktG und wäre nichtig.

Die unternehmerische Freiheit des Vorstandes ist aber zum einen durch die ihm obliegenden Rechtspflichten, zum anderen durch eine Reihe von Interessen, die

[108] *Mertens* in: KK, 2. Aufl., § 76, Rn. 40.

bei der Entscheidungsfindung zu berücksichtigen sind, begrenzt[109]. Allgemein findet die Ermessensausübung ihre Schranke in der Aufgabe des Vorstandes, für den Bestand des Unternehmens und damit für dessen dauerhafte Rentabilität zu sorgen[110]. In Ermangelung anderer Satzungsregelungen verfolgt die Akteingesellschaft erwerbswirtschaftliche Zwecke und soll Gewinne für die Gesellschafter erzielen[111]. Bestimmt die Satzung nichts Abweichendes, ist der Vorstand primär an diese Zielsetzung gebunden.

Rechtspflichten, die der Vorstand bei seinem unternehmerischen Handeln zu beachten hat, ergeben sich allerdings auch aus der Satzung (vgl. § 82 Abs. 2 AktG). Diese hat gemäß § 23 Abs. 3 Nr. 2 AktG die Bestimmung des Unternehmensgegenstandes zu enthalten. Durch eine entsprechende Ausgestaltung des Unternehmensgegenstandes könnte demnach ebenso Einfluss auf das Verhalten des Vorstandes genommen werden wie durch eine Festlegung des Gesellschaftszwecks, der sich ebenfalls regelmäßig der Satzung entnehmen lässt. Entsprechendes gilt für die Geschäftsordnung des Vorstands.

Der Zusammenhang zwischen Unternehmensgegenstand und dem Gesellschaftszweck wird nach wie vor unterschiedlich beurteilt[112]. Sicher scheint zu sein, dass der satzungsmäßige Gegenstand der Unternehmenstätigkeit ebenso wie der Gesellschaftszweck eine verbindliche Vorgabe für alle Organe enthält[113]. Dies gilt insbesondere für den Vorstand. Denn Sinn der Bestimmung von Unternehmensgegenstand/Gesellschaftszweck ist neben einer Offenlegung der Geschäftstätigkeit im Interesse der Öffentlichkeit die Begrenzung der umfassen-

[109] *Mertens* in: KK, 2. Aufl., § 76, Rn. 14; *Hüffer*, AktG, § 76, Rn. 12, 13.

[110] *Semler*, Leitung und Überwachung, S. 27 ff.; *Mertens* in: KK, 2. Aufl., § 76, Rn. 17, 22; *Hüffer*, AktG, § 76, Rn. 13.

[111] *Zöllner* in: KK, 2. Aufl., § 179, Rn. 111; *Röhricht* in: GroßkommAktG, 4. Aufl., § 23, Rn. 92; *Martens*, FS Kellermann, S. 271, 274. Dies ergibt sich auch aus § 93 Abs. 1 AktG, der den Vorstand zur Sorgfalt eines ordentlichen und gewissenhaften Geschäftsleiters verpflichtet.

[112] Vgl. zu den unterschiedlichen Auffassungen: *Pentz* in: MünchkommAktG, § 23, Rn 70-75; auch *Tieves*, S. 11 ff.

[113] BGHZ 127, 176, 180; *Raiser*, § 14, Rn. 66; *Hüffer*, AktG, § 82, Rn. 9; *Kraft* in: KK, 2. Aufl., § 3, Rn. 10; *Krieger* in: MünchHdb.GesR IV, § 69, Rn. 3; *Mertens* in KK, 2. Aufl., § 82, Rn. 12; *Timmann*, S. 27 ff.; *K. Schmidt*, GesR, § 4 II.

den Geschäftsführungsbefugnis des Vorstandes im Innenverhältnis[114]. Damit eröffnet sich die Möglichkeit, durch eine Festlegung von Gegenstand und Zweck auf die Interessen der Gesellschafterunternehmen eine Bindung des Vorstandes zu gewährleisten. Dazu müsste bestimmt werden, dass Gegenstand oder Zweck des Unternehmens die Wahrnehmung von Aufgaben für die Gesellschafterunternehmen unter Berücksichtigung ihrer unternehmerischen Ziele und Belange ist[115]. Dies könnte im Einzelfall nach der konkreten Funktion, die das Unternehmen für die Gesellschafterunternehmen wahrnehmen soll (Produktion, Vertrieb, Beschaffung, etc.), weiter konkretisiert werden. Der Entscheidungsspielraum des Vorstandes würde so durch die tatsächlichen Vorgaben aus den Gesellschafterunternehmen begrenzt. Eine den Vorgaben nicht entsprechende Führung des Unternehmens durch den Vorstand verstieße gegen die Satzung, Beschlüsse bzgl. der entsprechenden Führungsmaßnahmen wären nichtig[116]. Der Einfluss der Gesellschafterunternehmen wäre so über die Satzung (gesellschafts-) rechtlich sichergestellt.

(3) Grenzen der statutarischen Ausrichtung

Bei der statutarischen Ausrichtung der Aktiengesellschaft auf die Interessen ihrer Gesellschafterunternehmen stellt sich die Frage, ob eine solche Festlegung so weit gehen darf, dass dem Vorstand tatsächlich kaum noch Spielraum für eigenverantwortliche Entscheidungen bleibt.

Bei der Beantwortung dieser Frage kann mit *Timmann* zunächst zwischen Gesellschaftszweck und Unternehmensgegenstand wie folgt unterschieden werden: Der Gesellschaftszweck bestimmt die Zielrichtung des Handelns der Gesellschaft, insbesondere, ob sie ein erwerbswirtschaftliches oder ein nicht erwerbswirtschaftliches Ziel verfolgt. Der Unternehmensgegenstand demgegenüber legt fest, welche Tätigkeit die Gesellschaft ausübt, also auf welchem Weg sie ihren Zweck zu erreichen sucht[117].

[114] *Pentz* in: MünchkommAktG, § 23, Rn. 78; *Martens*, FS Kellermann, S. 276; *Röhricht* in: GroßkommAktG, 4. Aufl., § 23, Rn. 83.

[115] *Beinert,* S. 38; *Timmann,* S. 33; für die Zulässigkeit vgl. *Habersack* in: Emmerich/Habersack, 3. Aufl.,Anh. § 317, Rn. 12.

[116] *Wilhelm*, Kapitalgesellschaftsrecht, Rn. 923.

[117] *Timmann,* S. 32 ff.; ähnlich zum Verbandszweck auch *K. Schmidt,* GesR., § 4 II 3 a); *Tieves,* S. 1 ff, 153; *Mertens* in KK, 2. Aufl., § 82, Rn. 15; *Pentz* in: Münchkomm.AktG, § 23, Rn. 69.

Theoretisch ist damit im Rahmen des Gesellschaftszwecks eine Vielzahl von Möglichkeiten denkbar, wie eine Aktiengesellschaft für die Belange ihrer Gesellschafterunternehmen nutzbar gemacht werden kann. Für eine "gemeinsame Führung" vorstellbare nicht erwerbswirtschaftliche Zwecke wären z.B., dass die Gesellschaft Leistungen für die Gesellschafterunternehmen ausschließlich zu Selbstkostenpreisen zu erbringen oder nur dienende Funktionen auszuführen hat. Im Rahmen des Unternehmensgegenstandes könnten die Gesellschafterunternehmen weiter festlegen, welche Leistung die Gesellschaft erbringen soll (Produkt oder Dienstleistung), welche Produktionsmittel verwendet werden müssen, wo sie zu beziehen sind und welche Leistungstiefe erreicht werden soll. Auch könnte bestimmt werden, dass ein Unternehmen ausschließlich oder vornehmlich für seine Gesellschafter zu produzieren oder deren Produkte zu vermarkten hat[118].

Über die Bestimmung von Unternehmensgegenstand und Gesellschaftszweck hinaus gehen sogenannte konkretisierende Satzungsbestimmungen. Theoretisch liegen diese vor, wenn die Aktionäre in der Satzung Vorgaben machen, die den grundlegenden Bereich von Gegenstand und Zweck der Gesellschaft verlassen. Sie sind nach wohl einhelliger Meinung unzulässig, wenn sie in den Geschäftsführungsbereich des Vorstands eingreifen[119]. Diese Feststellung ist aber praktisch außerordentlich schwer zu treffen[120]. Für die "gemeinsame Führung" ist die Frage von Bedeutung, weil es um die Grenze zwischen noch zulässiger Bestimmung des Unternehmensgegenstandes und unzulässiger Fremdbestimmung geht. Im Vorfeld sind jedoch schon solche Ausgestaltungen als unzulässig auszuscheiden, die gegen zwingendes Aktienrecht verstoßen.

(a) Verstoß gegen §§ 23 Abs. 5, 76 AktG

Man kann grundsätzlich auf dem Standpunkt stehen, dass eine weitgehende in der Satzung statuierte Ausrichtung des Unternehmens auf die Bedürfnisse der Gesellschafterunternehmen nicht mit dem Aktienrecht in Einklang zu bringen ist. Sie könnte eine nicht ausdrücklich zugelassene Abweichung vom AktG im Sinne des § 23 Abs. 5 Satz 1 AktG darstellen oder gegen ein im AktG abschließend getroffene Regelung verstoßen, vgl. § 23 Abs. 5 Satz 2 AktG. In Betracht

[118] Ausführlich hierzu *Timmann*, S. 32-37.

[119] *Röhricht* in: Großkomm.AktG, 4. Aufl., § 23, Rn. 194; *Hüffer*, AktG, § 82, Rn. 10; *Mertens* in KK, 2. Aufl., § 82, Rn. 21.

[120] Zum Meinungsstand *Tieves*, S. 153 ff.; *Timmann*, S. 117 ff.

käme ferner ein Verstoß gegen § 76 AktG: Bei entsprechender Ausgestaltung der Satzung wäre der Vorstand nicht mehr autonomes Führungsorgan der Aktiengesellschaft, sondern nur noch Exekutivorgan, das Entscheidungen der Gesellschafterunternehmen umzusetzen hat. Die Satzung wäre dann unzulässig, weil sie de facto zu einer Änderung der aktienrechtlichen Kompetenzzuweisungen führen würde.

Für die Zulässigkeit einer statutarischen Ausrichtung spricht aber, dass die Aktiengesellschaft grundsätzlich ein Instrument ist, mit dem seine Gründer bzw. seine Aktionäre wirtschaftliche Ziele verfolgen. Eine in diesem Zusammenhang statthafte Zielsetzung ist es, die Leistungen eines Unternehmens ganz oder teilweise in den Dienst der Gesellschafterunternehmen zu stellen. Die Aktionäre haben das Recht, festzulegen, zu welchen Zwecken sie die Aktiengesellschaft einsetzen wollen. Eine Zwecksetzung im Sinne der Anteilseigner kann aber nur Bestand haben, wenn der Vorstand dauerhaft an sie gebunden ist. Für die Satzung muss daher gelten, dass in ihr bestimmt werden kann, zu welchen Zwecken und mit welchen Mitteln die Gesellschaft tätig werden soll[121].

Hinzu kommt, dass die grundsätzliche Freiheit des Vorstandes von Weisungen der Aktionäre ihre Berechtigung darin hat, dass das Leitbild der Aktiengesellschaft geprägt ist von der Vorstellung, dass sich in ihr eine Vielzahl von Kapitalgebern mit ganz unterschiedlichen Interessen zusammenfinden. Die Festlegung der Eigenverantwortlichkeit des Vorstandes im Aktienrecht ist insofern dadurch legitimiert, dass der Vorstand die von den verschiedenen Gruppen investierten Mittel sinnvoll zur Erreichung des feststehenden Gesellschaftszwecks einsetzen kann, ohne ständig Einzelinteressen von Aktionären berücksichtigen zu müssen. Dies darf aber zum einen nicht dazu führen, ein selbständiges Unternehmensinteresse anzuerkennen, das sich gegen die Ziele der Aktionäre durchzusetzen vermag. Eine Aktiengesellschaft hat insoweit kein Eigeninteresse, das der Vorstand zu gewährleisten hätte. Zum anderen ist in den hier relevanten Fällen der Kreis der Anteilseigner klein und diese haben sich zu einem bestimmten Zeitpunkt für die Zusammenarbeit und damit auch für die Beschränkung der unternehmerischen Freiheit des Vorstandes entschieden. Auch müssen die hier betrachteten Unternehmen nicht - wie dies sonst bei Aktiengesellschaften angenommen wird – auf das Erzielen von Gewinnen ausgerichtet sein. Wenn es die Belange der Gesellschafterunternehmen erfordern, kann die Erfüllung bestimm-

[121] Zustimmend auch: *Tieves*, S. 166 ff., mwN; *Habersack* in: Emmerich/Habersack, 3. Aufl., Anh. § 317, Rn 12.

ter Rentabilitätsziele hinter die Interessen der Gesellschafterunternehmen zurücktreten. Dies muss sich zwar aus der Satzung ergeben, ist aber regelmäßig der Fall, wenn aus dieser hervorgeht, dass die Interessen der Gesellschafterunternehmen immer an vorderster Stelle zu berücksichtigen sind. Der Schutzzweck des § 76 AktG, die Belange dieser Anteilseigner dadurch zu wahren, dass man dem Vorstand beim Einsatz der Mittel zur Erreichung der Unternehmensziele freie Hand lässt und er nur an die Gewährleistung der Wirtschaftlichkeit des Unternehmens gebunden ist, wird insoweit nicht betroffen[122]. Damit wären Satzungsvorgaben in diesem Bereich sogar dann vom Vorstand zu beachten, wenn sie im Einzelfall zu Nachteilen für die Gesellschaft führen.

Ferner ist zu bedenken, dass der Gesetzgeber mit der Einführung des § 23 Abs. 3 Nr. 2 AktG die Aktionärskompetenzen bei Angelegenheiten der Geschäftsführung stärken wollte. Diese gesetzespolitische Tendenz umzusetzen bedeutet, den Aktionären zuzugestehen, den Unternehmensgegenstand gegenüber dem Vorstand verbindlich und in einem weiteren Umfang als bisher angenommen festzulegen. Das gilt insbesondere dann, wenn unternehmerische Funktionen auf ein Gemeinschaftsunternehmen übertragen werden[123].

Allerdings darf die Ausgestaltung der Satzung nicht so weit gehen, dass damit das im Aktienrecht enthaltene Weisungsverbot in Geschäftsführungsfragen umgangen wird[124]. Der Bereich der zulässigen Bestimmung des Unternehmensgegenstandes wird daher wohl verlassen, wenn diese so umfassend und genau ist, dass die Leitungsmacht faktisch vom Vorstand auf die Hauptversammlung übergegangen ist. Zulässig sind hingegen Umschreibungen, die einer Festlegung des Tätigkeitsbereichs der Gesellschaft dienen und für die Investitionsentscheidung der Gesellschafter von grundlegender Bedeutung sind[125]. Vor dem Hintergrund des § 76 AktG bestehen insoweit keine Bedenken, dass die Gesellschafterunternehmen die herzustellenden Produkte bezeichnen[126] oder die Produktionsweise festlegen.

[122] Ähnlich *Röhricht* in: Großkomm.AktG, 4. Aufl., § 23, Rn. 84.

[123] *Martens*, FS Kellermann, S. 271, 275.

[124] *Tieves*, S. 153.

[125] *Tieves*, S. 153.

[126] *Mertens* in: KK, 2. Aufl., § 82, Rn. 21; *Röhricht* in: Großkomm.AktG, 4. Aufl., § 23, Rn. 86; *Timmann*, S. 120.

(b) Verstoß gegen weitere aktienrechtlichen Normen

Bei der Ausgestaltung der Satzung sind weitere Normen des Aktienrechts zu berücksichtigen. Im Rahmen der Festlegung des Gesellschaftszwecks ist wohl unbestritten, dass auf den Absicht der Gewinnerzielung verzichtet werden kann. Damit allein ist allerdings für die Herbeiführung einer "gemeinsamen Führung" noch nicht viel gewonnen. Denkbar ist, dass der Gesellschaftszweck insoweit konkretisiert wird, dass Leistungen an die Gesellschafterunternehmen zu Selbstkostenpreisen zu erbringen sind[127]. Sollen alle an der Gesellschaft beteiligten Unternehmen an der gemeinsamen Führung teilhaben, genügt in diesem Zusammenhang sogar die Festsetzung eines allgemein mitgliedsfördernden Gesellschaftszwecks.

Timmann hat nachgewiesen, dass die Einführung eines solchen Zwecks bei der Aktiengesellschaft als nicht erwerbswirtschaftliche Zielsetzung zulässig ist[128]. Insbesondere wird hierdurch weder gegen das Verbot der verdeckten Gewinnausschüttung aus § 57 AktG verstoßen, noch entstehen Gefahren für Gläubiger oder zukünftige Aktionäre, die nicht auch bei anderen nicht erwerbswirtschaftlichen Zielsetzungen eintreten können[129].

Es ist jedoch weiter zu differenzieren: Zulässig sind grundsätzlich Bestimmungen in der Satzung bezüglich Zweck und Gegenstand, die keinen konkreten Bezug zu den beteiligten Gesellschaften haben, also nur eine allgemeine Ausrichtung der Gesellschaft herbeiführen[130].So z.B.: "Die X-AG liefert ihre Waren zum Selbstkostenpreis an ihre Gesellschafter"; "Die X-AG liefert an die Y-AG und an die Z-AG unter Verzicht auf eigenen Gewinn". Nicht erreicht werden darf hierbei eine Regelungsdichte, die zum Vorliegen einer konkretisierenden Satzungsbestimmung führt. Allerdings ist es zulässig, dem Vorstand die Herstellung eines bestimmten Produkts oder den Einsatz eines Verfahrens zu untersagen[131].

[127] So für die Einbindung in den Konzern, *Timmann*, S. 105.

[128] *Timman*, S. 105-114; auch *Tieves*, S. 162-165.

[129] *Timmann*, S. 107-111.

[130] Vgl. *Timmann*, S. 39 und 123.

[131] *Habersack* in: Großkomm.AktG, 4. Aufl., § 82, Rn. 26; *Martens*, FS Kellermann, S. 271, 277 ff.

Gesetzwidrig können hingegen weniger neutrale Regelungen sein, die die Begünstigten individualisieren[132]. Grundsätzlich widersprechen solche zwar nicht den Vorschriften über die vertragliche oder faktische Beherrschung[133]. Auch mit Regelungen zum Gewinnabführungsvertrag sind sie vereinbar[134]. Sie können jedoch dazu führen, dass unvorhersehbare Risiken für eine Minderheit, Gläubiger und zukünftige Aktionäre entstehen. Dies ist der Fall, wenn der Einfluss, den die Gesellschafter über die Satzungsbestimmung auf die Leitung der Gesellschaft haben, nicht mehr beherrschbar ist[135].

Diese Gefahr kann ausgeschlossen werden, wenn die in der Satzung enthaltenen Vorgaben statisch, also nicht veränderbar sind. In diesem Fall können die Gesellschafterunternehmen bei sich verändernden Rahmenbedingungen über die Satzung keinen Einfluss darauf nehmen, wie der Vorstand auf diese reagiert. Dessen Leitungsfunktion bleibt unangetastet.

Nicht zugelassen werden kann hingegen eine Regelung, die von außen beeinflussbare Parameter zum Bestandteil der Bestimmung von Gesellschaftszweck oder Unternehmensgegenstand macht[136], z.B. die Formulierungen: "Die X-AG erfüllt für die Y-AG und die Z-AG dienende Funktionen"; "Die X-AG produziert die von der Y-AG und der Z-AG benötigten Waren und/oder Mengen"; "Die X-AG betreibt die von der Y-AG und der Z-AG für notwendig erachteten Forschungen". Für die Erreichung einer derartigen Anbindung einer Aktiengesellschaft an ihre Aktionäre enthalten die §§ 291 ff. AktG ein abschließendes Regelwerk mit einem darauf abgestimmten Schutzsystem. Dieses würde durch die letzteren Satzungsausgestaltungen ausgehebelt, die daher gegen § 23 Abs. 5 Satz 2 AktG verstießen und unzulässig wären[137].

[132] Vgl. *Timmann*, S. 39 und 124 ff.

[133] Vgl. *Timmann*, S. 125-130.

[134] Vgl. *Timmann*, S. 130-133.

[135] Ähnlich auch *Mertens* in: KK, 2. Aufl., § 82, Rn. 21; *Habersack*, Großkomm.AktG, 4. Aufl., § 82, Rn. 26.

[136] Vgl. *Timmann*, S. 133-142.

[137] Vgl. im Ergebnis auch *Timmann*, S. 144.

f) Rechtliche Ausgestaltung der "gemeinsamen Führung" in der Aktiengesellschaft

Im Ergebnis ist an erster Stelle festzuhalten, dass die Anforderungen an die Willensbildung unter den Partnern mit denen identisch sind, die bereits für die Personengesellschaft entwickelt wurden. Die Gesellschafterunternehmen können Entscheidungen, die ihre faktische und - soweit zulässig - rechtliche Einflussnahme betreffen, einstimmig oder mehrheitlich treffen. Auch ein Widerspruchsrecht zugunsten eines Partners kann ausreichen, um die "gemeinsame Führung" sicherzustellen. In den Fällen, in denen nicht einstimmig entschieden wird, ist aber stets zu bewerten, inwieweit eine kooperative Zielsetzung die "gemeinsame Führung" absichert. Für die Entscheidungsfindung unter den Partner, also außerhalb der Organe der Aktiengesellschaft, kann diese Zielsetzung auch schuldrechtlich vereinbart werden.

Fraglich ist, wie die "gemeinsame Führung" in der Aktiengesellschaft sichergestellt werden kann. Fest steht, dass die Gesellschafterunternehmen über ihren faktischen Einfluss, den sie auf die Gesellschaft ausüben, die Aktiengesellschaft in ihrem Sinne steuern können. Das Aktiengesetz beschränkt sie insoweit nicht, sieht man von den Fällen ab, in denen daraus Nachteile für eine etwaige Minderheit oder Gläubiger der Gesellschaft entstehen[138].

Bei der Sicherstellung der "gemeinsamen Führung" im Wege gesellschaftsrechtlicher Regelungen sind die Gesellschafterunternehmen jedoch in der Ausgestaltung durch das Aktienrecht beschränkt. Jedenfalls ist eine umfassende Ausrichtung der Aktiengesellschaft auf die Interessen der Gesellschafterunternehmen nur begrenzt zulässig.

Auf den ersten Blick einleuchtend erschiene, dass das Aktiengesetz die "Führung" der Gesellschaft zwingend in die Hände des Vorstandes legt. Unklar ist aber, was "Führung" im Sinne des § 310 HGB überhaupt umfassen muss. Stimmten die hierbei wahrzunehmenden Aufgaben mit denen überein, die das Aktiengesetz zwingend dem Vorstand zuweist, könnte die "gemeinsame Führung" allein auf gesellschaftsrechtlicher Ebene nicht herbeigeführt werden. Es müsste stets auch auf faktische Einflussmöglichkeiten zurückgegriffen werden. Sind allerdings andere Aufgaben für die "gemeinsame Führung" prägend, wäre

[138] Vgl. hierzug §§ 311 ff.

die Leitungsfunktion des Vorstandes nicht betroffen, so dass eine Ausgestaltung der Satzung in anderen Ausmaßen zulässig wäre.

Folglich müssen Umfang und Inhalt der "gemeinsamen Führung" ausführlich untersucht werden, um feststellen zu können, ob die "gemeinsame Führung" einer Aktiengesellschaft allein durch (gesellschafts-) rechtliche Regelungen herbeigeführt werden kann.

D. Der Begriff der "Führung" in § 310 HGB

I. Einleitung

Für die Personengesellschaften wie für die GmbH wurde bereits ermittelt, wie Entscheidungen zwischen den Gesellschafterunternehmen getroffen werden müssen, damit das Merkmal der "Gemeinsamkeit" erfüllt ist. Dieses Merkmal sagt jedoch noch nichts darüber aus, worüber entschieden wird. Offensichtlich ist, dass Gegenstand der "gemeinsamen Führung" nicht alle Entscheidungen sein können, die in einem Unternehmen anfallen. Zu ermitteln ist daher, welche Entscheidungen von den Gesellschafterunternehmen "gemeinsam" getroffen werden müssen, damit der Tatbestand des § 310 HGB erfüllt ist.

Für die Aktiengesellschaft gelten diese Erwägungen entsprechend, wenn es um die Frage geht, wie und auf welchen Gebieten die Gesellschafterunternehmen ihren faktischen Einfluss auszuüben haben. Die Möglichkeiten einer statutarische Ausrichtung und Steuerung der Aktiengesellschaft zur Sicherstellung einer "gemeinsamen Führung" können ebenfalls erst dann abschließend beurteilt werden, wenn feststeht, welche Entscheidungen tatsächlich zur "Führung" eines Unternehmens im Sinne des § 310 HGB gemeinsam zu treffen sind.

In der Literatur wird davon ausgegangen, dass "Führung" die Bestimmung der Geschäftspolitik umfassen muss[139]. Dies ist eine vage Umschreibung der Aufgaben, die bei der Leitung eines Unternehmens anfallen können. Zwar wird der Begriff der "Führung" zum Teil weiter umschrieben. Jedoch fehlt es in diesen Fällen an einer einheitlichen Auffassung. So wird verlangt, dass alle wichtigen oder wesentlichen Geschäftsvorfälle zu erfassen sind. Auch sollen Planung, Kontrolle und Durchführung von Unternehmensabläufen für die "Führung" eine Rolle spielen. Unklar bleibt aber, wie ein wesentlicher von einem unwesentli-

[139] Vgl. oben unter [B III.]

chen Geschäftsvorfall zu unterscheiden ist oder warum es nicht ausreichen soll, nur die Unternehmensplanung festzulegen.

Nachfolgend wird daher untersucht, welche Aufgaben bei der Führung eines Unternehmens anfallen und wie diese bewältigt werden. Hierbei wird auf Erkenntnisse zurückgegriffen, die in der Betriebswirtschaftslehre zu diesem Fragenkomplex entwickelt wurden[140].

II. Zur Frage der "Führung" eines Unternehmens

Management, wie die Führung eines Unternehmens in der einschlägigen Literatur bezeichnet wird, kann man als die zielorientierte Gestaltung des Unternehmensganzen beschreiben[141]. Man unterscheidet dabei einen institutionellen und einen funktionellen Managementbegriff[142].

Institutionell erfasst das Management alle Instanzen in einem Unternehmen, die Anordnungskompetenzen gegenüber untergeordneten Stellen besitzen. Dabei erwächst die Anordnungsbefugnis aus der formalen Position des Stelleninhabers in der Gesamtorganisation des Unternehmens. Das Management als Institution ist so gesehen eine Personengruppe innerhalb des Unternehmens[143].

Für die Erfassung der "gemeinsamen Führung" im Sinne des § 310 HGB lassen sich aus dem institutionellen Managementansatz kaum Erkenntnisse gewinnen. Es lässt sich feststellen, welche Personen oder Organe im Unternehmen mit Führungsaufgaben betraut sein können. Daraus wird deutlich, für welche Personengruppen die Gesellschafterunternehmen Regelungen zu treffen haben, um eine § 310 HGB gerecht werdende Führung in einem Unternehmen zu etablieren. Allein die Feststellung der möglichen Träger der obersten Leitungsfunktion lässt jedoch keine Rückschlüsse darauf zu, was genau Gegenstand der Unternehmenssteuerung ist, welche Aufgaben dafür im einzelnen wahrgenommen werden müssen und wie sie für eine "gemeinsame Führung" unter den Gesellschafterunternehmen verteilt zu sein haben.

[140] Vgl. hierzu auch Rn. 7.

[141] *Bea* in: Bea/Dichtl/Schweitzer, S. 1.

[142] *Ulrich/Fluri*, Management, S. 13; *Steinmann/Schreyögg*, Management, S. 6; *Bea* in: Bea/Dichtl/Schweitzer, S. 2.

[143] Vgl. *Gutenberg*, Unternehmensführung, S. 12.

1. Funktioneller Ansatz

Im Kern besteht bei einem funktionellen Managementansatz keine Anknüpfung an bestimmte Positionen. Vielmehr versucht man, die Aktionen zu analysieren, welche die zur Aufgabenerfüllung bzw. Zielerreichung notwendigen Ausführungsaufgaben zu steuern in der Lage sind.

Unter Management als Funktion fallen alle zur Festlegung der Ziele, Struktur und Verfahrensweise notwendigen Aufgaben, die nicht rein ausführender Natur sind. Ganz allgemein geht es bei einem funktional aufgefassten Managementbegriff darum, "bestimmte Zwecke oder Ziele für eine Unternehmung mittels geeigneter Strategien und Maßnahmen zu verwirklichen"[144]. Die Zielsetzung besteht darin, ein Zusammenspiel von Input, Output und Transformation in der Art zu gewährleisten, dass die unternehmerischen Vorhaben möglichst effizient erfüllt werden können. Dabei eröffnen sich für die beteiligten Personen eine Vielzahl von Handlungsmöglichkeiten, deren Wahrnehmung aufgrund der komplexen Struktur eines Unternehmens eine ebenso große Anzahl von Auswirkungen erzielen kann. Die Unternehmensleitung hat daher die Aufgabe, diejenigen Maßnahmen auszuwählen und durchzusetzen, die das Unternehmen in die gewünschte Richtung lenken. Die klassische Betriebswirtschaftslehre spricht bei dieser Tätigkeit von dispositiver Arbeit oder dem dispositiven Faktor[145]. Ausgehend vom Bild eines Betriebs als Grundlage der wirtschaftlichen Aktivitäten sollen alle Betriebsprozesse durch den dispositiven Faktor geleitet, geplant, organisiert und überwacht werden. Ausführungsfunktionen hingegen sind dadurch gekennzeichnet, dass ihnen durch übergeordnete Entscheidungen Ziele und Instrumente bereits im Wesentlichen festgelegt sind. Vielfach umfasst jede leitende Stelle im Unternehmen funktionell sowohl dispositive als auch ausführende Tätigkeiten. Je höher eine Position in der Hierarchie eines Unternehmens angesiedelt ist, desto höher ist der Anteil dispositiver Aufgaben[146].

Entscheidend für die Frage, was Gegenstand der "Führung" im Sinne des § 310 HGB sein kann, ist demnach, welche Abläufe auf der Stufe der Unternehmensleitung stattfinden. Ausführungsorgane können insoweit vernachlässigt werden. Allerdings ist damit noch nicht gesagt, was funktionell betrachtet Gegenstand der Führung eines Unternehmens ist, mit anderen Worten, welche Ent-

[144] *Ulrich/Fluri*, Mangement, S. 23.

[145] *Gutenberg*, Die Produktion, S. 3.

[146] *Ulrich/Fluri*, Management, S. 14.

scheidungen das Leitungsorgan zu treffen hat, um seiner Steuerungsaufgabe nachkommen zu können, und welcher Art diese Entscheidungen sind.

2. Führungsentscheidungen im Unternehmen

Grundlage jeder Maßnahme in einem Unternehmen ist ein Entscheidungsprozeß. Entscheidung ist die Wahlhandlung zwischen mehreren Verhaltensalternativen[147]. In der Entscheidungstheorie wird der Prozess der Entscheidungsfindung als Interaktion zwischen einem Subjekt- und einem Objektsystem beschrieben. Das Objektsystem stellt die für die Entscheidung relevante Umwelt dar, die im Subjektsystem als Information abgebildet wird. Durch die Aktionen, die von dem im Subjektsystem enthaltenen Zielsystem gesteuert werden, soll das Objektsystem in den zielentsprechenden Zustand (Sollzustand) versetzt werden[148]. Für ein Unternehmen als wirtschaftende Einheit kann eine Entscheidung im Grundsatz dann als zielgerecht gelten, wenn sie die Zweckerfüllung mit dem geringsten Mitteleinsatz gewährleistet[149]. "Gemeinsame Führung" im Sinne des § 310 HGB beschreibt eine Situation, in der zwei oder mehr Partner ein Unternehmen durch ihre Entscheidungen zusammen steuern. Um dies tun zu könne, haben sie die Entscheidungen zu treffen, die regelmäßig bei der Unternehmensleitung anfallen. Offen ist, welche Bedeutung eine Entscheidung für das Unternehmen haben muss, damit sich die oberste Führungseinheit mit ihr zu befassen hat. Nicht sämtliche Entscheidungen können dabei in der Unternehmensführung getroffen werden. Dies würde regelmäßig die Kapazitäten der Leitungseinheit überfordern und es dieser praktisch unmöglich machen, flexibel auf wesentliche Umweltveränderungen zu reagieren. Daher ist es notwendig, Kriterien für wesentliche Führungsentscheidungen zu entwickeln, die es gestatten, aus der Fülle der unternehmerisch denkbaren Entscheidungen diejenigen zu ermitteln, die einzig von der obersten Leitungseinheit eines Unternehmens und damit auch bei einer "gemeinsamen Führung" zu treffen sind.

Mit Gutenberg lassen sich drei Merkmale nennen, die eine wesentliche Führungsentscheidung kennzeichnen[150]:

[147] Vgl. *Bartscher/Martin* in: Bartscher/Gaugler, S. 49-92.

[148] *Bamberg/Coenenberg*, S. 1-3.

[149] *Heinen*, S. 49.

[150] *Gutenberg*, Unternehmensführung, S. 60 f., spricht in diesem Zusammenhang von "echten" Führungsentscheidungen.

- Die Entscheidung muss ein gewisses Maß an Bedeutung für die Vermögens- und Ertragslage und damit für den Fortbestand und die Rentabilität des Unternehmens haben.

- Der Gegenstand ist dergestalt, dass eine sachgerechte Entscheidung zum jeweiligen Zeitpunkt nur in Kenntnis der Gesamtzusammenhänge des Unternehmens getroffen werden kann. Sachgerecht bedeutet in diesem Zusammenhang, dass sowohl Fortbestand wie auch Rentabilität des Unternehmens in diesem Moment durch den jeweiligen Entschluss gewährleistet sind.

- Gerade im Interesse des Unternehmensganzen darf die Entscheidung nicht von der obersten Führungseinheit an eine andere delegiert werden.

Entscheidungen, welche die Gesellschafterunternehmen "gemeinsam" im Sinne des § 310 HGB zu treffen haben, müssen diese Kriterien erfüllen. Andere Entscheidungen können, müssen aber nicht notwendigerweise in der Hand der Partner liegen, sie dürfen von untergeordneten Einheiten des "gemeinsam geführten" Unternehmens oder von nur einem Gesellschafterunternehmen wahrgenommen werden. Mit Hilfe der vorstehenden Definition lassen sich verschiedene unternehmerische Maßnahmen ermitteln, die typischerweise einen hohen Anteil wesentlicher Führungsentscheidungen aufweisen.

3. Festlegung der Unternehmensziele und Führungsinstrumente

Bei der Steuerung eines Unternehmens stehen Entscheidungen darüber, welche Maßnahmen (Stellgrößen) zur Herstellung eines Sollzustandes zu treffen sind, im Mittelpunkt. Da es für ein Unternehmen keinen natürlichen oder genetisch bedingten Sollzustand gibt, ist es erste Aufgabe der Unternehmensführung, einen Sollzustand festzulegen. Dies geschieht mit der Formulierung von Unternehmenszielen in der Unternehmenspolitik und Unternehmensstrategie. Entscheidungen in diesen Bereichen sind regelmäßig wesentliche Führungsentscheidungen und müssen daher von den Gesellschafterunternehmen wahrgenommen werden.

Zur Umsetzung der Unternehmensziele stehen der Unternehmensführung fünf Instrumente, die sog. "Führungsinstrumente" zur Verfügung: 1. Planung, 2.

Kontrolle, 3. Information, 4. Organisation und 5. Menschen oder Mitarbeiterführung[151].

Diese Aufteilung der Funktionen ist nicht zwingend[152]. Neben den hier genannten sind die Funktionen Analysieren (von Informationen), Kommunizieren (Informationsaustausch bzw. -weitergabe) und Entscheiden zu nennen. Es sind aber keine spezifischen Führungsinstrumente[153]. Sie sind Grundfunktionen des menschlichen Verhaltens, die in die vorgenannten Führungsinstrumente integriert sind. So ist jede Planaufstellung an sich das Ergebnis einer Entscheidung zwischen verschiedenen Planalternativen, die aus einer Analyse der vorhandenen Informationen gewonnen wurden. Die Planentscheidung muss zu ihrer Durchsetzung kommuniziert werden. Im einzelnen wird auf diese "führungsunspezifischen" Funktionen nicht eingegangen. Die eigentlichen Managementinstrumente werden ausführlich beschrieben, um zu verdeutlichen, welcher Art die Aufgaben sind, die sich im Rahmen der Führung eines Unternehmens ergeben können, und welche Bedeutung ihnen bei der "gemeinsamen Führung" im Sinne des § 310 HGB zukommt. Dies dient nicht zuletzt dem Zweck, Unklarheiten auszuräumen, die sich ergeben können, weil in der oben vorgestellten Literatur keine einheitliche Terminologie oder Umschreibung der Aufgaben existiert, die nach Auffassung der verschiedenen Autoren von den Gesellschafterunternehmen wahrgenommen werden müssen, um die "gemeinsame Führung" sicherzustellen.

a) Festsetzung eines Zielsystems

Wie oben beschrieben ist ein Kennzeichen der obersten Führungseinheit eines Unternehmens, dass sie sich die zu erfüllenden Ziele autonom setzt. Der Inhalt dieser Unternehmensziele kann dabei vielgestaltig sein. *Heinen*[154] spricht von einem "Zielsystem", da zumeist nicht eine, sondern mehrere, untereinander verbundene Zielvorstellungen als Antriebskräfte des Unternehmens zusammenwirken[155]. Als typische Grundvorstellungen erkennt er das Gewinnstreben, das Um-

151 *Bea* in: Bea/Dichtl/Schweitzer, S. 2.

152 Vgl. z.B. den Managementkreis bei *Wöhe*, Einführung, S. 108, Abb. 8, der zwischen Ziele setzen, Planen, Entscheiden, Realisieren und Kontrollieren unterscheidet oder *Hub*, S. 87, der das Informationswesen nicht zu den Führungsinstrumenten zählt.

153 *Hub*, S. 87.

154 *Heinen*, Grundlagen betriebswirtschaftlicher Entscheidungen.

155 *Heinen*, S. 59.

satzstreben, das Wirtschaftlichkeitsstreben, die Sicherung des Unternehmenspotentials und der Liquidität, das Unabhängigkeits- oder Vereinigungsstreben, das Prestigestreben, das Machtstreben und soziale Bestrebungen[156]. Dieser Katalog ist allerdings nicht abschließend und kann je nach Unternehmen individuell erweitert oder verkürzt sein. Wichtig ist, zu erkennen, dass es Aufgabe der Unternehmensführung ist, Inhalt, Ausmaß und zeitlichen Bezug der jeweiligen Zielvorstellungen so zu ordnen, dass sich ein möglichst optimales Zielsystem für die im Unternehmen zu treffenden Entscheidungen ergibt. Als konkrete Grundlage unternehmerischer Entscheidungen dienen Unternehmensphilosophie, Unternehmensethik und Unternehmenspolitik.

Im Rahmen der Unternehmensphilosophie muss die Unternehmensspitze ein Leitbild erstellen, das als oberstes Wertesystem für Führungskräfte fungiert, das sog. Unternehmensleitbild[157]. Es soll auf einer ganzheitlichen Deutung der gesellschaftlichen Stellung des Unternehmens und den daraus zu erschließenden Zusammenhängen basieren[158]. Es geht dabei um konkrete Wertvorstellungen, die das Ergebnis einer kritischen Auseinandersetzung mit den positiven und negativen Effekten der Unternehmenstätigkeit auf ihre Umwelt sind. Ein so entstandenes Konzept ist dann die Grundlage für die Unternehmenspolitik und bildet einen wesentlichen Teil des Zielsystems der von den obersten Führungskräften zu treffenden Entscheidungen.

Aufgabe der Unternehmensethik ist es, die Tätigkeit eines Unternehmens in der Gesellschaft glaubwürdig zu legitimieren. Die früher vorherrschende Grundvorstellung, dass ein Unternehmen nur Instrument zur Verfolgung privatwirtschaftlicher Ziele sei, ist in seiner Einfachheit nicht mehr richtig. Zu groß sind (positive und negative) externe Effekte, also die von der Gesellschaft zu tragende Folgekosten und der gesellschaftliche Nutzen unternehmerischer Tätigkeit, den jedes Unternehmen verursacht. Je größer ein Unternehmen ist, um so mehr rückt die privatwirtschaftliche Funktion in den Hintergrund und eine öffentliche Funktion in den Vordergrund. *Ulrich/Fluri* sprechen in diesem Zusammenhang von Unternehmen als "quasi-öffentliche Institutionen" und einer "juristischen Fiktion der rechtlich verankerten Privatautonomie"[159]. Wenn diese Deutung auch sehr

[156] *Heinen*, S. 59-82.

[157] *Wöhe*, Einführung, S. 130.

[158] *Ulrich/Fluri*, Management, S. 53.

[159] *Ulrich/Fluri*, Management, S. 60; *Staehle*, S. 49.

weit geht, macht sie doch eines deutlich: Heutzutage kommt kein Unternehmen mehr mit einem ethischen Selbstverständnis aus, das den Vorstellungen des klassischen Wirtschaftsliberalismus entspricht und einen automatischen Gleichlauf wirtschaftlicher und gesellschaftlicher Interessen behauptet. Die Unternehmensleitung muss sich ein klares Bild von der Stellung des Unternehmens in der Gesellschaft machen. Wie dieses aussieht und welche sozialen Verantwortungen und Konzepte im einzelnen daraus abzuleiten sind, ist hier nicht von Bedeutung[160]. Entscheidend ist, dass eine Auseinandersetzung mit Fragen der Unternehmensethik zu den originären Aufgaben jeder Unternehmensleitung gehört und deshalb stets im Rahmen der "gemeinsamen Führung" von Bedeutung ist.

Auf Unternehmensphilosophie und Unternehmensethik baut die Unternehmenspolitik auf. Politik bedeutet im weitesten Sinne die Festlegung von Maßnahmen zur Führung einer Gemeinschaft und zur Umsetzung von Zielen. Danach sind die Unternehmensteile wie auch alle Beziehungen zur Außenwelt zu berücksichtigen[161]. Ein wesentliches Konzept spricht in diesem Zusammenhang von den "stakeholdern"[162], womit sämtliche Bezugs- und Anspruchsgruppen eines Unternehmens gemeint sind[163]. Als unternehmensinterne Anspruchsgruppen sind die Eigentümer, Mitarbeiter und das Management zu nennen. Zu den Externen zählen Fremdkapitalgeber, Lieferanten, Kunden, Konkurrenten und von den Aktivitäten des Unternehmens betroffene Staats- und Gesellschaftsteile. Die Beziehungen zu jeder dieser Gruppen sind als Ausgangspunkt für unternehmenspolitische Entscheidungen auf Konfliktpotentiale zu untersuchen. Die Unternehmensleitung muss die Politik auf Grundlage der erlangten Informationen dann so gestalten, dass die langfristig orientierten Existenz- und Erfolgsinteressen des Unternehmens gewahrt bleiben. Welche Maßnahmen letztendlich beschlossen werden, hängt im Einzelfall von den vorhandenen Machtkonstellationen und den vertretenen Wertvorstellungen der Beteiligten ab[164].

160 Als Ansätze nennen *Ulrich/Fluri*, Management, S. 62: Postulat der sozialen Verantwortung, Idee einer integrativen Unternehmensethik, dialogische, konsensorientierte, statt monologischer Konzeptionen, funktionsorientierte Unternehmensphilosophie und offene Unternehmensverfassung.

161 *Ulrich/Fluri*, Management, S. 17.

162 Vgl. allgemein zum "Stakeholder-Konzept": *Freeman, R.E.*: Strategic Management.

163 Der Begriff ist damit weiter als der der sog. "shareholder", mit dem nur die Anteilseigner eines Unternehmens bezeichnet werden.

164 *Ulrich/Fluri*, Management, S. 78.

Wesentlich für die Leitungsgruppe eines Unternehmens ist neben der eigentlichen Entscheidung, dass man die dafür relevanten Informationen, also Auskünfte über Fakten aus dem Unternehmen und der Umwelt, in die Gestaltung der Unternehmenspolitik einfließen lässt. Die Unternehmenspolitik wird dabei fortwährend durch eine ständige Rückkopplung mit den von ihr betroffenen Faktoren überprüft und überdacht. Dergestalt ist die Unternehmenspolitik ein wesentlicher Teil des Zielsystems eines Unternehmens. Sie muss für eine "gemeinsame Führung" im Sinne des § 310 HGB von den Gesellschafterunternehmen gestaltet und bestimmt werden.

b) Unternehmensplanung und Kontrolle

In der juristischen Literatur werden Planung und Kontrolle als Aufgaben genannt, die von den Gesellschafterunternehmen bei einer "gemeinsamen Führung" wahrgenommen werden müssen, ohne dass erläutert wird, warum der Unternehmensplanung diese Bedeutung zukommt, womit sie sich befasst und ob und warum neben der Planung auch die Kontrolle in den Händen der Gesellschafterunternehmen liegen muss. Wenn allein Kontrolle oder Planung zur Steuerung eines Unternehmens ausreichen könnten, würde die Wahrnehmung allein einer Funktion für die "Führung" im Sinne des § 310 HGB genügen.

Die Notwendigkeit einer gleichlaufenden Wahrnehmung von Planung und Kontrolle für die Steuerung eines Unternehmens ergibt sich indessen aus mehreren Faktoren:

Die mit der Unternehmenspolitik aufgestellten Zielvorgaben lassen sich nicht ohne weiteres in konkrete Handlungen umsetzen. Dafür sind die dort formulierten Ziele zu allgemein und müssen dies als grundsätzliche Handlungsmaximen auch sein. Um aber im Unternehmen konkrete Abläufe steuern zu können, bedarf es einer zeit- und größenabhängigen Zielformulierung. Nur an solchen Zielvorgaben können sich die der Unternehmensleitung untergeordneten Institutionen orientieren.

Die sich laufend verändernden Umweltbedingungen verlangen eine permanente Angleichung der unternehmerischen Aktivitäten. Dies macht fast immer Ziel- und Plankorrekturen notwendig, die ohne eine ständige Kontrolle der Zielerreichung nicht vorgenommen werden können[165].

[165] *Kuhn*, S. 55.

Das Verhalten einzelner Unternehmenssysteme untereinander ist mit steigender Größe und Komplexität eines Unternehmens nicht mehr intuitiv koordinierbar. Hinzu treten in diesem Zusammenhang die unterschiedlichen Verhaltensweisen der beteiligten Einzelpersonen, die mit improvisierten Aktionen nicht mehr im Rahmen der unternehmerischen Zielvorstellungen nutzbar sind.

Diese Faktoren machen eine Planung und die Kontrolle ihrer Umsetzung zur Steuerung eines Unternehmens unverzichtbar. Es sind daher elementare Führungsaufgaben, die von der Unternehmensleitung wahrgenommen werden müssen.

Um zu verdeutlichen, welche konkreten Aufgaben im Rahmen der "gemeinsamen Führung" im Sinne des § 310 HGB wahrzunehmen sind und warum Planung und Kontrolle davon stets erfasst sein müssen, wird im Anschluss erläutert, worauf es bei der Planung in einem Unternehmen ankommt, welche Arten von Planung es gibt und wie Planung und Kontrolle zusammenhängen.

(1) Planung

Aufgabe der Planung ist auf Grundlage der anfangs aufgezeigten Faktoren die Umsetzung der unternehmenspolitischen Grundsatzentscheidungen unter Berücksichtigung interner und externer Entwicklungen, wobei Teilziele ebenso zu formulieren sind wie die geeigneten Einzelmaßnahmen zu ihrer Erfüllung[166]. Planung stellt eine Ordnung dar, nach der sich die unternehmerischen Ereignisse entwickeln sollen, was u.a. dadurch erreicht wird, dass man die im Unternehmen tätigen Personen an sie bindet[167]. Für die gesamte Planung gilt das sog. Ausgleichsgesetz, wonach der bestimmende Faktor jeder Planung immer der Sektor ist, der im Lichte der angestrebten Unternehmensziele die geringste Leistungskraft hat: der Minimumsektor[168]. An diesem hat sich die gesamte Planung zu orientieren.

Funktional betrachtet ist Planung eine in "Phasen ablaufende informationsverarbeitende gedankliche Entwurfs- und Entscheidungstätigkeit"[169]. Man erhofft sich von ihr, die ungewissen Entwicklungen der Zukunft besser durchdringen zu

[166] Auch auf dieser Ebene lassen sich Ziel- und Mittelentscheidungen unterscheiden.

[167] *Gutenberg*, Einführung, S. 43.

[168] *Gutenberg*, Einführung, S. 44.

[169] *Kuhn*, S. 8.

können und Entscheidungen dadurch durchschaubarer zu machen, dass man mögliche Handlungsalternativen analysiert und ihre denkbaren Konsequenzen miteinander vergleicht[170].

Als Phasen des Planungsprozesses können beispielhaft mit Kuhn[171] genannt werden: Zielformulierung, Problemanalyse, Berücksichtigung von internen und externen Nebenbedingungen, Bewertung, Bestimmung der optimalen Handlungsweise, Durchführung und Kontrolle. Planungsprozesse in diesen oder ähnlichen Phasen laufen im gesamten Unternehmen ab.

Planung kann allgemein nach den Sachbereichen klassifiziert werden, auf die sie sich bezieht. Danach lassen sich beispielsweise Absatzplanung, Produktionsplanung, Finanzplanung, Investitionsplanung oder Lagerhaltungsplanung unterscheiden[172].

Man kann sie aber zusätzlich nach verschiedenen Planungsebenen erfassen: der strategischen, der taktischen und der operativen Ebene.

Der Begriff der "Strategie" ist dem militärischen Sprachschatz entnommen und bedeutet soviel wie "umfassend durchdacht". Zweck der strategischen Planung, die als "hoch selektiver Prozess"[173] beschrieben wird, ist die Schaffung und Erhaltung von Erfolgspotentialen und die Rahmensetzung für taktische und operative Planung[174]. Im Gegensatz zur Unternehmenszielsetzung ist die strategische Planung zeitlich begrenzt, wenn auch langfristig angelegt. Aus dieser Langfristigkeit resultiert auf der einen Seite eine gewisse Unsicherheit durch die in die Planung eingehenden Prognosen, auf der anderen Seite ist eine solche Planung aber flexibel, da mit ihr ständig neue Informationen im erfassten Planzeitraum bewältigt werden können. Im einzelnen beschäftigt sich die strategische Planung mit den Fragen, in welchen Geschäftsfeldern man tätig werden will und wie man dort den Wettbewerb bestreiten möchte[175]. Die Auswahl kann sich dabei auf das Produkt oder die Dienstleistung, die Kundengruppe, das Angebot oder andere

170 *Steinmann/Schreyögg*, S. 125.

171 *Kuhn*, S. 16, Abb. 4.

172 *Schweitzer* in : *Bea*/Dichtl/Schweitzer, S. 42.

173 *Steinmann/Schreyögg*, S. 135.

174 *Gälweiler/Schwanniger*, S. 149.

175 *Steinmann/Schreyögg*, S. 129.

ähnliche Parameter beziehen. Als zahlenmäßige Grundlage für die jeweiligen Strategieüberlegungen dient ein (strategisches) Budget, in dem langfristig prognostizierte Kosten und die Fixkosten, die sich aus den Entscheidungen über die Produktionsmittel, Investitionen in Realkapital und der Festlegung von Kapazitäten ergeben, den erwarteten Erlösen des Unternehmens gegenübergestellt werden[176]. Typisch für jede strategische Planung ist ihre zentrale Entwicklung durch die Unternehmensleitung oder eine ihr zuzuordnenden Gruppe.

Aufgabe der taktischen Planung ist es, die strategisch vorgegebenen Ziele in Teilschritte aufzugliedern, die sich an Planungszeiträumen von 4 bis 6 Jahren orientieren. Üblicherweise sollen so mittelfristige Pläne für Teilbereiche des Unternehmens geschaffen werden. Dies kann sachbereichs- oder objektbezogen erfolgen.

Taktisch festgesetzte Sollgrößen werden mit der operativen Planung in detaillierte Maßnahmenpläne aufgenommen. Eine Operation ist in diesem Zusammenhang die konkrete Ausprägung einer Phase der taktischen Planung und steht mit dieser in einer Mittel-Zweck-Beziehung[177]. Auf dieser Ebene findet die konkrete Mittelzuweisung statt, zumeist im Wege einer operativen Budgetierung. Neben der Budgeterstellung umfasst die operative Planung die Jahresplanung[178] und die Projektplanung[179].

Für den operativen Bereich ist kennzeichnend, dass man sich dort primär mit regelmäßig ablaufenden, programmierbaren Prozessen befasst. Es geht dabei um eine ausführliche Erfassung vorgegebener Größen und Ziele in konkreten Zahlen. Eine derart detaillierte Bearbeitung der einzelnen Vorgänge kann von der obersten Leitung eines Unternehmens im Regelfall nicht geleistet werden, da die Menge der Einzelheiten von ihr nicht zu bewältigen ist. Dies kann mit Abstrichen auch für die taktische Planung gelten, obwohl es in diesem Zusammenhang immer auf die Größe des jeweiligen Unternehmens ankommen wird. Zudem sind gerade Entscheidungen der strategischen Planung diejenigen, die die Anforderungen erfüllen, welche an wesentliche Führungsentscheidungen zu stellen sind. Im taktischen und operativen Bereich dürfte der Anteil wesentlicher Führungsentscheidungen hingegen abnehmen.

[176] *Fischer* in HWFü 1995, S. 155, 158.

[177] *Kuhn*, S. 85.

[178] Näher dazu: *Ulrich/Fluri*, S. 135.

[179] *Ulrich/Fluri*, S. 140.

Eine Unternehmensleitung muss sich daher mit der strategischen Planung auseinandersetzen, um die wesentlichen Prozesse steuern zu können. Taktische und operative Planung können im Regelfall von untergeordneten Einheiten geleistet werden.

Am Anfang des Kapitels wurde bereits erwähnt, dass eine Unterscheidung nicht nur nach der Natur der Planung, sondern auch nach dem Gegenstand der Planung erfolgen kann, das heißt konkret nach den in einem Unternehmen vorhandenen Sach- oder Funktionsbereichen. Eine solche sachspezifische Planung wird überlagert von einer Gesamtplanung, die die wesentlichen Parameter für die darunter liegenden Planungseinheiten festlegt. Diese Planung kann als strategische Gesamtplanung bezeichnet werden. Ihr kommt bei der Führung eines Unternehmens entscheidende Bedeutung zu, da sie zum einen die Schnittstelle zwischen der Unternehmenspolitik und der sachspezifischen Planung bildet, zum anderem die Koordination der für die Sachbereiche zu erstellenden Einzelpläne zu leisten hat.

Verlangt man für die "gemeinsame Führung" im Sinne des § 310 HGB, dass die Gesellschafterunternehmen die Geschicke des (Gemeinschafts-)Unternehmens steuern, so muss sichergestellt sein, dass sie die Aufgaben der strategischen Gesamtplanung gemeinsam wahrnehmen und die Entscheidungen in diesem Bereich gemeinsam treffen.

(2) Kontrolle

Ein wesentlicher Teil der Planung ist – wie auch bei der Unternehmenszielsetzung – die Vorgabe von Sollgrößen, die es im Unternehmen zu erreichen gilt. Die Leitung eines Unternehmens beruht im Wesentlichen darauf, Abweichungen der Ist- von den Sollgrößen festzustellen und Aktivitäten auszulösen, die zu einer Erreichung der Planvorgaben führen. In diesem System ist es die Aufgabe der Kontrolle, die Differenzen zwischen Plan und Wirklichkeit aufzudecken. Dies erfolgt durch eine sorgfältige Analyse von Umwelt, Unternehmen und dessen Leistungspotentialen, wodurch neue Informationen für eine erneute Planung oder Plananpassungen gewonnen werden. Somit basiert auf der einen Seite jede Planung wesentlich auf den mit der Kontrolle erlangten Erkenntnissen. Kontrolle ist auf der anderen Seite ohne Planung nicht möglich, da mit ihr der Kontrollmaßstab (die Sollgrößen) festgelegt wird. Daher sind Planung und Kontrolle untrennbar miteinander verknüpft[180]. Für die "gemeinsame Führung" im Sinne

[180] *Siegwart/Menzl*, S. 87-89.

des § 310 HGB bedeutet dies, dass die Gesellschafterunternehmen neben der strategischen Planung auch deren Kontrolle wahrzunehmen haben.

Begrifflich umfasst die Kontrolle sowohl den Vergleich von Plan und Realität als auch die Erforschung der Ursachen von Planabweichungen. Die Kontrolle erstreckt sich auf das System, die Subsysteme, deren Installation und die einzelnen Mitarbeiter[181]. Mit Hub können folgende Kontrolltätigkeiten unterschieden werden[182]:

- Kontrolle bei der Planaufstellung
- Kontrolle bei der Einleitung der geplanten Maßnahmen auf eventuelle Abweichungen im Zeitraum zwischen Planaufstellung und Implementierung
- Durchführungskontrolle
- Nachkontrolle
- Kontrolle des Plansystems

So verstanden ist die Kontrolle eine weitere wesentliche Aufgabe, die zur Steuerung eines Unternehmens wahrgenommen werden muss. Aufgrund der sachlichen Untrennbarkeit von Kontrolle und Planung ist es notwendig, dass beide Funktionen immer gemeinsam wahrgenommen werden. Will man sicherstellen, dass die Gesellschafterunternehmen bei einer "gemeinsamen Führung" nach § 310 HGB das Unternehmen lenken, muss man verlangen, dass sie neben den angesprochenen Planungs- auch die entsprechenden Kontrollmaßnahmen zusammen wahrnehmen und dabei anfallende Entscheidungen gemeinsam treffen.

c) Organisation

Eine weitere wichtige Aufgabe der obersten Leitungseinheit eines Unternehmens ist die praktische Invollzugsetzung der Planung bzw. die Schaffung der Rahmenbedingungen, die für die Bewältigung der anfallenden Arbeitsprozesse notwendig sind. Dies ist Gegenstand der Managementfunktion "Organisation". Sie kann definiert werden als das "Gestalten des Wirksystems durch strukturelle

[181] *Kasper*, in HWFü 1995, S. 1358 f.; *Hub*, S. 116 f.

[182] *Hub*, S. 117.

Regelungen bzgl. des Zusammenwirkens von Mensch und Sachmitteln untereinander und miteinander, um günstige Voraussetzungen für die Zielerreichung zu schaffen"[183]. Die inhaltlich durch die Planung vorgegebenen Sachaufgaben sind in ein Gefüge zu bringen, das Regeln enthält, die ein Zusammenwirken aller dem Unternehmen zugehörigen Faktoren ermöglichen[184]. Dabei kann nicht jeder erdenkliche Tatbestand einzeln geregelt werden. Vorgänge müssen typisiert werden[185]. Ziel der Organisation ist es, durch Koordination und Differenzierung der Aufgaben eine größtmögliche Effizienz des Gesamtunternehmens zu erreichen[186]. In diesem Zusammenhang lassen sich Aufbauorganisation und Ablauforganisation unterscheiden.

Im Rahmen der Aufbauorganisation findet die institutionelle Gliederung des Unternehmens statt. Es werden Einheiten gebildet, denen bestimmte Aufgaben zugeordnet werden. Zudem werden die Beziehungen zwischen den Aufgabenträgern definiert und so eine Hierarchie festgelegt.

Im Zentrum der Ablauforganisation steht die Frage, welche Maßnahme wann vorzunehmen ist. Sie wird auch als raum-zeitliche Strukturierung aller zur Aufgabenerfüllung notwendigen Prozesse verstanden[187]. Im Gegensatz zu fallweisen Regelungen, die im Rahmen der Planung getroffen werden, sind mit der Ablauforganisation Dauerregelungen festzulegen, die sich am Zeitablauf orientieren[188].

Das Treffen der Entscheidungen im Bereich der Organisation ist eine essentielle Aufgabe der Unternehmensführung. Nur so ist sichergestellt, dass die in der Unternehmensplanung vorgezeichneten Abläufe sachgerecht, d.h. im Sinne der Planer umgesetzt werden. Daher ist die Wahrnehmung der Organisationsaufgaben, die im Zusammenhang mit den Entscheidungen stehen, die die Gesellschafterunternehmen im Bereich der Planung und Kontrolle zu treffen haben, Teil dessen, was die "gemeinsame Führung" im Sinne des § 310 HGB ausmacht.

[183] *Hub*, S. 94.

[184] *Gutenberg*, Die Produktion, S. 243.

[185] *Gutenberg*, Einführung, S. 46; *Ulrich/Fluri*, S. 171.

[186] *Ulrich/Fluri*, S. 18.

[187] *Kuhn*, S. 137.

[188] *Hub*, S. 96.

d) Informationswesen

In der Literatur zur Unternehmensführung wird Information als "entscheidungsrelevantes Wissen"[189], als "Zuwachs an führungsrelevantem Wissen"[190] oder als "zweckorientiertes Wissen"[191] definiert. Die wesentliche Erkenntnis aus diesen Aussagen ist, dass Informationen im hier untersuchten Zusammenhang stets zweck- oder subjektbezogenen Inhalts sind.

Ob man das Informationswesen als einen Sachbereich oder ein Führungsinstrument versteht, macht im Hinblick auf den Gegenstand der Untersuchung keinen Unterschied. Im Grunde genommen nimmt das Informationswesen eine Art Zwischenstellung ein: Auf der einen Seite findet die Gewinnung, Bearbeitung und Bereitstellung von Informationen in allen Sachbereichen statt, so beispielsweise in der Forschung und Entwicklung, in der Marktforschung und im Rechnungswesen[192]. Zum anderen wurde dargestellt, dass insbesondere Planung ein informationsverarbeitender Prozess ist, in dem ein umfassendes sachbezogenes Wissen unerlässlich ist. Ohne dieses Wissen über die notwendigen Größen, Beziehungen, Gesetzmäßigkeiten, Märkte, Güter, Personen, etc. wäre es der Leitung eines Unternehmens nicht möglich, die entsprechenden Planungen für ein Unternehmen vorzunehmen. Auch die Kontrolle beruht auf dem Vorhandensein entsprechender Informationen[193].

Für die "gemeinsame Führung" sind Informationen zusätzlich von besonderer Bedeutung, da ein Gesellschafterunternehmen nicht "persönlich", wie etwa ein Geschäftsführer, in einem Unternehmen anwesend sein und durch Gespräche wichtige Erkenntnisse gewinnen kann. Besonders das betriebliche Rechnungswesen[194] und die Marktforschung sind daher Quellen, aus denen die Gesellschafterunternehmen unternehmensinterne und -externe Informationen gewinnen können. Entscheidend ist daher, dass ein Informationssystem durch organisatorische Regelungen geschaffen wird, das den Gesellschafterunternehmen die für

[189] *Wittmann*, S. 9.

[190] *Bea/Haas*, S. 232.

[191] *Kosiol*, Aktionszentrum, S. 175.

[192] Vgl. *Staehle*, S. 161.

[193] Zur Bedeutung von Informationen: *Erichson/Hammann* in: Bea/Dichtl/Schweitzer, S. 236-240.

[194] Vgl. *Eisele* in: Bea/Dichtl/Schweitzer, S. 358-369.

ihre Entscheidungen notwendigen Daten zur Verfügung stellt[195]. Ein Unternehmen, in dem ein solches Informationswesen fehlt, kann nicht "gemeinsam geführt" im Sinne des § 310 HGB sein, da dann den Gesellschafterunternehmen das für Führungsentscheidungen notwendige Wissen nicht zur Verfügung stehen wird.

e) Menschenführung (Mitarbeiterführung)

Führung verstanden als zielorientierte Gestaltung kann sich auf das Unternehmen beziehen und sich damit sachbezogen darstellen. Führung kann aber auch die Beeinflussung von Personen bedeuten. Man spricht dann von Menschen- oder Personalführung[196].

Im Einklang mit der Organisation muss die Menschenführung ein leistungsorientiertes aber mitarbeiterfreundliches Arbeitsumfeld schaffen, das die Aufgabenerfüllung bestmöglich gewährleistet[197]. Beide Führungsinstrumente haben die Gemeinsamkeit, dass sie zur Steuerung von Verhaltensweisen bestimmt sind. Die Organisation erreicht dies durch formale, unpersönliche Regelungen, die Führung durch eine persönliche Beeinflussung von Individuen und Gruppen[198]. Während die wichtigen organisatorischen Entscheidungen von der obersten Führungseinheit eines Unternehmens getroffen werden müssen, ist die Menschenführung Aufgabe jedes einzelnen Vorgesetzten[199]. Vorgesetzter ist auch schon derjenige, der nur einen einzigen Untergebenen hat. Daher ist es auf der obersten Leitungsebene nur möglich, allgemeine Führungsrichtlinien zu schaffen. Als allgemeine Funktion, die von der "gemeinsamen Führung" eines Unternehmens neben Planung, Kontrolle und Organisation wahrgenommen werden muss, kann die Menschenführung nicht gesehen werden.

f) Ergebnis

Entsprechend vorstehender Analyse muss sich eine § 310 HGB entsprechende "gemeinsame Führung" mit den Aufgaben befassen, die als "Festsetzung eines

[195] Zur Organisation des Informationswesen: *Erichson/Hammann* in: Bea/Dichtl/Schweitzer, S. 272-275.

[196] *Bea* in: Bea/Dichtl/Schweitzer, S, 1.

[197] *Ulrich/Fluri*, S. 18.

[198] *Ulrich/Fluri*, S. 161.

[199] *Ulrich/Fluri*, S. 163.

Zielsystems" zusammengefasst wurden. Auf das festzulegende Zielsystem aufbauend haben die Gesellschafterunternehmen die strategische Gesamtplanung für das Unternehmen zu erstellen und deren Umsetzung zu kontrollieren. Zu diesem Zweck müssen durch ein entsprechendes Informationswesen den Gesellschafterunternehmen die notwendigen Daten zur Verfügung gestellt werden. Zudem ist für die "gemeinsame Führung" zu gewährleisten, dass diejenigen Organisationsentscheidungen in der Hand der Gesellschafterunternehmen liegen, die sich im Zusammenhang mit der strategischen Gesamtplanung und deren Kontrolle ergeben.

4. Rechtliche Führungsentscheidungen

Neben wirtschaftlichen Sachfragen fallen für die Führung eines Unternehmens auch rechtliche Entscheidungen an, die innere Angelegenheiten betreffen. Diese wurden bisher nicht berücksichtigt und gehören aus rein betriebswirtschaftlicher Sicht nicht zu den "wesentlichen Führungsentscheidungen". Trotzdem sind sie hier zu nennen, da sie für den Bestand und die Struktur eines Unternehmens von grundlegender Bedeutung sind. Grundsätzlich können für die Bestimmung, ob eine Rechtsfrage von der obersten Führungseinheit in einem Unternehmen wahrgenommen werden muss, die Kriterien herangezogen werden, die auch für wirtschaftliche Entscheidungen ausschlaggebend sind.

Bei Personen- und Kapitalgesellschaften geht es in diesem Zusammenhang um Fragen, die mit der rechtlichen Verfassung des Unternehmens, aber auch mit der Stellung der Gesellschafterunternehmen als solche verknüpft sind. Zum Teil sind diesbezügliche Entscheidungen im Gesetz ausdrücklich den Organen einer Gesellschaft bzw. ihren Gesellschaftern selbst zugewiesen. Aber auch Fragen, die die Mitgliedschaft[200] der Gesellschafter als solche betreffen bzw. sich aus den mitgliedschaftlichen Teilhabe- und Schutzrechten[201] ergeben, sind wesentliche Fragen der Unternehmensführung und insoweit von den Gesellschafterunternehmen wahrzunehmen.

III. Sachfunktionen im Unternehmen

Die im vorherigen Abschnitt dargestellten Führungsinstrumente sind die Mittel, mit denen die Leitung eines Unternehmens betriebliche Prozesse auslösen und

[200] Hierzu allgemein *K. Schmidt*, GesR., §§ 19,20; für die AG: § 28 I.; für die GmbH: § § 35.[201] *K. Schmidt*, GesR., § 21.

steuern kann. Dabei spielt aber nicht nur die Wahrnehmung der Führungsinstrumente eine Rolle, sondern auch die Erfüllung der betrieblichen Sachfunktionen wie Einkauf, Verkauf oder Produktion. Die Führungsinstrumente können nicht isoliert eingesetzt werden. So muss z.B. ein Plan einen bestimmten Gegenstand haben und dieser Gegenstand ergibt sich jeweils aus einer Sachfunktion, die im Unternehmen wahrgenommen wird. So stehen die Führungsinstrumente zu den Sachfunktionen in einem komplementären Verhältnis. Man spricht in diesem Zusammenhang auch davon, dass die Führungsinstrumente die Sachfunktionen überlagern oder ergänzen und so steuernd in die Sachbereiche eindringen[202]. Damit fallen die Managementaufgaben in jedem Bereich eines Unternehmens an, gleichgültig, ob im Einkaufs-, Finanzierungs- oder einem sonstigen Unternehmensbereich.

Es stellt sich die Frage, ob es einen oder mehrere Sachbereiche gibt, der bei der "gemeinsamen Führung" von besonderer Bedeutung ist oder ob allen Sachbereichen bei der Steuerung eines Unternehmens die gleiche Aufmerksamkeit zu schenken ist.

Hierzu lassen sich fünf Kernfunktionen unterscheiden: Marketing, Materialwirtschaft, Produktionswirtschaft, Finanzwirtschaft, Personalwirtschaft.[203]. Es soll zunächst der Gegenstand jeder dieser Funktionen kurz umrissen werden. Im Anschluss wird dann für jede Sachfunktion die Frage zu beantworten sein, ob und ggf. inwieweit sie aufgrund ihrer Bedeutung notwendigerweise von der "gemeinsamen Führung" durch die Gesellschafterunternehmen erfasst sein muss. Die Bedeutung eines Sachbereiches wird daran gemessen, wie hoch bei den jeweils anfallenden Entscheidungen der Anteil "wesentlicher Führungsentscheidungen" ist[204].

Vorweggenommen sei, dass praktisch in jedem Sachbereich "wesentliche Führungsentscheidungen" anfallen. Dies resultiert aus der Tatsache, dass "besondere Geschäftsvorfälle", die für das gesamte Unternehmen von herausragender Bedeutung sind, jeden Sachbereich betreffen können. Im Regelfall geht es dabei

[202] *Steinmann/Schreyögg*, S. 7.

[203] Vgl. *Staehle*, S. 134 ff, der das Informationswesen als Sachfunktion versteht, deren Sonderstellung aber ausdrücklich erwähnt (S. 161).

[204] Es sei angemerkt, dass die in diesem Zusammenhang gemachten Aussagen nicht empirisch belegt sind, sondern allein auf einer Analyse der Natur und Funktion eines jeden Sachbereichs beruhen.

um Einzelfallentscheidungen von außerordentlichem Gewicht, die in der Praxis in dem einen oder anderen Unternehmensteil mehr oder weniger häufig auftreten können. Allgemeingültige Feststellungen lassen sich zu diesen Entscheidungen nicht treffen. Man wird allerdings davon ausgehen können, dass für die Führung eines gemeinsamen Unternehmens feststehen muss, dass sich die Gesellschafterunternehmen neben ihren regelmäßigen Aufgaben mit den Fragen auseinandersetzen, die sich im Rahmen der angesprochenen besonderen Geschäftsvorfälle ergeben. Sicherzustellen ist dies dadurch, dass Kooperationsvertrag oder Gesellschaftssatzung eine Regelung aufgenommen wird, dass über Geschäfte, die eine bestimmte, zumeist finanziell definierte Größenordnung übersteigen, immer die Gesellschafterunternehmen zu befinden haben. Fehlt eine entsprechende ausdrückliche Regelung, wird den Gesellschafterunternehmen eine generelle Entscheidungskompetenz aber auch deshalb zustehen, weil den angesprochenen Geschäftsvorfällen aufgrund ihrer Tragweite in der Regel strategische Bedeutung zukommt und im Rahmen der "gemeinsamen Führung" strategische Entscheidungen (im Zusammenhang mit der strategischen Planung und Kontrolle) immer von den Gesellschafterunternehmen zu treffen sind.

1. Marketing

a) Gegenstand des Marketing

Beim Marketing geht es im weitesten Sinne um die Leistungsverwertung im Anschluss an die Leistungserstellung (Produktion). Marketing befasst sich mit dem Absatz von Produkten, aber auch mit der Analyse von Absatzmöglichkeiten. Dabei werden die Sicht der Konsumenten und ihre Bedürfnisse mit in die Überlegungen einbezogen. "Marketing ist ein Prozess im Wirtschafts- und Sozialgefüge, durch den Einzelpersonen und Gruppen ihre Bedürfnisse befriedigen, indem sie Produkte und andere Dinge von Wert erzeugen, anbieten und miteinander austauschen."[205] Dergestalt umfasst Marketing auch das (Er-)Finden von Problemen, deren Kommunikation und damit verbunden ein Anbieten von Lösungswegen, alles zum Zweck der Rentabilitätsmaximierung eines Unternehmens.

Das Marketing besteht aus der Analyse der Marktchancen, der Ermittlung und Auswahl von Zielmärkten, der Erstellung von Marketingstrategien, der Planung

[205] *Kotler/Bliemel*, S. 8.

von Marketingprogrammen, unterstützt durch die Durchführung und Organisation aller Marketingaktivitäten[206].

Das Herzstück des Marketing ist der Marketingplan. In ihm findet sich zum einen die Strategie wieder, die im Rahmen der Unternehmensziele für den Absatzbereich entwickelt wurde. Im Marketing geht es speziell darum, das jeweilige Produkt auf dem Markt zu positionieren, d.h. Preis und Qualität des Produktes im Verhältnis zu Konkurrenzanbietern nach den eigenen Vorstellungen auszugestalten[207]. Der Marketingplan enthält in der Regel auch einen Finanzplan, in dem die Mittel für mögliche Maßnahmen festgelegt werden[208].

Wichtiger Teil der Gestaltung des Absatzbereiches ist die Organisation des Vertriebes, dessen Aufgabe es ist, Produkt oder Dienstleistung zum Verbraucher zu bringen. Damit geht die Entscheidung über die Wahl des Absatzweges einher. Ist diese getroffen, gilt es, die optimale Distribution des Produktes zu realisieren und zu erhalten. Die Organisationsstruktur soll eine sinnvolle Spezialisierung der Organisationsteile nach Funktionen, Produktgruppen, Abnehmergruppen und Absatzgebieten bereitstellen[209].

Ein sinnvolles Marketing ist ohne fundierte Kenntnisse über die Märkte nicht denkbar. Die notwendigen Informationen liefert die Marktforschung als eine Art Serviceeinheit, die die Entscheidungsfindung im Marketingbereich unterstützt. Es müssen Fakten zur Verfügung gestellt werden, welche die Größe des Marktes, die Konkurrenzsituation und die Handelsstruktur betreffen[210]. Zudem wird im modernen Marketing immer versucht, durch das Auswerten von Informationen über einen Markt das Konsumentenverhalten zu prognostizieren[211]. Darauf aufbauend fällt der Werbung die Aufgabe zu, dem Verbraucher klarzumachen, dass für ihn ein bestimmtes Problem besteht, das zu lösen das beworbene Pro-

[206] *Kotler/Bliemel*, S. 130 ff.

[207] *Kotler/Bliemel*, S. 136; Meffert, S. 223 ff.

[208] *Kotler/Bliemel*, S. 138; Meffert, S. 725 ff.

[209] *Meffert*, S. 977 ff.

[210] *Gutenberg*, Einführung, S. 78 ff.

[211] *Gutenberg*, Einführung, S. 77.

dukt optimal in der Lage ist. Kommuniziert wird durch die Medien, aber auch durch Verbraucheraktionen, Promotions und Messeauftritte[212].

b) Bedeutung des Marketingbereiches für die "gemeinsame Führung"

Aus dem Wesen des Marketing selbst lassen sich keine Rückschlüsse darauf ziehen, ob die Wahrnehmung gerade dieser Sachfunktion durch die Gesellschafterunternehmen für die "gemeinsame Führung" eines Unternehmens notwendig ist. Es kann nicht festgestellt werden, dass in diesem Bereich Entscheidungen vorherrschen, die alle für das Unternehmen "wesentlich" sind, so dass allein schon auf dieser Grundlage die gesamte Sachfunktion von der "gemeinsamen Führung" erfasst sein müsste.

2. Materialwirtschaft

a) Gegenstand der Materialwirtschaft

Nach *Eschenbach*[213] ist die Materialwirtschaft "das Versorgungssystem des Unternehmens vom Lieferanten bis zum Kunden über alle Wertsteigerungsstufen des Unternehmens". Die Materialwirtschaft schließt Güter, Leistungen und Energien ein und erfüllt die Funktionen Erwerben, Bevorraten, Verteilen und Entsorgen.[214].

Eine wesentliche Aufgabe der Materialwirtschaft ist die Planung und Steuerung der Interaktion zwischen dem Unternehmen und seinen Beschaffungsmärkten. Darunter fallen die Besorgung von Materialien mit der Absicht der Verarbeitung oder Weiterveräußerung (Einkauf), die Auswahl der Lieferanten und die Materialdisposition, ebenso die Warenannahme (Inspektion und Kontrolle) und die Abrechnung. Die hauptsächlich anfallenden Maßnahmen betreffen die Bestimmung von Bestellmengen, die Wahl zuverlässiger Lieferanten und das Aushandeln von Verträgen.

Neben dem Einkauf ist der zweite wesentliche Bereich der Materialwirtschaft die Lagerhaltung. Man regelt den Zufluss und den Abfluss von Materialien und sorgt für eine lückenlose Bereitstellung notwendiger Stoffe oder Produkte. Zu-

212 *Meffert*, S. 692 ff spricht in diesem Zusammenhang vom "Kommunikationsmix".

213 *Eschenbach*, Erfolgspotential Materialwirtschaft.

214 *Eschenbach*, S. 147.

dem ist es Aufgabe der Lagerhaltung, Endprodukte bis zur Abnahme durch den Konsumenten zu verwahren. Die Lagerhaltung wird wesentlich geprägt durch eine sachgerechte Planung und Organisation der in ihr ablaufenden Prozesse.

b) Bedeutung der Materialwirtschaft für die "gemeinsame Führung"

Im zur Materialwirtschaft zählenden Einkauf fallen größtenteils Entscheidungen an, die durch die vorherige unternehmerische Planung vorgezeichnet sind und nur noch einer detaillierten Umsetzung bedürfen. Allerdings lassen sich auch wesentliche Entscheidungen finden, die das Unternehmen insgesamt betreffen, wie z.B., ob man ein bestimmtes Produkt bezieht oder selber fertigt oder ob man den Einkauf insgesamt zentral oder dezentral organisiert. Ein zwingender Grund, weshalb gerade die Materialwirtschaft von den Gesellschafterunternehmen innerhalb der "gemeinsamen Führung" besonders zu berücksichtigen sein sollte, ist nicht ersichtlich.

Vielmehr ist die Materialwirtschaft stark durch operative Maßnahmen geprägt[215]. Dies spricht gegen die Einbeziehung der Materialwirtschaft als eine bei "gemeinsamer Führung" notwendig wahrzunehmende Sachfunktion, da operative Entscheidungen, die sich im Regelfall mit regelmäßig wiederkehrenden Sachproblemen und programmierbaren Prozessen befassen, nicht zu den wesentlichen Führungsentscheidungen zählen.

3. Produktionswirtschaft

a) Gegenstand der Produktionswirtschaft

Der Begriff "Produktion" kann unterschiedliche Bedeutung haben. Im weitesten Sinne ist Produktion der zielgerichtete Einsatz von Sachgütern und Dienstleistungen und deren Transformation in andere Produkte und Dienstleistungen[216]. Technisch betrachtet betrifft die Produktion die körperliche Be- und Verarbeitung von Materialien. In diesem Sinne beschäftigt sich die Produktionswirtschaft mit der Planung und Durchführung, Organisation und Umsetzung sämtlicher

[215] *Jung*, S. 291; *Staehle*, S. 147.

[216] *Hoitsch*, S. 1.

Aktivitäten, die mit der Erstellung materieller Güter unmittelbar zusammenhängen[217].

Von dieser Sachgüterproduktion ist die Produktion bei Dienstleistungsunternehmen zu unterscheiden. Der wesentliche Unterschied zur Sachgüterherstellung liegt darin, dass Dienstleistungen nicht allein durch den Einsatz und die Kombination von Rohstoffen, also materiellen Gütern, erzeugt werden. Vielmehr erfolgt die Dienstleistungsproduktion mit dem Einsatz sog. externer Produktionsfaktoren, bei denen es sich um materielle oder immaterielle Güter des Endabnehmers sowie dessen aktive oder passive Teilnahme an der Leistungserstellung handeln kann. Der Produktionsprozess eines Dienstleistungsunternehmens lässt sich demnach in zwei Phasen gliedern: die Herstellung der Leistungsbereitschaft des Dienstleistungsunternehmens und die Endkombination. Die Leistungsbereitschaft beruht auf der Zusammenstellung der dem Unternehmen zur Verfügung stehenden Faktoren (Menschen und Sachmittel), die Endkombination auf dem Zusammenwirken der Leistungsbereitschaft mit den externen und ggf. weiteren dem Dienstleistungsunternehmen verfügbaren Faktoren[218].

Die folgende Betrachtung wird sich aufgrund eines besseren Verständnisses auf die Abläufe bei der Sachgüterproduktion beschränken. In den Grundzügen lassen sich die bzgl. Planung, Organisation und Kontrolle dieser Produktionssysteme zu treffenden Aussagen auch auf Dienstleistungsunternehmen übertragen, immer mit Rücksicht auf die vorstehend erwähnten Unterschiede.

Betriebswirtschaftlich gesehen ist Produktion (ob bei der Herstellung von Sachgütern oder Dienstleistungen) ein Wertschöpfungsprozess, der dem Rentabilitätsstreben eines Unternehmens dient[219]. Eine Wertschöpfung - die Schaffung eines messbaren Mehrwertes - die sich am Ende in Einzahlungsüberschüssen widerspiegelt, erfolgt durch den im Unternehmen ablaufenden Transformationsprozess bzw. durch das Zusammenwirken von Leistungsbereitschaft und Endkombination. Da es in einem Unternehmen immer auf die Sicherung des Bestandes und der Rentabilität ankommt, muss der Wertschöpfungsprozess auf diese Ziele ausgerichtet sein. Den sich verändernden Umweltbedingungen müs-

[217] *Schneeweiß*, S. 8.

[218] Vgl. hierzu: *Maleri*, Grundlagen der Dienstleistungsproduktion.

[219] *Dyckhoff*, S. 9.

sen neue, angepasste Produkte oder Dienstleistungen gegenübergestellt werden, um sich im Wettbewerb behaupten zu können.

Nach *Gutenberg* läuft die Sachgüterproduktion als Vereinigung der Elementarfaktoren Arbeit, Betriebsmittel und Werkstoffe mit Hilfe der dispositiven Faktoren Geschäftsleitung, Planung und Organisation ab[220]. Dieses Grundmodell vorausgesetzt, eröffnen sich drei Entscheidungsfelder: Produktionsplanung, Produktionsorganisation und Produktionskontrolle.

b) Bedeutung der Produktionswirtschaft für die "gemeinsame Führung"

Auch im Bereich der Produktionswirtschaft findet die Steuerung der ablaufenden Prozesse durch die Unternehmensleitung mit Hilfe der Führungsinstrumente Planung, Kontrolle und Organisation statt. Ein Übergewicht wesentlicher Entscheidungsfelder bzw. strategischer Planungsaufgaben, das es rechtfertigen würde, die Produktionswirtschaft insgesamt als einen unverzichtbaren Gegenstand bei der "gemeinsamen Führung" eines Unternehmens zu verlangen, ist nicht festzustellen. Nur das strategische Produktionsmanagement, also die Grundsatzplanung mit langfristiger Wirkung, die den Rahmen der Produktionsbereitschaft für eine spätere Produktion festlegt und damit die Strategien zur Schaffung weiterer Erfolgspotentiale widerspiegelt, muss von der obersten Führungseinheit ausgefüllt werden[221]. Sie kann allerdings als Teil der strategischen Gesamtplanung angesehen werden und ist damit nach der vorliegenden Konzeption bereits erfasst.

4. Finanzwirtschaft

a) Grundlagen der Finanzwirtschaft

Um zu produzieren, braucht ein Unternehmen Sachmittel und Personen. Modellhaft kann man sich in einem Unternehmen folgenden Wertkreislauf vorstellen: Finanzmittel (Kapital) werden von ihrer Geldform in Sachform umgewandelt (investiert). In der Produktion werden die Sachmittel transformiert, wobei

[220] Vgl. *Gutenberg*, Die Produktion.

[221] *Corsten*, S. 27.

das Endprodukt durch den Absatz wieder in eine Geldform zurückgeführt wird[222].

Es ist also notwendig, dass man am Anfang des Transformationsprozesses über Finanzmittel verfügt, die für die Beschaffung der Produktionsmittel erforderlich sind. Die dauerhafte Bereitstellung einer finanziellen Basis für das Unternehmen ist die Aufgabe der Finanzwirtschaft.

Dabei ist es erforderlich, im Voraus den für die jeweilige Tätigkeit notwendigen Finanzbedarf zu ermitteln und zur Verfügung zu halten. Denn ein Unternehmen muss in der Regel Verpflichtungen erfüllen z.B. Lohnzahlungen, Leistungen an Lieferanten, bevor es selbst Einnahmen aus dem Absatz der Unternehmensleistungen erlangt. Die zeitliche Verschiebung zwischen den zur Leistungserstellung notwendigen Aufwendungen und den späteren Einnahmen begründet den jeweiligen Kapitalbedarf[223].

Die Bedeutung der Finanzwirtschaft zeigt sich auch an der Tatsache, dass ein Unternehmen, das seinen Zahlungsverpflichtungen nicht mehr nachkommen kann, aus dem Markt ausscheiden muss (Insolvenz). Daher muss es eine wichtige Aufgabe des Finanzwesens sein, die jederzeitige Liquidität des Unternehmens sicherzustellen.

b) Finanzbeschaffung

Für die Beschaffung finanzieller Mittel stehen jedem Unternehmen unterschiedliche Quellen zur Verfügung. Erste Kapitalgrundlage ist das Eigenkapital einer Gesellschaft. Es ist in der Regel die Basis für die Aufnahme der Geschäftstätigkeit und wird in materielle und immaterielle Sachgüter investiert.

Neben den Kapitalmärkten, die für Eigenfinanzierung durch Aktien, eine Fremdfinanzierung durch Aufnahme von Krediten oder die Ausgabe von Schuldtiteln zur Verfügung stehen, kann eine spätere Finanzierung auch aus eigenen Mitteln, hauptsächlich den Umsatzerlösen erfolgen. Diese auch als Innenfinanzierung bezeichnete Art der Eigenfinanzierung geschieht vornehmlich durch die Zurückhaltung von Gewinnen, Rückstellungen oder Abschreibungen. In welcher Art und Weise genau die Finanzbeschaffung erfolgen kann, hängt

[222] *Staehle*, S. 152.

[223] *Gutenberg*, Finanzen, S. 5 ff.; Olfert, S. 67.

weiter von der Rechtsform des Unternehmens ab[224]. Speziell bei Gemeinschaftsunternehmen eröffnet sich die naheliegende Lösung, dass die Gesellschafterunternehmen die Finanzmittel für die in ihrem Interesse erfolgenden Aktivitäten zur Verfügung stellen.

c) Finanzstruktur

Die Struktur der finanziellen Mittel eines Unternehmens hängt im Wesentlichen von den vergangenen und gegenwärtigen Entscheidungen über die Herkunft und Verwendung seines Kapitals ab. Man kann dabei zwischen lang-, mittel- und kurzfristig gebundenen Kapitalteilen unterscheiden. Der Entschluss über die Strukturierung des Unternehmensvermögens hängt von den Ergebnissen der vorzunehmenden Investitions- und Wirtschaftlichkeitsrechnungen ab, die der Ermittlung der Rentabilität und dem Aufdecken der Vor- und Nachteile möglicher Verwendungsoptionen dienen[225]. Die Entscheidungen über die Kapitalbindung und die Investitionen werden daher immer unter Liquiditäts- und Rentabilitätsaspekten zu treffen sein und stehen in engem Zusammenhang mit den Möglichkeiten der Kapitalbeschaffung.

d) Finanzplan und Kontrolle

Alle Entscheidungen, die im Zusammenhang mit den oben aufgezeigten Aufgaben des Finanzwesens in Verbindung stehen, lassen sich aufgrund ihrer Komplexität und Bedeutung für die dauerhafte Liquidität des Unternehmens nicht improvisieren. Das wichtigste Instrument der Finanzwirtschaft ist daher der Finanzplan. Er hat "sämtliche Zukunftsereignisse einer Unternehmung mit Konsequenzen für ihre Zahlungsmittelebene in einer Periode zu erfassen, so dass etwaige Zahlungsmittelüberschüsse (renditegünstig) angelegt, etwaige, die Liquidität bedrohende Zahlungsmitteldefizite (kostengünstig) gedeckt werden können"[226]. Dergestalt muss der Finanzplan alle eingehenden und ausgehenden Zahlungsströme berechnen oder ggf. schätzen, die aufgrund vorgesehener Tätigkeiten im jeweiligen Zeitraum fließen sollen. So kommt dem Finanzplan auch die

[224] *Jung*, S. 703 ff.

[225] *Perridon/Steiner*, S. 27 ff.

[226] *Süchting*, S. 275.

Aufgabe zu, den Kapitalbedarf mit Hilfe der in ihm enthaltenen Prognosen zu ermitteln[227].

Die Finanzkontrolle basiert auf dem Vergleich der tatsächlichen Ausgaben und Einnahmen mit den im Finanzplan festgelegten Parametern. Das wesentliche Instrument ist dabei die Rechnungslegung, die alle geldwerten Positionen eines Unternehmens erfasst und darstellt. Aber auch die Bilanzerstellung und die Bilanzpolitik sind der Finanzwirtschaft zuzurechnen.

e) Bedeutung der Finanzwirtschaft für die "gemeinsame Führung"

Entscheidungen über die Finanzbeschaffung sind regelmäßig wesentliche Führungsentscheidungen, da sie für den Bestand des Unternehmens von erheblicher Bedeutung sind und in der Regel nur unter Berücksichtigung des Mittelbedarfs des gesamten Unternehmens getroffen werden können. Sie müssen daher von den Gesellschafterunternehmen gemeinsam wahrgenommen werden. Aus rechtlicher Sicht ist zu bedenken, dass bei Fremdfinanzierungen Verpflichtungen für das Unternehmen entstehen. Die Rechtsmacht, das Unternehmen rechtlich zu verpflichten, steht in der Regel nur der obersten Führungseinheit zu. Auch dies spricht dafür, Entscheidungen im Bereich der Finanzbeschaffung innerhalb der "gemeinsamen Führung" ein besonderes Gewicht zuzuordnen.

Ähnliches kann für den Aufbau der Finanzstruktur gelten. Sie kann nur von der obersten Führungseinheit sinnvoll entworfen werden, da dazu die Kenntnis der Gesamtzusammenhänge des Unternehmens erforderlich ist. Zudem besteht ein enger Zusammenhang zu den Entscheidungen bzgl. der Finanzbeschaffung, was eine koordinierte Wahrnehmung beider Bereiche durch die oberste Leitungseinheit des Unternehmens notwendig erscheinen lässt.

Im Rahmen der Finanzplanung wird es ausreichen, dass die Gesellschafterunternehmen die strategische Planung wahrnehmen, soweit die taktische und operative Planung eng an diese angebunden sind, damit die Gesellschafterunternehmen mit Hilfe der (internen) Rechnungslegung die Einhaltung der von ihnen gemachten Vorgaben kontrollieren können.

Ebenfalls die Bilanzpolitik ist von den Gesellschafterunternehmen im Rahmen einer "gemeinsamen Führung" vorzugeben. Zum einen handelt es sich hierbei um einen grundsätzlichen Bereich der Unternehmenspolitik, die nach der vorlie-

[227] *Perridon/Steiner*, S. 600 f.

genden Konzeption notwendig von den Gesellschafterunternehmen zu bestimmen ist. Zum anderen steht die Bilanzpolitik in engem Zusammenhang mit der Steuerpolitik des Unternehmens. Auch diese ist wegen der außerordentlichen Bedeutung für das gesamte Unternehmen und seinen Bestand eine Aufgabe der obersten Führungseinheit und muss daher im Rahmen der "gemeinsamen Führung" besonders berücksichtigt werden.

Der Bereich der Finanzwirtschaft weist somit einen hohen Anteil an "wesentlichen Führungsentscheidungen" auf. Für die "gemeinsame Führung" nach § 310 HGB bedeutet dies, dass gerade der Steuerung dieses Bereichs eine herausragende Bedeutung zukommt, die über die der anderen Sachbereiche hinausgeht. Die im Finanzbereich gefällten Entscheidungen haben regelmäßig Auswirkungen auf die anderen Sachbereiche, in denen die zur Verfügung gestellten finanziellen Mittel in Form von Budgets den begrenzenden Faktor der dort denkbaren Maßnahmen darstellen. Insofern stellt die im Rahmen der Finanzwirtschaft zu erfolgende Zuweisung finanzieller Ressourcen an die einzelnen Sachbereiche in der Praxis ein ideales Steuerungsmedium für jede Unternehmensführung dar. Dies darf im Rahmen der Konzeption der "gemeinsamen Führung" eines Unternehmens, die auch praktischen Gesichtspunkten Rechnung tragen soll, nicht unbeachtet bleiben. Bestätigung findet dieser Befund in der Tatsache, dass auch im Zusammenhang mit der "einheitlichen Leitung" der Finanzbereich als zentrale Sachfunktion charakterisiert wird[228].

5. Personalwirtschaft

a) Begriff und Bedeutung der Personalwirtschaft

Der Bereich des Personals kann in zweierlei Hinsicht begriffen werden. Zum einen stellt er einen Sachbereich dar, zum anderen nach einigen Autoren auch eine Managementfunktion, die neben Planung, Kontrolle, Organisation und Führung steht[229]. Als Sachfunktion erfasst die Personalwirtschaft die Gesamtheit der

228 Vgl. *Slongo*, S. 101.

229 vgl. *Ulrich/Fluri*, Management, S. 253 ff.: Hier wird in diesem Zusammenhang von "Management Development" gesprochen. Soweit man dieses Verständnis als Managementfunktion zugrunde legt, treffen dafür im Rahmen dieser Untersuchung die gleichen Aussagen zu wie für die "Menschenführung".

Belegschaft und hat dafür Sorge zu tragen, dass auf Dauer das für die Aufgabenerfüllung notwendige Personal zur Verfügung steht[230].

Der Stellenwert der Personalwirtschaft gewinnt wegen der Besonderheit des Faktors Mensch wesentlich an Bedeutung. Im Gegensatz zu den anderen Betriebsmitteln weist jede Person einen Selbstwert auf, der einer Instrumentalisierung durch ein Unternehmen zur ausschließlichen Gewinnerzielung entgegensteht. Seinen Ausdruck findet dies schon in den unterschiedlichen Mitbestimmungs- und Arbeitsgesetzen, ist aber auch in der Personalwirtschaft bei der Personalauswahl, dem individuellen Einsatz und der Motivation von großer Relevanz[231]. Der hohe Anteil von Personalkosten an den Gesamtkosten eines Unternehmens zwingt dazu, die Mitarbeiter optimal einzusetzen, um diese Ressource nicht unnötig zu verschwenden.

Die Unternehmensleitung ist die höchste Instanz für Personalentscheidungen. Für Kapitalgesellschaften mit mehr als 2000 Beschäftigten ist im Mitbestimmungsgesetz von 1976 ein Arbeitsdirektor als Mitglied des Vorstandes zwingend vorgeschrieben (§ 33 MitbestG). Für den Montanbereich ist diese Regelung bereits seit 1951 (§ 13 MontanmitbestG) vorgesehen. Dies zeigt die Bedeutung, die dem Personalbereich allgemein beigemessen wird.

Das personalwirtschaftliche Ziel des optimalen Einsatzes menschlicher Arbeitskraft ist in die unternehmerische Gesamtzielsetzung zu integrieren. Dabei kann zwischen wirtschaftlichen und sozialen Zielen unterschieden werden[232]. Wirtschaftlich muss erkannt werden, dass es sich bei der menschlichen Arbeitskraft immer noch um einen Produktionsfaktor handelt, der immer in der benötigten Qualität und Quantität verfügbar sein muss[233]. Als soziale Ziele treten daneben alle materiellen wie immateriellen Verbesserungen, die sich aus den Ansprüchen, Interessen und Bedürfnissen der Mitarbeiter ergeben[234].

230 *Steinmann/Schreyögg*, Management, S. 559.

231 *Jung*, Personalwirtschaft, S. 367 ff.

232 *Jung*, Personalwirtschaft, S. 11 ff.

233 *Olfert/Steinbuch*, S. 24; *Jung*, Personalwirtschaft, S. 12.

234 *Olfert/Steinbuch*, S. 25; *Jung*, Personalwirtschaft, S. 14.

b) Personalplanung

Zu den zentralen Aufgaben der Personalwirtschaft gehören die Bedarfsermittlung und die Personalplanung. Letztere ist stets abhängig von den Planungen in den anderen Unternehmensbereichen[235], vor allem von der Produktion. Die Personalbeschaffung hat sich an den Planvorgaben zu orientieren und kann z.B. intern durch Versetzungen oder extern durch Neueinstellungen erfolgen. Zudem ist im Rahmen der Personalentwicklung Sorge dafür zu tragen, dass die eigenen Mitarbeiter einer ihnen angepassten Karriereplanung entsprechend aus- und weitergebildet werden. Dementsprechend sind die Mitarbeiter dann den ihren Wünschen und ihrer Qualifikation entsprechenden Stellen zuzuordnen (Personalorganisation). Gewöhnlich werden diese Aufgaben zentral von einer Personalabteilung wahrgenommen, die in der Regel auch die Lohnabrechnung (Personalkostenkontrolle) und die Gestaltung der Arbeitsverträge vornimmt[236]. Zur Personalwirtschaft zählt aber auch die Personalfreistellung, sei es intern durch Urlaub, Kurzarbeit oder Abbau von Überstunden oder extern durch Kündigungen oder Aufhebung von Arbeitsverträgen[237].

c) Bedeutung der Personalwirtschaft für die "gemeinsame Führung"

Kennzeichnend für die Personalwirtschaft ist, dass Entscheidungen, die in diesem Bereich getroffen werden, immer Auswirkungen auf andere Sachbereiche haben. Dies hängt mit der Tatsache zusammen, dass in jedem anderen Teilbereich die von der Personalwirtschaft erfasste menschliche Arbeitskraft eingesetzt wird. Diese Interdependenz macht es möglich, durch eine gezielte Verteilung der Personalressourcen seitens der Unternehmensleitung Einfluss auf die anderen Teilbereiche zu nehmen. Nicht außer acht lassen darf man dabei, dass es im Interesse der von den Gesellschafterunternehmen verfolgten Zielsetzungen durchaus relevant sein kann, welche Person wo im "gemeinsam geführten" Unternehmen eingesetzt wird. Insofern kann man die Bedeutung des Personalbereichs innerhalb der "gemeinsamen Führung" höher bewerten als die der anderen Sachbereiche, allerdings niedriger als die der Finanzwirtschaft. Aufgrund der Annahme, dass sich die Gesellschafterunternehmen bei der "gemeinsamen Führung" nur mit Aufgaben und Entscheidungen zu befassen haben, die für das Un-

[235] *Staehle*, S. 155.

[236] *Steinmann/Schreyögg*, S 559.

[237] *Olfert/Steinbuch*, S. 475 ff.

ternehmen "wesentlich" sind, wird man verlangen können, dass innerhalb der Personalwirtschaft die Inhaber von Führungspositionen durch die Gesellschafterunternehmen zu bestimmen sind. Welche diese Positionen konkret sind, lässt sich kaum allgemein festlegen, sondern ist abhängig von der Größe des "gemeinsam geführten" Unternehmens und seiner rechtlichen Verfassung. Z.B. kann in einer großen Aktiengesellschaft durchaus die Besetzung der direkt unterhalb des Vorstandes angesiedelten Positionen (ggf. Prokuristen, Handlungsbevollmächtigte, Abteilungsleiter) für das Unternehmen so bedeutsam sein, dass sie nur von den Gesellschafterunternehmen vorgenommen werden darf, wenn diese eine "gemeinsame Führung" im Sinne des § 310 HGB ausüben wollen.

IV. Zusammenfassung und Ergebnis der betriebswirtschaftlichen Analyse

Erste Erkenntnis der betriebswirtschaftlichen Analyse ist, dass sich die aus den Gesellschafterunternehmen gemeinsam gebildete Führungseinheit eines Unternehmens nicht mit rein ausführenden Tätigkeiten beschäftigt, sondern mit solchen Entscheidungen befasst sein muss, die bei Gutenberg als "echte", hier als "wesentliche" Führungsentscheidungen bezeichnet werden. "Gemeinsam geführt" im Sinne des § 310 HGB ist ein Unternehmen dann, wenn die Entscheidungen von den Gesellschafterunternehmen getroffen werden, die von erheblicher Bedeutung für den wirtschaftlichen Fortbestand und die Rentabilität des gemeinsamen Unternehmens sind. Sachgerecht wahrgenommen werden können diese nur in Kenntnis der für das jeweilige Unternehmen spezifischen Gesamtzusammenhänge, und gerade deshalb dürfen sie im Interesse des Unternehmens und auch seiner Gesellschafterunternehmen nicht in die Hände anderer denkbarer Entscheidungsträger gelegt werden.

Betrachtet man die Entscheidungsbereiche, stellt sich heraus, dass die vorstehend genannten Merkmale regelmäßig gegeben sind bei Entscheidungen über die Unternehmensethik, Unternehmensphilosophie und Unternehmenspolitik. Daraus ist der Schluss zu ziehen, dass die Gesellschafterunternehmen, um eine Führung im Sinne des § 310 HGB auszuüben, diese Bereiche gemeinsam wahrzunehmen haben. Dies lässt sich auch anhand systemtheoretischer Erwägungen belegen, aus denen hervorgeht, dass es zur Steuerung eines Unternehmens notwendig ist, die beschriebenen Zielsetzungsaufgaben auszufüllen[238].

[238] Vgl. *Hub*, S. 18-20.

Daneben hat die Betriebswirtschaftslehre vier zentrale Instrumente aufgezeigt, die einem Leitungsorgan zur Steuerung eines Unternehmens zur Verfügung stehen. Dies sind Planung, Kontrolle, Organisation und Menschenführung, wobei nur die ersten drei für die Erfassung der Problematik der "gemeinsamen Führung" von Bedeutung sind. Diese Führungsinstrumente werden nie isoliert, sondern sachbezogen eingesetzt und von einem im gemeinsamen Unternehmen installierten Informationswesen unterstützt. In den Sachbereichen fallen Führungsentscheidungen an, die entweder planender, kontrollierender oder organisatorischer Natur sind. Im Grunde genommen sind Führungsinstrumente für die Steuerung eines Unternehmens deshalb so bedeutsam, weil die wesentlichen Führungsentscheidungen im Regelfall gerade im Bereich dieser Funktionen anfallen, mit anderen Worten: Wesentliche Führungsentscheidungen fallen zumeist in die Bereiche Planung, Kontrolle und Organisation.

Als Schnittstelle zwischen dem Zielsystem und der Sachbereichsplanung kommt in diesem Zusammenhang der strategischen Gesamtplanung eine Ausnahmestellung zu. Sie ist für den Erfolg eines Unternehmens von besonderer Bedeutung, da sie die in der Unternehmenspolitik festgelegten Parameter konkretisiert und die Leistungen der Sachbereiche auf diese ausrichtet und gleichzeitig untereinander koordiniert. Sie und die mit ihr in Verbindung stehenden Kontroll- und Organisationsmaßnahmen sind daher von den Gesellschafterunternehmen wahrzunehmen, um von einem im Sinne des § 310 HGB "gemeinsam geführten" Unternehmen sprechen zu können.

Für die Sachbereiche konnte festgestellt werden, dass der Finanzwirtschaft bei der Führung eines Unternehmens außergewöhnliches Gewicht zukommt. Dies hängt damit zusammen, dass gerade dieser Bereich einen erhöhten Anteil von Entscheidungen in sich birgt, die für das Unternehmen wesentlich sind. Darüber hinaus fällt auf, dass mit der Finanzwirtschaft eine Ergänzungsfunktion wahrgenommen wird, in der die anfallenden Entscheidungen Auswirkungen für jeden anderen Sachbereich haben. Die Ursache dafür liegt in dem in einem Unternehmen ablaufenden Wertkreislauf, in dem die Bereitstellung finanzieller Mittel von essentieller Bedeutung ist.

Schließlich kann man auch praktische Gründe für die Stellung des Finanzbereichs nennen. Gerade mit der Finanzwirtschaft ist es möglich, durch entsprechende Mittelzuweisungen oder Investitionen in die anderen Sachbereiche steuernd einzugreifen. Mit Hilfe von Finanzzuweisungen werden denkbare Maßnahmen z.B. in der Produktion begrenzt bzw. neue Aktivitäten ermöglicht. Die innerhalb der Finanzwirtschaft zu erstellenden Budgets (Finanzpläne) sind damit ein wirksames Instrument für die Unternehmensführung, um koordiniert die Prozesse in den einzelnen Sachbereichen zu dirigieren.

Für die "gemeinsame Führung" im Sinne des § 310 HGB kann danach gelten: Die Gesellschafterunternehmen müssen die Unternehmensphilosophie, Unternehmensethik und Unternehmenspolitik eines Unternehmens bestimmen. Weiter muss sichergestellt sein, dass sie die "wesentlichen" Entscheidungen gemeinsam treffen. Dies sind regelmäßig strategische Planungsentscheidungen in den einzelnen Sachbereichen und die damit zusammenhängende Kontrolle und Organisation. Da im Bereich der Finanzwirtschaft ein sehr hoher Anteil an wesentlichen Führungsentscheidungen nachgewiesen wurde, ist für § 310 HGB zu verlangen, dass dieser Bereich von den Gesellschafterunternehmen umfassend wahrgenommen wird. Für den Personalbereich ist zu verlangen, dass die Gesellschafterunternehmen die wichtigen Führungskräfte gemeinsam bestimmen.

Dieses Ergebnis wird allerdings dadurch relativiert, dass eine entsprechende Steuerung im finanziellen Bereich auch stattfinden kann, wenn ein anderer Sachbereich umfassend der Entscheidungsgewalt der Gesellschafterunternehmen unterworfen ist. Seinen Grund hat dies darin, dass es nicht möglich ist, einen einzelnen Sachbereich völlig isoliert zu betrachten. Üben die Gesellschafterunternehmen z.B. intensiv Einfluss auf den Produktionsbereich aus und ist der Finanzbereich an diese Vorgaben gebunden, so sind notwendigerweise Abschreibungs- und Investitionspolitik vorgezeichnet. Im Finanzbereich können daher die Entscheidungen über Mittelherkunft- und Mittelverwendung nur noch als Umsetzung der im Produktionsbereich vorgegebenen Parameter verstanden werden. Insofern kann die für die "gemeinsame Führung" geforderte Steuerung im finanziellen Bereich mittelbar durch die erschöpfende Einflussnahme auf einen anderen Sachbereich erreicht werden[239].

Zusammenführung der rechtlichen und betriebswirtschaftlichenErkenntnisse

An dieser Stelle kann nunmehr die Frage beantwortet werden, inwieweit die Gesellschafterunternehmen die "gemeinsame Führung" einer Aktiengesellschaft über gesellschaftsrechtliche Regelungen sicherstellen können.

[239] Dementsprechend auch die Auffassungen zum Gegenstand der "einheitlichen Leitung": *Koppensteiner* in: KK, 2. Aufl., § 18, Rn. 20; *Windbichler* in: GroßkommAktG, 4. Aufl., § 18, Rn. 26.

Oben wurde aufgezeigt, dass die Leitung der Aktiengesellschaft abgesehen von Fällen des Beherrschungsvertrages zwingend in der Hand des Vorstandes liegt. Dieser kann rechtlich nur bis zu einem gewissen Maß über die Ausgestaltung von Gesellschaftszweck und Unternehmensgegenstand gebunden werden. Zulässig ist im Rahmen des Gesellschaftszwecks ein Verzicht auf das Ziel der Gewinnerzielung. Dabei kann festgelegt werden, dass gegenüber den Gesellschafterunternehmen auf Einnahmen, die über eine Kostendeckung hinaus gehen, verzichtet wird. Sind alle Aktionäre Teilnehmer an der "gemeinsamen Führung", so kann an dieser Stelle sogar eine allgemeine Förderungspflicht als Gesellschaftszweck installiert werden. Diese Regelung genügt jedoch bei wertender Betrachtung nicht, um alle "wesentlichen Führungsentscheidungen" auf die Gesellschafterunternehmen zu verlagern. Vielmehr liegen die Entscheidungskompetenzen zu einem großen Teil beim Vorstand der Aktiengesellschaft, der allerdings bei seinen Leistungen an die Gesellschafterunternehmen die Förderungspflicht zu beachten hat. Wie er dieser durch konkrete Planungen und Maßnahmen nachkommt, kann er aber alleinverantwortlich festlegen.

Eine engere Anbindung kann nur über eine entsprechende Ausgestaltung des Unternehmensgegenstandes erfolgen. Dazu können die Gesellschafterunternehmen der Gesellschaft z.B. die Herstellung eines bestimmten Produkts in der Satzung vorschreiben, das sie selbst benötigen. Auch ist es möglich, die Produktionsmethode zu bestimmen. Entscheidend ist, dass hierbei allein statische Vorgaben zulässig sind, d.h. Vorgaben, die nicht durch Festlegungen von außerhalb der Gesellschaft veränderbar sind. Zulässig ist es demnach, im Gegenstand der Gesellschaft festzulegen, dass sie den Gesellschafterunternehmen stets eine definierte Menge eines bestimmten Produkts bereitzustellen hat. Wie der Vorstand dieses Ziel zu erreichen gedenkt, bleibt ihm überlassen. Unzulässig ist hingegen, den Unternehmensgegenstand so auszugestalten, dass z.B. stets die von den Gesellschafterunternehmen benötigte Menge bereitzustellen ist. Hierdurch würde die Leitungsbefugnis des Vorstandes in einem Maße eingeschränkt, das mit dem aktienrechtlichen Regelungsgefüge, insbesondere mit den zwingenden Vorschriften über den Beherrschungsvertrag, nicht mehr in Einklang zu bringen ist.

Auch diese Möglichkeiten der Ausgestaltung reichen allerdings nicht aus, um alle "wesentlichen Führungsentscheidungen" auf die Gesellschafterunternehmen zu verlagern. Diese verbleiben zu erheblichen Teilen beim Vorstand. Daher kann bei der Feststellung, ob eine Aktiengesellschaft "gemeinsam geführt" ist, eine Analyse der Satzung nur den ersten Schritt bilden. Dabei ist eine Ausrichtung der Gesellschaft auf die Gesellschafterunternehmen in der oben beschriebenen Form sicherlich ein Hinweis darauf, dass der Tatbestand des § 310 HGB erfüllt sein kann. Allerdings ist in einem zweiten Schritt zu prüfen, inwieweit die "wesentlichen Führungsentscheidungen" auf die Interessen der Gesellschafterunternehmen abgestimmt sind. Eine Rolle spielt weiter, ob die Gesellschafterunternehmen die Positionen in Vorstand und Aufsichtsrat gemeinsam bestimmt haben. Weist die Satzung der Aktiengesellschaft eine enge Anbindung an die Gesellschafterunternehmen aus, werden die Führungspositionen durch die Gesellschafterunternehmen bestimmt und ergibt eine Bewertung der beim Vorstand verbliebenen "wesentlichen Führungsentscheidungen" eine Ausrichtung auf die Belange der Gesellschafterunternehmen, unterliegt die Aktiengesellschaft der "gemeinsamen Führung" der Gesellschafterunternehmen.

E. Gemeinschaftsunternehmen als Gegenstand von § 310 HGB

I. Einleitung

§ 310 Abs. 1 HGB besagt, dass ein "Unternehmen gemeinsam geführt" werden muss. Er enthält den Begriff "Gemeinschaftsunternehmen" nicht. Trotzdem findet er sich so oder ähnlich in den Gesetzesmaterialien[240], und auch im Schrifttum geht man davon aus, dass § 310 HGB eine Vorschrift ist, die in besonderem Maße auf Gemeinschaftsunternehmen Anwendung finden soll[241]. Daher wird dargelegt, welche Merkmale Gemeinschaftsunternehmen kennzeichnen. Im Anschluss daran wird erläutert, welche Konsequenzen sich aus der Funktion von Gemeinschaftsunternehmen für deren "gemeinsame Führung" durch die Gesellschafterunternehmen ergeben.

II. Allgemeines Verständnis von Gemeinschaftsunternehmen

Ein Gemeinschaftsunternehmen ist eine bestimmte Form der wirtschaftlichen Zusammenarbeit zwischen mindestens zwei Unternehmen, genauer zwischen zwei Gesellschaften. Für die Kooperation zweier Gesellschaften existieren weitere Bezeichnungen neben der des Gemeinschaftsunternehmens, wie Arbeitsgemeinschaft, Partnerschaftsunternehmen[242], gemeinsame Tochtergesellschaften, joint venture, partnership investment[243] oder jointly owned company[244], in denen

[240] BT-DruckS. 10/3340, S. 40; 7/5221, S. 22; 10/4268, S. 4.

[241] *Herrenberger* in: Beck'scher Bilanzkommentar, C 500, Rn. 1; *ADS*, § 310, Rn. 1 und 8.

[242] *Küting*, BB 1983, S. 804.

[243] *Zündorf*, S. 6.

[244] *Dreger*, S. 37.

sich eine Vielfalt denkbarer Zusammenschlüsse andeutet. So wird der aus dem Englischen stammende Begriff "joint venture" vornehmlich für Formen grenzüberschreitender Zusammenarbeit verwendet[245]. Für die Charakterisierung eines von § 310 HGB erfassten Unternehmens ist eine Differenzierung zwischen diesen Begriffen entbehrlich, da aus ihnen keine Rückschlüsse auf Besonderheiten ihrer Führung zu entnehmen sind. Es kommt nicht auf die Terminologie an, sondern es ist festzustellen, welche Charakteristika ein Unternehmen erfüllen muss, damit eine Konsolidierung nach § 310 HGB möglich ist. Es ist anerkannt, dass ein Gemeinschaftsunternehmen eine Gesellschaft ist, die im weitesten Sinne einer Konzerngruppe angehört und von voneinander unabhängigen Gesellschaften geleitet wird, wobei zwischen den leitenden Partnern vertragliche Regelungen bestehen[246]. Ob es sich dabei um schuldrechtliche oder gesellschaftsrechtliche Bestimmungen handeln muss und ob unter § 310 HGB letztendlich auch ein Unternehmen fallen kann, zwischen dessen Gesellschafterunternehmen gar keine vertraglichen Beziehungen bestehen, soll an dieser Stelle offen bleiben.

Es gibt verschiedene Wege, auf denen ein Gemeinschaftsunternehmen entstehen kann.[247] Zum einen können bereits vorhandene Kapazitäten eingebracht werden, wobei die Gesellschafterunternehmen diese bei sich ausgliedern und auf das gemeinsame Unternehmen übertragen. Denkbar ist auch, dass ein Gesellschafterunternehmen Teile eines bislang vollständig in seinem Eigentum stehenden, rechtlich selbständigen Unternehmens an den Partner abgibt. In beiden Fällen werden keine neuen Leistungspotentiale geschaffen, sondern nur vorhandene Kapazitäten genutzt[248].

Demgegenüber steht die Entstehung eines Gemeinschaftsunternehmens unter Kapazitätserweiterung. Hierbei erwerben die Partner entweder gemeinsam ein bereits bestehendes Unternehmen, oder sie gründen ein neues. So werden neue Leistungspotentiale erschlossen[249].

[245] *Schubert/Küting*, S. 219; *Rolfes*, S. 21-25.

[246] *Gansweid*, S. 22 f.

[247] *Rolfes*, S. 122 ff.

[248] *Schubert/Küting*, S. 220.

[249] *Schubert/Küting*, S. 221.

Beide Typen können auch in Mischformen auftreten. So ist z.B. bei Gründung eines Gemeinschaftsunternehmens denkbar, dass sowohl vorhandene Leistungspotentiale eingebracht wie auch neue Kapazitäten hinzugefügt werden.

III. Unternehmenseigenschaft und Unabhängigkeit derGesellschafterunternehmen

Gemeinschaftsunternehmen sind rechtlich selbständig und in der Regel von ihren Gesellschafterunternehmen wirtschaftlich abhängig. Denkbar sind Gemeinschaftsunternehmen, die Güter/Dienstleistungen ausschließlich zur Bedarfsdeckung ihrer Gesellschafterunternehmen erstellen; andere versuchen, durch Absatz am Markt Gewinne zu erzielen. Im letzteren Fall erfüllt ein Gemeinschaftsunternehmen jene Eigenschaften, die ein Unternehmen im betriebswirtschaftlichen Sinn besitzen muss: es hat eine eigene Rechtsform, übt eine geschäftliche (gewerbliche) Tätigkeit aus, ist mit Kapital ausgestattet, soll Gewinne erzielen und übernimmt (als Gegenstück dazu) Risiken[250].

Neben diesen Kriterien ist aus juristischer Sicht zu verlangen, dass für ein "Unternehmen" im Sinne des § 310 HGB die Buchführungspflicht nach § 238 HGB vorliegt[251]. Denn nur dann ist es überhaupt möglich, es im Konzernabschluss zu erfassen und die hierfür notwendigen Informationen zu erhalten. Bei den von § 310 HGB hauptsächlich betroffenen Kapitalgesellschaften ist die an die Kaufmannseigenschaft anknüpfende Buchführungspflicht stets gegeben (vgl. §§ 238, 6 HGB iVm § 3 AktG, § 13 Abs. 3 GmbHG).

§ 310 Abs. 1 HGB verlangt weiter, dass die an dem Gemeinschaftsunternehmen beteiligten Gesellschafterunternehmen nicht in ein und demselben Konzernabschluss erfasst sind. Dabei spricht § 310 Abs. 1 HGB von allen "nicht in den Konzernabschluss einbezogenen Unternehmen", wobei mit diesem Wortlaut auch die Unternehmen erfasst werden, die von Einbeziehungsverboten und -wahlrechten nach §§ 295, 296 HGB betroffen sind. Demnach könnten auch solche Gesellschafterunternehmen ein unter § 310 HGB fallendes (Gemeinschafts-)Unternehmen betreiben, die nur deshalb nicht in einen Konzernabschluss einbezogen sind, weil in einem von ihnen der Tatbestand der §§ 295, 296 HGB erfüllt ist. Allerdings sind diese Gesellschaften trotz der Nichteinbeziehung Tochterunternehmen und unterliegen nach der Vermutung

[250] Arbeitskreis Gemeinschaftsunternehmen, ZfbF 1969, S. 1.

[251] *Zilias*, S. 1111 f.; *Zündorf*, S. 7.

der § 290 Abs. 3 HGB iVm § 16 Abs. 4 AktG der "einheitlichen Leitung" des Mutterunternehmens; oder es besteht ein Verhältnis, das die Voraussetzungen des Control-Konzepts im Sinne des § 290 Abs. 1 AktG erfüllt. § 310 HGB erfordert es aber, die Quotenkonsolidierung nur auf solche Unternehmen anzuwenden, bei denen die Führung mit einem Partner ausgeübt wird, der insoweit eigenständig ist[252]. Dies beruht auf der Konzeption des Konzernabschlusses. In dessen Zentrum sind Unternehmen von Bedeutung, die "einheitlich" geleitet werden. Diese werden in der Regel vollkonsolidiert, ausgenommen solche, die ein gewisse Größe nicht erreichen. Quotal erfasst werden Unternehmen, die nicht "einheitlich geleitet, sondern "gemeinsam geführt" sind. Eine solche Führung kann (hier beispielsweise bei zwei beteiligten Unternehmen) aber nur dann vorliegen, wenn nicht beide Unternehmen "einheitlich" geleitet sind. Denn dann wäre auch das den beiden untergeordnete Unternehmen notwendig von dieser "einheitlichen" Leitung erfasst. An diesem Befund ändert sich nichts, wenn ein Unternehmen nur deshalb nicht im Konzernabschluss als Tochterunternehmen aufgeführt wird, weil es eine bestimmt Mindestgröße unterschreitet. Für dessen Führung ist dies nicht von Belang. Auch aus der Begründung zum BiRiLiG geht hervor, dass bei derartigen Konstellationen nicht nach § 310 HGB konsolidiert werden darf[253].

Für Gemeinschaftsunternehmen wird von betriebswirtschaftlicher Seite verlangt, dass die Gesellschafterunternehmen "voneinander unabhängig" sind[254]. Es stellt sich die Frage, ob dieses Kriterium mit der soeben für § 310 Abs. 1 HGB erkannten Eigenständigkeit im Sinne der Konzernrechnungslegungsvorschriften übereinstimmt.

Das betriebswirtschaftliche Kriterium bezieht sich auf die wirtschaftliche Selbständigkeit der Gesellschafterunternehmen. Diese besteht darin, dass die Entscheidungen, die im Rahmen jeder unternehmerischen Tätigkeit anfallen, von jedem Gesellschafterunternehmen in eigener Initiative, eigenverantwortlich und aufgrund eigener ökonomischer Überlegungen und Planungen getroffen werden[255]. Wäre dies nicht der Fall und würden die Gesellschafterunternehmen diese Entscheidungen zusammen treffen, lägen nicht zwei, sondern nur ein Unter-

[252] *ADS*, § 310, Rn. 17.

[253] BT DruckS. 10/4268, S. 116.

[254] *Schubert/Küting*, S. 219; *Rolfes*, S. 27; *Wöhe*, Einführung, S. 332; *Jung*, S. 128.

[255] *Kosiol*, Aktionszentrum, S. 28.

nehmen im betriebswirtschaftlichen Sinne vor. Dabei könnten die Einheiten rechtlich selbständig sein, ein von ihnen gemeinsam betriebenes Unternehmen wäre aber kein Gemeinschaftsunternehmen im eigentliche Sinne.

Ein Fall wirtschaftlicher Abhängigkeit der Gesellschafterunternehmen ist auch dann gegeben, wenn das Gemeinschaftsunternehmen von zwei demselben Konzern zugehörigen Tochtergesellschaften geleitet wird. Die Gesellschafterunternehmen sind in ihren Wahlentscheidungen nicht unabhängig, sondern durch die "einheitliche Leitung" der Konzernobergesellschaft miteinander verbunden. Auch das Gemeinschaftsunternehmen untersteht dann nicht mehr der Leitung von zwei Gesellschaften, sondern über die Konzernverbindung der "einheitlichen Leitung" der Konzernobergesellschaft[256]. Versteht man die wirtschaftliche Unabhängigkeit auf diese Weise, ist sie mit der Voraussetzung in § 310 Abs. 1 HGB (zwei Gesellschafterunternehmen dürfen nicht in einem Konzernabschluss aufgeführt sein) identisch. Denn die "einheitliche Leitung" der Gesellschafterunternehmen führt im Regelfall auch zu deren Aufnahme in den einen Konzernabschluss der Konzernobergesellschaft.

Problematisch können hingegen Fälle sein, in denen nur eines der Gesellschafterunternehmen ein Tochterunternehmen unter "einheitlicher Leitung" ist, das andere aber ein Gemeinschaftsunternehmen (folgend "erstes" Gemeinschaftsunternehmen), das von der Konzernobergesellschaft mit ihrem oder seinen Partnern gemeinsam geführt wird. Oder es ist ein Unternehmen, das unter dem "maßgeblichen Einfluss" der Konzernobergesellschaft im Sinne des § 311 HGB steht. Eine wirtschaftliche Abhängigkeit durch die "einheitliche Leitung" der Konzernobergesellschaft wird hier nicht begründet. Dennoch sind die Gesellschafterunternehmen in einen Konzernabschluss einbezogen, so dass eine Quotenkonsolidierung des von den Unternehmen gemeinsam betriebenen Gemeinschaftsunternehmens ("zweites Gemeinschaftsunternehmen") unzulässig wäre. Das Gesetz bietet für derartige Grenzfälle keine Lösung an. Jedoch kann die Betrachtung der Kapitalanteile nach dem Vorbild des § 16 Abs. 2, 4 AktG eine Hilfe sein: ergibt eine Addition der Anteile, die über das Tochterunternehmen und das "erste" Gemeinschaftsunternehmen der Obergesellschaft zuzurechnen sind, eine Beteiligungsquote von über 50 % and dem "zweiten" Gemeinschaftsunternehmen, spricht vieles dafür, eine Vollkonsolidierung vorzunehmen; bleibt sie darunter, kann man mit guten Gründen eine quotale Konsolidierung vornehmen. In Streitfällen wird man konkret zu erforschen haben, wie sich das "erste" Ge-

[256] *Rolfes*, S. 28; *Zündorf*, BB 1987, S. 1910, 1912.

meinschaftsunternehmen bei der Führung des "zweiten" verhält. Ergibt sich aus schuldrechtlichen Verträgen, aus einer der Satzungen des "ersten" oder "zweiten" Gemeinschaftsunternehmens, dass es an "wesentlichen Führungsentscheidungen" nicht teilnimmt oder diese stets im Sinne nur der Obergesellschaft des "ersten" getroffen werden, kommt nur eine Vollkonsolidierung in Betracht.

Infolge dieser Überlegungen im Rahmen von § 310 HGB ist auf das zusätzliche Kriterium der wirtschaftlichen Unabhängigkeit zu verzichten, da es neben der in § 310 Abs. 1 HGB genannten Voraussetzung der Nichteinbeziehung der Gesellschafterunternehmen in einen Konzernabschluss keine weiteren Einschränkungen liefert.

IV. Aufgabenerfüllung im gemeinsamen Interesse

Mit der Errichtung oder dem Erwerb eines Gemeinschaftsunternehmens verfolgen die Gesellschafterunternehmen regelmäßig das Ziel, Aufgaben zu ihrem gemeinsamen Nutzen zu erfüllen. Unternehmen, die verschiedenen Wirtschaftseinheiten angehören, wirken in ihnen zur Verfolgung gemeinsamer Zwecke zusammen. Sie möchten damit ihre Wirtschaftlichkeit verbessern, Kosten senken oder ihre Erlöse steigern[257]. Die Wahrnehmung von Aufgaben, die im gemeinsamen Interesse der Gesellschafterunternehmen liegen, ist somit wesentlich für jedes Gemeinschaftsunternehmen[258]. Nicht beachtet werden Fälle, in denen die Beteiligungen an einem Unternehmen zufällig zustande kommen und kein gemeinsames unternehmerisches Bestreben der Gesellschafter erkennbar ist.

V. Dauer der Zusammenarbeit

Als Wesensmerkmal eines Gemeinschaftsunternehmens wird in der betriebswirtschaftlichen Literatur die Dauer genannt, auf die eine Zusammenarbeit der Partner angelegt sein muss, damit sie als Gemeinschaftsunternehmen bezeichnet werden kann[259]. Sollte der Zeitraum der Kooperation begrenzt sein, liegt kein Gemeinschaftsunternehmen, sondern eine Arbeitsgemeinschaft zumeist in der Form einer GbR vor.

[257] Arbeitskreis Gemeinschaftsunternehmen, ZfbF 1969, S. 3.

[258] Ausführlich zu den Funktionen von Gemeinschaftsunternehmen s.u.

[259] *Rolfes*, S. 37; *Wysocki/Wohlgemuth*, S. 143; *Schubert/Küting*, S. 219; *Zündorf*, BB 1987, S. 1910, 1914.

Die Literatur zur Konzernrechnungslegung setzt sich mit Bezug auf § 310 HGB mit dem Merkmal der "Dauerhaftigkeit" dann auseinander, wenn unklar ist, ob die Zusammenarbeit zweier Gesellschaften überhaupt alle Eigenschaften aufweist, die ein Unternehmen besitzen muss[260]. Besonders bei Arbeitsgemeinschaften in der Rechtsform der GbR kann sich im Einzelfall die Frage stellen, ob man sie trotz ihrer zeitlichen Begrenzung als Unternehmen im Sinne des HGB charakterisieren darf und so im Sinne des § 310 HGB als Gemeinschaftsunternehmen behandeln und in den Konzernabschluss einbeziehen kann. Im Ergebnis wird diese Frage bei Arbeitsgemeinschaften unterschiedlich beantwortet, weil man sich nicht einig darüber ist, ob die Begrenzung der Zusammenarbeit auf eine bestimmte Zeit zwangsläufig zur Negierung der Unternehmenseigenschaft führen muss. Im Ergebnis hält die herrschende Meinung die Dauer der Zusammenarbeit für unerheblich[261].

Die Unentbehrlichkeit der Unternehmenseigenschaft lässt sich im Rahmen der Konzernrechnungslegung aber damit begründen, dass bei im Konzernabschluss einzubeziehenden Unternehmen im Sinne der Grundnorm § 290 Abs. 1 HGB eine Beteiligung im Sinne des § 271 Abs. 1 HGB vorliegen muss, die nur dann gegeben ist, wenn zwischen den Unternehmen eine "dauerhafte Verbindung" besteht. Dies gilt ausdrücklich nur für das Verhältnis zwischen Mutter- und Tochterunternehmen, nicht für die Beziehung zwischen einem Mutter- oder Tochterunternehmen und einem Gemeinschaftsunternehmen oder den dortigen Partnern. Die Gesetzessystematik zeigt jedoch, dass die Quotenkonsolidierung eine Alternative zur Konsolidierung "at equity" ist[262]. Damit sind Gemeinschaftsunternehmen regelmäßig assoziierte Unternehmen, an denen Mutter- oder Tochterunternehmen im Sinne des § 271 Abs. 1 HGB beteiligt sind, wobei die Beteiligung dem eigenen Geschäftsbetrieb durch Herstellung einer dauerhaften Verbindung dienen muss. Dies ist aber nur denkbar, wenn die Zusammenarbeit im Gemeinschaftsunternehmen von Anfang an auf einen längeren Zeitraum angelegt ist. Das Gemeinschaftsunternehmen muss also eine "Lebenserwartung" besitzen, die es rechtfertigt, seitens des beteiligten Mutter- oder Tochterunternehmens davon auszugehen, mit dem Gemeinschaftsunternehmen eine "dauer-

260 *Ruwe*, DB 1988, S. 2037; *Geßler* in AktGKomm., § 15 Rn. 48.

261 *Schnicke/Gutike* in: Beck'scher Bilanzkommentar, § 271, Rn. 12; *Siebourg* in: HdKR, § 290 Rn. 15; *Koppensteiner* in: KK, 2. Aufl., § 15 Rn. 53; *Sigle* in: HdKR, § 310, Rn. 22; aA *Ruwe*, DB 1988, S. 2073; *Geßler* in: AktGKomm., § 15, Rn. 48.

262 *Busse von Colbe/Chmielewicz*, DBW 1986, S. 289, 326; *ADS*, § 310, Rn. 6; auch Reg.-Begr. zu Art. 18 der 7. EG-Richtlinie, BT-DruckS. 7/5221, S. 22.

hafte Verbindung" eingehen zu können[263]. Ob es daneben möglich ist, Arbeitsgemeinschaften aufgrund anderer Erwägungen über § 310 HGB in den Konzernabschluss einzubringen, kann hier dahingestellt bleiben. Jedenfalls besteht ein typisches Gemeinschaftsunternehmen im Sinne des § 310 HGB nur dann, wenn es anfänglich auf eine Zusammenarbeit unbestimmter Zeit ausgerichtet ist[264].

VI. Beteiligungshöhen

Im Zusammenhang mit dem Phänomen Gemeinschaftsunternehmen ist in der Regel davon die Rede, dass an ihm mindestens zwei Gesellschafterunternehmen beteiligt sind[265]. Dies lässt die mögliche Anzahl der Partner wie auch die Höhe der gehaltenen Anteile vollständig offen. Denkbar sind Gemeinschaftsunternehmen, an denen zwei, zehn oder mehr Gesellschaften beteiligt sind, ggf. mit identischen oder unterschiedlichen Kapitalanteilen.

Als Prototyp gilt das sog. 50:50 Gemeinschaftsunternehmen, bei dem die Anzahl der Gesellschafter auf zwei beschränkt bleibt und das Kapital paritätisch verteilt ist[266].

Obwohl § 310 HGB keine Begrenzung der Gesellschafterzahl vorschreibt, wird sie teilweise für erforderlich gehalten, da ansonsten eine wirksame "gemeinsame Führung" des Gemeinschaftsunternehmens aufgrund der Größe des Führungsgremiums nicht denkbar sei[267]. Das ist jedoch ein praktisches, kein normatives Argument. Normative Beteiligungsgrenzen lassen sich aber möglicherweise aus den §§ 290, 311 HGB herleiten.

1. Beteiligungsobergrenze

Aus § 290 HGB könnte sich ergeben, dass ein Unternehmen, das ein Gemeinschaftsunternehmen mit der Quotenkonsolidierung in seinen Konzernabschluss

[263] *Sigle* in: HdKR, § 310, Rn. 21.

[264] Zur Möglichkeit der Einbeziehung von Arbeitsgemeinschaften siehe *Sigle* in: HdKR, § 310, Rn. 22 a.E., Rn. 23.

[265] *Schubert/Küting*, S. 219; *Wöhe*, Einführung, S. 332; *Sigle* in: HdKR, § 310, Rn. 17; BT-DrucksS. 7/5221, S. 22.

[266] *Rolfes*, S. 37; *Schubert/Küting*, S. 219; *Emmerich/Sonnenschein*, S. 54.

[267] *Budde/Suhrbier* in: Beck'scher Bilanzkommentar, § 310, Rn. 26.

aufnehmen will, nicht mehr als 50 % von dessen Anteilen besitzen darf. Anderenfalls würde die unwiderlegbare Vermutung des § 290 Abs. 2 Nr. 1 eingreifen, was eine Vollkonsolidierung des Gemeinschaftsunternehmens zur Folge hätte. Eine Quotenkonsolidierung wäre nicht möglich. Dies legt den Schluss nahe, dass bei einem unter § 310 HGB fallenden Gemeinschaftsunternehmen ein Gesellschafterunternehmen weder mittel- noch unmittelbar mehr als 50 % der Anteile halten dürfte.

Diese Argumentation hinsichtlich einer Beteiligungsobergrenze ist allerdings nicht zwingend. Zum einen stellt § 310 HGB nur auf die tatsächliche Ausübung der Führungsfunktion und nicht wie § 290 Abs. 2 Nr. 1 HGB auf das Verfügen über die Stimmrechtsmehrheit ab. Eine Anwendung der Quotenkonsolidierung ist daher auch denkbar, wenn einem der Gesellschafterunternehmen mehr als 50 % des Gesellschaftskapitals zustehen, vorausgesetzt das Gemeinschaftsunternehmen unterliegt der tatsächlichen "gemeinsamen Führung" der beteiligten Parteien. Zum anderen geht es in § 290 HGB nicht wie in § 310 HGB um eine bestimmte Art und Weise der Konsolidierung, sondern um die Pflicht, einen Konzernabschluss aufzustellen.

Ein Nachweis der "gemeinsamen Führung" ist dann allerdings auch notwendig, um die Vermutung "einheitlicher Leitung" eines Unternehmens gemäß §§ 17 Abs. 2, 18 Abs. 1 Satz 3 AktG, die nach einhelliger Auffassung auch bei § 290 Abs. 1 HGB gilt[268], zu widerlegen.

Zu beachten ist in diesem Zusammenhang auch, dass § 290 Abs. 2 Nr. 1 HGB nicht auf die Höhe der Beteiligung, sondern auf die Mehrheit der Stimmrechte abstellt. Steht diese einem Unternehmen zu, so geht das Gesetz davon aus, dass das untergeordnete Unternehmen allein von diesem Partner kontrolliert wird. Sinn und Zweck des Control Konzeptes in § 290 Abs. 2 HGB ist es, bei der Frage nach der Pflicht zur Aufstellung einer Konzernbilanz auf den Nachweis verzichten zu können, ob ein Unternehmen tatsächlich "einheitlich geleitet" wird. Die Stimmrechtsmehrheit muss aber nicht unbedingt mit der Beteiligungsmehrheit zusammenfallen. Dies ist sicherlich der Regelfall, doch kann sich eine Abweichung dann ergeben, wenn die Anteilsmehrheit durch stimmrechtslose Vorzugsaktien erlangt wurde. Auch können Satzung oder Gesellschaftsvertrag so ausgestaltet sein, dass trotz einer über 50 %igen Beteiligung eines Partners das

[268] *Albrecht* in BoHdR, § 290, Rn. 13; *ADS*, § 290, Rn. 15; *Siebourg* in HdKR, § 290, Rn. 29.

Gemeinschaftsunternehmen von allen Beteiligten gemeinsam geführt wird (z.B. Vetorechte, Mehrstimmrechte, Einstimmigkeitserfordernis). Insofern entspricht die Konzeption des § 310 HGB der des § 290 Abs. 1 HGB, in dem ein unbestimmter Rechtsbegriff (bei § 290 Abs. 1 HGB "einheitliche Leitung", bei § 310 Abs. 1 HGB "gemeinsame Führung") die entscheidende Rolle spielt.

Daher kann eine Beteiligungsobergrenze mit Hinweis auf § 290 Abs. 2 Nr. 1 HGB nicht begründet werden. Vielmehr kommt es für die Anwendung der Quotenkonsolidierung nicht auf eine spezielle Beteiligungshöhe, sondern allein auf eine rechtlich gesicherte, tatsächlich ausgeübte gemeinsame Führung an.

2. Beteiligungsuntergrenze

Bei einer 20 %igen Beteiligung eines Mutter- oder Tochterunternehmens an einem anderen Unternehmen wird nach § 311 Abs. 1 Satz 2 HGB vermutet, dass auf die Geschäfts- und Finanzpolitik des zu konsolidierenden Unternehmens ein "maßgeblicher Einfluss" ausgeübt wird. Diese Leitungsintensität ist nach der Konzeption des HGB geringer als die in § 310 Abs. 1 HGB geforderte "gemeinsame Führung", an der ein Mutter- oder ein Tochterunternehmen mitwirkt. Somit vermutet der Gesetzgeber einen schwächeren Leitungseinfluss als den der "gemeinsamen Führung" erst bei einem 20 %igen Anteilsbesitz. Einige Stimmen erkennen hierin ein Argument dafür, gerade 20 % als Beteiligungsuntergrenze für die Gesellschafterunternehmen eines Unternehmens im Sinne des § 310 HGB anzusetzen, und rechtfertigen so eine Begrenzung der Anzahl der möglichen Gesellschafterunternehmen auf maximal fünf. Diese Sichtweise beruht auf der Annahme, der Gesetzgeber nehme erst bei einer 20 %igen Beteiligung an einem Unternehmen den "maßgeblichen Einfluss" auf dessen Geschäfts- und Finanzpolitik an. Die "gemeinsame Führung", die einen intensiveren Einfluss auf ein Unternehmen als nur den "maßgeblichen" verlange, könne dann nicht bei einer unter 20 % liegenden Beteiligung gegeben sein. Würde man die gegenteilige Auffassung vertreten, käme unter Umständen die Konsolidierungsvorschrift § 310 HGB bei einem geringeren Anteilsbesitz anstelle der erst ab einer 20 %igen Beteiligung eingreifenden Neubewertungsvorschrift § 311 HGB zur Anwendung[269].

Dabei wird übersehen, dass in § 310 HGB allein die "gemeinsame Führung" einer Gesellschaft das entscheidende Merkmal für quotal konsolidierbare Unter-

[269] *Budde/Suhrbier* in: Beck'scher Bilanzkommentar, § 310, Rn. 26; *Wysocki/Wohlgemuth*, S. 142.

nehmen ist. Diese kann aber im Grundsatz auch dann vorliegen, wenn mehr als fünf Gesellschafterunternehmen mit jeweils weniger als 20 % an einem (Gemeinschafts-)unternehmen beteiligt sind. Es kommt nur darauf an, dass die zwischen den Partnern getroffene und umgesetzte Regelung den Anforderungen einer "gemeinsamen Führung" entspricht. Es ist denkbar, dass bei einer sehr intensiven Zusammenarbeit von sechs Unternehmen in der Führung des (Gemeinschafts-)Unternehmens mehr für eine "gemeinsame Führung" spricht als bei einer nur "minderen" Wahrnehmung von Führungsaufgaben durch drei Gesellschafterunternehmen. Daneben ist zu berücksichtigen, dass die Anteile am (Gemeinschafts-)Unternehmen nicht gleichmäßig verteilt sein müssen: Wenn z.B. bei fünf Partnern einer 20,5 %, ein anderer 19,5 % der Anteile hielte, hätte dies trotz der nur marginalen Verschiebung der Beteiligungsverhältnisse erhebliche Konsequenzen bzgl. der Möglichkeiten der Behandlung des (Gemeinschafts-)Unternehmens im Konzernabschluss, ohne dass sich in der tatsächlichen Führung im Vergleich zu einer gleichmäßigen Verteilung der Anteile irgend etwas ändern müsste.

Weiterhin stellt § 311 Abs. 2 HGB bei einer 20 %igen Beteiligung nur die Vermutung auf, dass ein "maßgeblicher Einfluss" besteht. Dieser kann nach § 311 Abs. 1 HGB aber schon gegeben sein, wenn er sich nach den konkreten tatsächlichen Verhältnissen begründen lässt, ohne dass 20 % der Anteile gehalten werden. Unter diesem Aspekt ist eine Begrenzung der Partnerzahl nicht überzeugend.

Als Argument für das Erfordernis einer mindestens 20 %igen Beteiligung wird auch angeführt, dass in § 310 HGB eine den §§ 311 Abs. 2 und 296 Abs. 2 HGB entsprechende Regelung für die Unternehmen fehlt, die von "untergeordneter Bedeutung" sind. Daraus ließe sich der Schluss ziehen, dass der Gesetzgeber wegen des alternativen Verhältnisses der Quoten- zur Equity-Konsolidierung[270] grundsätzlich nur Unternehmen von einer gewissen Bedeutung für den Konzern quotal erfasst wissen möchte. Im Übrigen müssten die Vorschriften über die assoziierten Unternehmen Anwendung finden. Rechtfertige nicht allein der wirtschaftliche Stellenwert des (Gemeinschafts-)Unternehmens dessen quotale Konsolidierung, müsse die Höhe der gehaltenen Beteiligung ausschlaggebend sein.

[270] BT-DruckS. 10/3440, S. 40; 10/4268, S. 116.

Dabei liege es nahe, sich bei der Bestimmung dieser Höhe an der in § 311 HGB für den "maßgeblichen Einfluss" vermuteten Grenze von 20 %zu orientieren[271].

Diese Begründung ist nicht überzeugend, da aus § 311 Abs. 2 HGB nicht hervorgeht, dass ein assoziiertes Unternehmen schon dann für die Darstellung der Vermögens-, Finanz- und Ertragslage des Konzerns von untergeordneter Bedeutung ist, wenn die Beteiligung unter 20 % liegt. Dies lässt sich auch damit belegen, dass allein der wirtschaftliche Stellenwert unabhängig von der Größe des gehaltenen Anteils eine Quotenkonsolidierung rechtfertigen kann.

Man sollte auch beachten, dass die 20 %-Grenze in § 311 Abs. 2 HGB durch den Einfluss anderer Mitgliedstaaten, in denen an diese Höhe der Beteiligung bestimmte Rechte und Pflichten geknüpft werden, in die 7. EG-Richtlinie und als Folge deren Umsetzung in das HGB gelangt ist[272]. In Deutschland wäre unter diesem Aspekt eine 25 %ige Beteiligung für die Vermutung eines "maßgeblichen Einflusses" sachgerecht gewesen, wenn man in Rechnung stellt, dass bei Kapitalgesellschaften der 75 %-Grenze besondere Bedeutung zukommt. So betrachtet wirkt die Entscheidung für eine Abstufung gerade bei 20 % fast willkürlich. Wären die Regelungen in der Mehrheit der anderen Mitgliedstaaten an 50 %ige Beteiligungen geknüpft und hätte man diese in § 311 Abs. 2 HGB angesetzt, käme man kaum auf die Idee, nur (Gemeinschafts-)Unternehmen mit § 310 HGB erfassen zu wollen, an denen stets zwei Partner mit gerade diesen 50 % beteiligt sind. Es wäre daher wenig sachgerecht die in § 311 Abs. 2 HGB normierte Beteiligungsquote auf § 310 HGB zu übertragen.

Im Ergebnis ist aus diesen Gründen von einer theoretisch unbegrenzten Anzahl der beteiligten Unternehmen und beliebigen Beteiligungshöhen auszugehen[273].

VII. Funktionen von Gemeinschaftsunternehmen

Wie bereits dargestellt, verfolgt jedes Unternehmen bestimmte Ziele, zu deren Erfüllung seine Aktivitäten dienen. Auch Gemeinschaftsunternehmen sind ein Mittel zum Zweck, sie haben Instrumentalcharakter[274]. Regelmäßig wird nicht nur ein einziges Ziel verfolgt, sondern ein Bündel von Zielen, wobei die Maxi-

271 *Budde/Suhrbier* in: Beck'scher Bilanzkommentar, § 310, Rn. 27.

272 Vgl. *Biener/Berneke*, BiRiLiG, S. 368.

273 Ebenso: *Scherrer*, Konzernrechnungslegung, S. 123.

274 *Rolfes*, S. 55.

nierung der Rentabilität sicherlich der Aspekt ist, der den größten Einfluss auf die Aktivitäten eines Unternehmens ausübt. Man kann daher davon ausgehen, dass ein Unternehmen in der Beteiligung an einem Gemeinschaftsunternehmen in der Regel eine Möglichkeit sieht, die eigenen relativen Gewinne zu steigern[275]. Die Möglichkeiten, die ein Gemeinschaftsunternehmen für eine Steigerung der Rentabilität eröffnet, sind vielgestaltig: Rationalisierungseffekte, Kostensenkung, Stärkung der Marktposition durch Wettbewerbsvorteile und die Minderung von Investitionsrisiken können in diesem Zusammenhang beispielhaft angeführt werden. Eine sinnvolle Systematisierung kann anhand der Funktionsbereiche erfolgen, wie sie jedes Unternehmen in vergleichbarer Ausprägung aufweist: Materialwirtschaft, Produktionswirtschaft, Finanzwirtschaft und Marketing.

Für den Begriff der "gemeinsamen Führung" ist die Erfassung der möglichen Funktionen von Bedeutung, weil die Gesellschafterunternehmen bei einer "gemeinsamen Führung" immer der Aufgabe besondere Beachtung schenken werden, die das Gemeinschaftsunternehmen bei der Wahrnehmung der jeweiligen unternehmerischen Zielsetzungen erfüllen soll. Eine "gemeinsame Führung" wird sich daher zwangsläufig mit den Führungsentscheidungen auseinandersetzen müssen, die mit der jeweils spezifischen Funktion eines Gemeinschaftsunternehmens im Zusammenhang stehen.

1. Materialwirtschaftliche Funktionen

Im Bereich der Materialwirtschaft bietet ein Gemeinschaftsunternehmen die Vorteile von Synergieeffekten für die Sicherung der Versorgung mit Rohstoffen, Vor- und Zwischenprodukten.

Zum einen kann der in einem Unternehmen zusammengefasste Einkauf einen stärkeren Marktdruck auf Lieferanten ausüben und dadurch bessere Konditionen (Mengenrabatte, Liefertermine, Zahlungsmodalitäten) erreichen, als dies einem der Gesellschafterunternehmen alleine möglich wäre[276]. Auch lässt sich eine Verringerung der Bestellvorgänge im Gemeinschaftsunternehmen ebenso erreichen wie eine Optimierung der Bestellgrößen[277].

[275] *Wöhe*, Einführung, S. 405; *Schubert/Küting*, S. 221.

[276] *Wöhe*, Einführung, S. 405; Arbeitskreis Gemeinschaftsunternehmen, Zfbf 1969, S. 3 f.

[277] *Rolfes*, S. 62 f.

Zum anderen sind vor allem weiterverarbeitende Unternehmen in hohem Maße abhängig von Lieferanten, die sie mit ihren Ausgangsstoffen versorgen. Die Bereitstellung dieser Stoff in gewünschter Qualität und Quantität ist aber oft bedroht durch saisonale oder konjunkturelle Lieferschwierigkeiten, Angebotsverknappung, politische Restriktionen oder technische Versäumnisse der Zulieferer. Eine Möglichkeit, dieses Beschaffungsrisiko zu vermindern ist die Erfüllung der Lieferantenaufgaben durch ein Tochterunternehmen. Jedoch sind solche Vorhaben häufig so investitionsintensiv, dass sie die Kapitalausstattung eines einzelnen Unternehmens übersteigen oder ihre Errichtung ein zu hohes Investitionsrisiko darstellt. Mit einem Gemeinschaftsunternehmen, das die Versorgung für zwei oder mehrere Unternehmen übernimmt, lässt sich dieses Investitionsrisiko verteilen, und die Partner können gemeinsam das erforderliche Kapital bereitstellen[278].

2. Produktionswirtschaftliche Funktionen

Im Bereich der Produktion liegt eine denkbare Funktion eines Gemeinschaftsunternehmens im Streben nach einer möglichst optimalen Betriebsgröße[279]. Bestimmte Anlagen bzw. Produktionsprozesse erfordern technisch bedingt für einen wirtschaftlichen Betrieb eine bestimmte Mindestgröße, um zu einer stückkostenoptimalen Ausnutzung der Anlagen zu gelangen[280]. Um diese zu erreichen, kann es sinnvoll sein, Produktionsbereiche mehrerer Unternehmen, welche die notwendigen Kapazitäten alleine jeweils nicht erreichen, in einem Gemeinschaftsunternehmen zu konzentrieren, wobei auch die notwendigen Investitionen effektiv verteilt werden können. Man erleichtert so die Mittelaufbringung und vermeidet Doppelinvestitionen.

Die Zusammenarbeit in einem Gemeinschaftsunternehmen kann auch dazu dienen, das Leistungsprogramm der Gesellschafterunternehmen horizontal, vertikal oder heterogen zu erweitern (Diversifikation)[281].

[278] *Schubert/Küting*, S. 222; *Rolfes*, S. 59-61.

[279] *Wöhe*, Einführung, S. 407.

[280] *Schubert/Küting*, S. 223; *Rolfes*, S. 74-76.

[281] Im einzelnen dazu sehr detailliert: *Rolfes*, S. 63-74; *Wöhe*, Einführung, S. 409.

3. Finanzwirtschaftliche Funktionen

Wie bereits angeklungen ist, bietet ein Gemeinschaftsunternehmen die Möglichkeit, kapitalintensive Investitionsvorhaben zu realisieren.[282] Allein die Aufbringung großer Mengen an Kapital ist in vielen Fällen nur in Zusammenarbeit mit Partnern zu leisten[283]. Zudem bergen Großinvestitionen immer ein hohes Investitionsrisiko. Dieses lässt sich bei der Kooperation in einem Gemeinschaftsunternehmen auf alle Beteiligten verteilen.

Ein Nebeneffekt der Zusammenarbeit mit anderen Unternehmen bei risikoreichen Vorhaben kann auch sein, dass die Kreditwürdigkeit des Gemeinschaftsunternehmens selbst höher ist, als die von Tochterunternehmen nur eines der Beteiligten. Denn hinter dem Gemeinschaftsunternehmens stehen mindestens zwei Unternehmen, die dessen Tätigkeiten absichern können. Man erreicht insoweit eine Erweiterung der Fremdfinanzierungsmöglichkeiten durch Stärkung der Kreditwürdigkeit des Gemeinschaftsunternehmens[284].

Mit Blick auf internationale Aktivitäten eröffnet schließlich ein ausländisches Gemeinschaftsunternehmen mit einem dort ansässigen Partner die Möglichkeit, erleichtert Zugang zu den dortigen Kapitalmärkten zu finden[285].

4. Absatzwirtschaftliche Funktionen

Absatzwirtschaftlich kommt zunächst die Zusammenarbeit in einem Gemeinschaftsunternehmen in Betracht, das die Produkte der Stammunternehmen vertreibt und so ein verbreitertes Angebotsprogramm mit dem Vorteil vorweisen kann, dass die Betreiber gleichzeitig die Kosten für den Aufbau eigener Vertriebsstrukturen teilen bzw. vorhandene Strukturen optimal ausnutzen können. Das Unternehmen ist dann eine gemeinsame Vertriebsgesellschaft[286].

Eine Zusammenarbeit kann auch im Bereich der Marktforschung und Werbung erfolgen, da dort hohe Kosten anfallen können, die durch eine Konzentration

282 *Wöhe*, Einführung, S. 408.

283 Beispiel für solche Vorhaben: Arbeitskreis Gemeinschaftsunternehmen, Zfbf 1969, S. 3 f.; *Rolfes*, S. 93.

284 *Wöhe*, Einführung, S. 407.

285 *Rolfes*, S. 94; *Schubert/Küting*, S. 226.

286 *Rolfes*, S. 82; *Schubert/Küting*, S. 224.

nicht ausgelasteter Marketingabteilungen in einem Gemeinschaftsunternehmen reduziert bzw. geteilt werden können[287].

Vor allem bei der Erschließung ausländischer Märkte erweist sich die Zusammenarbeit in einem Gemeinschaftsunternehmen mit ortsansässigen Partnern als vorteilhaft: Zum einen wird der Zugang zum neuen Markt durch die Aufnahme eines nationalen Partners dann überhaupt erst möglich, wenn der dortige Gesetzgeber derartige Partnerschaften verlangt[288]. Zum anderen wird der Markteintritt wesentlich erleichtert, da der Partner sein Know-how bzgl. der speziellen Geschäftsgewohnheiten, Mentalitäten, Vertragsbedingungen, rechtlichen Vorschriften und Marktstrukturen mit in die Kooperation einbringt[289]. Auch der Gedanke, im Ausland von staatlichen Institutionen nicht diskriminiert zu werden, wenn man mit einem landesansässigen Unternehmen zusammenarbeitet, kann bei der Errichtung eines Gemeinschaftsunternehmens eine Rolle spielen.

5. Sonstige Funktionen

Eine wichtige Funktion kann ein Gemeinschaftsunternehmen auch unter dem Gesichtspunkt des Wettbewerbs ausfüllen. "Sowohl der Einschränkung als auch der Aufrechterhaltung bestehender Wettbewerbsverhältnisse und daneben der Vermeidung eines intensiveren zukünftigen Wettbewerbs kann die Einrichtung eines Gemeinschaftsunternehmens dienen"[290]. Im Einzelfall ist die Zielsetzung abhängig von der jeweiligen Markt- und Konkurrenzsituation.

In der Chemieindustrie wird besonders auf die Möglichkeiten hingewiesen, die sich auf dem Gebiet der Forschung und Entwicklung für die Gesellschafterunternehmen eröffnen. In der Praxis haben sich in diesem Bereich vor allem zwei Kooperationsformen herausgebildet: In der einen liefert ein Partner das Patent für ein bestimmtes Verfahren, das der andere, der dabei nicht selten auch die weiteren Produktionsfaktoren mit in das Gemeinschaftsunternehmen einbringt, bis zur Produktionsreife weiterentwickelt. Die andere Kooperationsform zeich-

[287] *Rolfes*, S. 43.

[288] *Schubert/Küting*, S. 225; *Rolfes*, S. 84 ff.; z.B. in der Volksrepublik China.

[289] *Schubert/Küting*, S. 224.

[290] *Rolfes*, S. 89 ff.

net sich dadurch aus, dass die Partner sich ergänzende oder aufeinander aufbauende Produktionsstufen in ein Gemeinschaftsunternehmen einbringen[291].

Abschließend lässt sich sagen, dass die Gründe für ein Engagement in einem Gemeinschaftsunternehmen vielgestaltig sind und sich auf alle Bereiche des Unternehmens erstrecken können. Im Einzelfall treten die Funktionen, die das Gemeinschaftsunternehmen für den jeweiligen Partner erfüllen soll, nicht isoliert auf, sondern beruhen auf einem Bündel der oben aufgezeigten Vorteile, die ein Gemeinschaftsunternehmen bieten kann.

6. Erkenntnisse für die "gemeinsame Führung"

Neben der Finanzwirtschaft kommt keinem Bereich allein seinem Wesen nach innerhalb der Führung eines Unternehmens besondere Bedeutung zu. In Betracht zu ziehen ist aber für Gemeinschaftsunternehmen, dass sie regelmäßig einen Zweck für die Gesellschafterunternehmen erfüllen, d.h. für sie bestimmte Aufgaben wahrzunehmen. Die in diesem Zusammenhang denkbaren Funktionen von Gemeinschaftsunternehmen wurden vorstehend bereits erläutert. Dem Sachbereich, der für die Entscheidung der Gesellschafterunternehmen, in einem Gemeinschaftsunternehmen zusammenzuarbeiten, ausschlaggebend ist, muss innerhalb der Unternehmensführung eine besondere Bedeutung beigemessen werden. Denn in diesem speziellen Sachbereich – im folgenden "Instrumentalsachbereich" – wird die Funktion, die das Gemeinschaftsunternehmen wahrnehmen soll, ausgeführt. Daher sind Entscheidungen im Instrumentalsachbereich aus der Sicht der Gesellschafterunternehmen immer von größerer Bedeutung oder mit anderen Worten "wesentlicher" als in einem der anderen Sachbereiche. Um dem Rechnung zu tragen, ist für die "gemeinsame Führung" im Sinne des § 310 HGB zu verlangen, dass die Gesellschafterunternehmen Planungs- und Organisationsentscheidungen in dem jeweiligen Instrumentalsachbereich treffen und deren Umsetzung kontrollieren. In diesem Fall kann u.U. auf eine eigenständige Wahrnehmung der Führung im Finanzbereich verzichtet werden. Dies resultiert daraus, dass die umfassende Steuerung eines Sachbereichs wegen der bestehenden Abhängigkeiten zwischen unternehmerischen Entscheidungsbereichen die Leitung des Finanzbereichs notwendig nach sich zieht. Dies alles setzt voraus, dass in einem Gemeinschaftsunternehmen ein Instrumentalsachbe-

[291] *Schubert/Küting*, S. 226; weitere Beispiele für die Funktionen von Gemeinschaftsunternehmen bei *Wiedemann*, S. 50-72; 75-84.

reich erkannt werden kann. Ist dies nicht der Fall, verbleibt der Finanzbereich als der zentral zu steuernde Bereich.

Bei der Beurteilung, ob ein Gemeinschaftsunternehmen der "gemeinsamen Führung" im Sinne des § 310 HGB unterliegt, muss daher ermittelt werden, welche Funktion das Gemeinschaftsunternehmen für die Partner ausführt. Anhand dessen lässt sich beurteilen, welcher Bereich für die Leitung des Unternehmens aus Sicht der Gesellschafterunternehmen von besonderer Bedeutung ist und daher im Rahmen der Führung auch intensiv gestaltet werden muss. Zwar lassen sich hieraus noch keine endgültigen Rückschlüsse ziehen; ein Indiz für die "gemeinsame Führung" liegt aber vor, wenn die Gesellschafterunternehmen gerade in dem Sachbereich, der für das Gemeinschaftsunternehmen charakteristisch ist, zusammen die wesentlichen Führungsentscheidungen treffen. Ablesen kann man dies u.U. daran, dass in der Satzung ein Sachbereich hervorgehoben wird. Dies kann ausdrücklich geschehen, ist aber auch indirekt daran abzulesen, dass bzgl. eines Sachbereichs die Gesellschafterunternehmen besondere Formen der Entscheidung festgelegt haben, die den jeweiligen Einfluss auf diese Funktion sichern sollen.

7. Konzentrative und Kooperative Gemeinschaftsunternehmen

Wie eingangs bereits erwähnt, gibt es Gemeinschaftsunternehmen, die als Unternehmen funktional selbständig sind. Man spricht in diesem Zusammenhang aus der Sicht der Gesellschafterunternehmen von einem konzentrativen Gemeinschaftsunternehmen. Das Gegenstück hierzu bilden kooperative Gemeinschaftsunternehmen, die nicht eigenständig auf dem Markt auftreten, sondern nur wie Betriebsabteilungen der Gesellschafterunternehmen arbeiten. Diese Abgrenzung entstammt ursprünglich dem Wettbewerbsrecht und ist bei Fragen der Fusionskontrolle und Kartellverbote relevant. Für das Konzernrecht wurde sie, insoweit rein deskriptiver Natur, von Marchand[292] eingeführt. Er sieht die wesentliche Erkenntnis darin, dass die Unterscheidung zwischen "kooperativ" und "konzentrativ" danach getroffen wird, ob und in welchem Umfang ein Gemeinschaftsunternehmen einer eigenständigen Unternehmensplanung bedarf. Ein konzentratives Gemeinschaftsunternehmen stellt im Grunde eine gemeinsame Investition der Gesellschafterunternehmen dar, bewegt sich selbständig auf dem Markt und ist dem Wettbewerb ausgesetzt. Daher muss eine von den Gesellschafterunternehmen losgelöste, individuelle Planung erfolgen, um das Bestehen

[292] *Marchand*, Abhängigkeit und Konzernzugehörigkeit von Gemeinschaftsunternehmen.

des Gemeinschaftsunternehmens zu gewährleisten. Ein kooperatives Gemeinschaftsunternehmen hingegen verfolgt keine eigenen Gewinninteressen, tritt nicht auf dem Markt in Wettbewerb mit Konkurrenten und bedarf daher auch keiner eigenständigen Unternehmensplanung. Es erfüllt ausschließlich Hilfsfunktionen für die Gesellschafterunternehmen, z.B. als Vertriebsabteilung, Forschungseinrichtung oder Produktionsstätte. Obwohl die Übergänge zwischen den genannten Erscheinungsformen fließend sind[293], kann die Beurteilung, ob ein Gemeinschaftsunternehmen einer eigenständigen Unternehmensplanung bedarf (ob also eher ein konzentratives oder kooperatives Gemeinschaftsunternehmen vorliegt), für die Frage, welche Steuerungsarbeit die Gesellschafterunternehmen für die "gemeinsame Führung" leisten müssen, durchaus Bedeutung erlangen. Bisher wurde gerade der eigenständigen Unternehmensplanung eine zentrale Rolle bei der Lenkung wirtschaftlicher Einheiten zugeordnet. Bei einem konzentrativen Gemeinschaftsunternehmen bestimmt sich das unternehmerische Handeln nach wettbewerblichen Gesichtspunkten. Die Planung hat also nicht allein die Interessen der Gesellschafterunternehmen zu berücksichtigen, sondern zuforderst sicherzustellen, dass man auf dem Markt die eigene Rentabilität sichert. Ein Gemeinschaftsunternehmen, dass allein Hilfsfunktionen für seine Gesellschafterunternehmen ausführt, bedarf einer solchen Planung nicht. Es tritt nicht in Wettbewerb, was nur heißen kann, dass es ausschließlich Beziehungen zu seinen Gesellschaftern unterhält. In diesem Fall bestimmt sich jedes unternehmerische Handeln des Gemeinschaftsunternehmens nach den Bedürfnissen, die bei den Gesellschafterunternehmen bestehen. Für die "gemeinsame Führung" bedeutet dies: je mehr ein Gemeinschaftsunternehmen kooperativen Charakter hat, desto weniger Planungsaufgaben müssen von den Gesellschafterunternehmen erfüllt werden. Der Schwerpunkt der "gemeinsamen Führung" liegt dann auf der Bestimmung des Führungspersonals und der Ausgestaltung der Leistungs- und Lieferbeziehungen (Mengen und Konditionen) zwischen den Gesellschafterunternehmen und dem Gemeinschaftsunternehmen.

Für die Feststellung, ob das jeweilige Gemeinschaftsunternehmen "gemeinsam geführt" ist oder nicht, hat diese Erkenntnis zur Folge, dass zu ermitteln ist, inwieweit ein Gemeinschaftsunternehmen eher kooperativen oder konzentrativen Charakter hat. Kommt man zu dem Ergebnis, dass man es mit einem eher kooperativen Gemeinschaftsunternehmen zu tun hat, ist für die Bestimmung der Voraussetzungen des § 310 HGB zu untersuchen, ob die Gesellschafterunter-

[293] So wird zusätzlich nach "überwiegend kooperativen" und "überwiegend konzentrativen" Gemeinschaftsunternehmen unterschieden, *Huber* in: Huber/Börner, S. 66 ff.

nehmen "gemeinsam" das Führungspersonal bestimmen und ebenso die Leistungs- und Lieferbeziehungen ausgestalten. Indiz hierfür kann wiederum sein, dass diesbezügliche Fragen ausdrücklich in der Satzung oder einem Kooperationsvertrag geregelt sind.

F. Der Begriff der "gemeinsamen Führung" aus Sicht der Konzernrechnungslegung

§ 310 HGB ist eine Vorschrift der Konzernrechnungslegung. Sie findet Anwendung, wenn eines der Gesellschafterunternehmen als Mutter- oder Tochterunternehmen in einen Konzernabschluss einbezogen ist. Das gemeinsame Unternehmen kann dann in den betreffenden Konzernabschluss wahlweise nach den Regeln der Quoten- oder Equitykonsolidierung aufgenommen werden.

Bisher wurde der Rechtsbegriff der "gemeinsamen Führung" aus § 310 HGB unter betriebswirtschaftlichen und gesellschaftsrechtlichen Gesichtspunkten untersucht. Da es sich bei § 310 HGB um eine Vorschrift aus dem Gebiet der Konzernrechnungslegung handelt, ist zu überprüfen, ob die bisher gefundene Konzeption mit den Konsolidierungsvorschriften in Einklang steht. Der folgende Teil soll sich daher mit der Beantwortung dieser Frage befassen. Zu diesem Zweck wird zunächst dargestellt, was ein Konzern im handelsrechtlichen Sinn ist, welchen Zwecken die Konzernrechnungslegung dient und welche Funktion § 310 HGB in diesem Zusammenhang erfüllt. Zudem werden die anderen gesetzlich vorgeschriebenen Konsolidierungsmethoden und deren Anwendungsvoraussetzungen beschrieben. Dies geschieht zum einen, um die für § 310 HGB gefundene Führungskonzeption von anderen Konsolidierungsmaßnahmen führenden Herrschaftsverhältnissen abzugrenzen zu können, zum anderen als Grundlage für die Erklärung der Kontroverse um die "gemeinschaftliche einheitliche Leitung". Daneben sollen die Ausführungen zeigen, dass sich der Gesetzgeber und die Literatur bei der Ausarbeitung der Führungskonzeptionen von betriebswirtschaftlichen Grundgedanken haben leiten lassen, wie sie auch vorliegend bei der Konzeption der "gemeinsamen Führung" im Sinne des § 310 HGB ausschlaggebend waren.

I. Grundlagen der Konzernrechnungslegung

Ausgangspunkt der Vorschriften des deutschen Rechts über die Rechnungslegung der Konzerne ist die 7. Gesellschaftsrechtliche EG-Richtlinie (sog. Konzernbilanzrichtlinie). Zweck dieser war, durch eine Harmonisierung der nationalen Rechnungslegungsvorschriften eine möglichst gute Vergleichbarkeit der in den EU-Einzelstaaten erstellten Konzernabschlüsse zu erreichen[294].

Mit dem BiRiLiG 1985 hat der Deutsche Gesetzgeber die 7. EG-Richtlinie in nationales Recht transformiert. Durch das früher für die Konzernrechnungslegung wesentliche Aktiengesetz von 1965[295] wurden Aktiengesellschaften und Kommanditgesellschaften auf Aktien verpflichtet, einen Konzernabschluss aufzustellen. Zudem mussten auch Konzernobergesellschaften in der Rechtsform der GmbH einen derartigen Abschluss anfertigen, wenn ihrem Konzernverbund eine Aktiengesellschaft oder eine Kommanditgesellschaft auf Aktien angehörte. Mit dem BiRiLiG überführte der Gesetzgeber die Vorschriften des Aktiengesetzes 1965 in das HGB und erstreckte die Pflicht zur Konzernrechnungslegung auf alle GmbH-Konzerne. Die gesetzliche Rechnungslegung für Konzerne besteht seitdem in der Aufstellung, Prüfung und Offenlegung des Konzernabschlusses bestehend aus Konzernbilanz, Gewinn- und Verlustrechnung und Konzernanhang sowie der Veröffentlichung des Konzernlageberichts. Die 7. EG-Richtlinie fand ihre Umsetzung in den §§ 290 bis 315 HGB. Dabei hat sich der Gesetzgeber sehr eng an den in der Richtlinie enthaltenen, detaillierten Vorgaben orientiert.

Im Aktiengesetz wird der Konzernabschluss nur noch in § 337 AktG erwähnt, wo die Voraussetzungen der Vorlage von Konzernabschluss und Konzernlagebericht geregelt sind. Im GmbHG finden sich außer in § 42a Abs. 4 GmbHG keinerlei Vorschriften über die Konzernrechnungslegung. Zu beachten ist, dass die im HGB enthaltenen Konzernrechnungslegungsvorschriften direkt nur für Kapitalgesellschaften gelten. Die Konzernrechnungslegung der Nicht-Kapitalgesellschaften wird in den §§ 11 bis 15 PublG behandelt[296]. Soweit diese vormals auf das Aktiengesetz verwiesen, wurden Verweise im Zuge des Bilanzrichtliniengesetzes in solche auf das HGB geändert[297]. Für die hier behandelten Fragestellungen ergeben sich daraus keine Besonderheiten.

[294] *Baetge*, Konzernbilanzen, S. 16.

[295] Folgend: AktG 1965.

[296] Die *Aufstellungspflicht* ist hierbei alternativ abhängig von Bilanzsumme, Umsatzerlös oder Arbeitnehmerzahl, vgl. § 1 Abs. 1 Nr. 1-3 PublG.

[297] Vgl. *Biener/Berneke*, BiRiLiG, S. 279.

II. Die "einheitliche Leitung" als Merkmal eines Konzerns nach § 290 Abs. 1 HGB

Als Merkmal eines Konzerns im Sinne des § 290 Abs. 1 HGB gilt, dass die ihm zugehörigen Unternehmen unter der "einheitlichen Leitung" einer Kapitalgesellschaft stehen. Der Begriff der "einheitlichen Leitung" entstammt der in § 15 Abs. 1 AktG 1937 enthaltenen Konzerndefinition. Er spielte zu diesem Zeitpunkt allerdings keine wesentliche Rolle, da § 15 Abs. 2 AktG 1937 alle abhängigen Unternehmen als "konzernzugehörig" qualifizierte, gleichgültig, ob sie unter "einheitlicher Leitung" standen oder nicht. Damit war das Leitungsmerkmal zu Zeiten des Aktiengesetzes 1937 praktisch irrelevant. Dies änderte sich, als durch § 18 Abs. 1 Satz 1 AktG 1965 die "einheitliche Leitung" wesentliches Kennzeichen von Konzernen wurde. Obwohl das Aktiengesetz 1965 bei seinen zentralen Schutzvorschriften (§§ 306 bis 310 AktG 1965) nicht an einen durch die "einheitliche Leitung" geprägten materiellen Konzernbegriff, sondern an das Merkmal der "Abhängigkeit" des § 17 AktG 1965 anknüpfte[298], wurden die an die "einheitliche Leitung" zu stellenden Anforderungen kontrovers diskutiert[299]. Teilweise wurde eine Bestimmung des Begriffs gänzlich für unmöglich gehalten[300]. Bedeutung kam dem materiellen Konzernbegriff nach dem Aktiengesetz 1965 im Wesentlichen nur als Voraussetzung für die Verpflichtung zur Aufstellung eines Konzernabschlusses nach § 329 Abs. 1 Satz 1 AktG 1965 zu. Gleichwohl ging die Literatur von einem geschlossenen Verständnis der "einheitlichen Leitung" für das gesamte Aktienrecht aus.

Die praktische Bedeutung der Konzernierung durch eine tatsächliche "einheitliche Leitung" ist im heutigen Aktienrecht weiter gering, da die "Abhängigkeit" eines Unternehmens für den Großteil aktienrechtlicher Vorschriften[301] das relevante Kriterium darstellt und § 18 Abs. 1 Satz 3 AktG die Vermutung aufstellt, jedes beherrschte Unternehmen sei "einheitlich geleitet"[302]. Der Konzern bzw. die Konzernunternehmen finden sich lediglich in den §§ 97 Abs. 1 und 100 Abs. 2 Satz 2 AktG wieder. Die Konzernrechnungslegung wurde mit dem

[298] *Emmerich/Sonnenschein*, S. 55.

[299] Nachweise dazu bei *Zöllner*, JuS 1968, S. 297, 299 ff.

[300] *Flume*, BB 1968, S. 1011, 1013.

[301] §§ 311 ff., 56 Abs. 2, 71 b, 71 d Satz 2, 4, 89 Abs. 2, 100 Abs. 2 Nr. 2, 115 Abs. 1 Satz 2, 134 Abs. 1 Satz 4, 136 Abs. 2 Satz 1, 145 Abs. 3 und 160 Abs. 1 Nr. 1, 2 AktG.

[302] Vgl. zusätzlich die Vermutungskette aus §§ 17 Abs. 1, 17 Abs. 2, 18 Abs. 1 AktG.

BiRiLiG 1985 rechtsformübergreifend neu geregelt, der aktienrechtliche Begriff der "einheitlichen Leitung" wurde im Zuge dessen in § 290 Abs. 1 HGB übernommen. Nach dem Willen des Gesetzgebers sollen diesbezüglich die für das Aktienrecht entwickelten Grundsätze weiterhin gelten[303]. Das Schrifttum folgt dieser Ansicht[304].

Der Gesetzgeber hat keinen positivrechtlichen Begriff für die "einheitliche Leitung" vorgegeben. Die Begründung zu § 18 AktG 1965 enthält nur den Hinweis, dass eine "einheitliche Leitung" vorliegt, "wenn die Konzernleitung die Geschäftspolitik der Konzerngesellschaften und sonstige grundsätzliche Fragen der Geschäftsleitung aufeinander abstimmt"[305]. Diese Abstimmung setze kein Weisungsrecht voraus. Sie könne sich vielmehr in der lockeren Form gemeinsamer Beratungen vollziehen oder aus einer personellen Verflechtung der Verwaltung ergeben[306]. So war es Rechtsprechung und Literatur überlassen, den Begriff auszufüllen. Eine allgemeingültige und abschließende Definition hat sich noch nicht herausgebildet.

Teilweise wird in der aktienrechtlichen Literatur eine Bestimmung der "einheitlichen Leitung" anhand der Unterscheidung zwischen "weitem" und "engem" Konzernbegriff versucht. Der "enge" Begriff unterstreicht die in den Wirtschaftswissenschaften betonte wirtschaftliche Einheit als wesentliches Kennzeichen auch für den Konzern im Rechtssinne. Die "einheitliche Leitung" kann demnach in Anlehnung an die Abläufe im Einzelunternehmen nur vorliegen, wenn die Konzernobergesellschaft festlegt, welchen Beitrag jedes Unternehmen für den Konzernerfolg zu erbringen hat, welche Mittel ihm zustehen und wie diese zu beschaffen sind[307]. Daher hat die Konzernspitze eine konzernweite Planung aufzustellen und durchzusetzen, wobei die Steuerung des Finanzwesens

[303] Vgl. BT-DruckS. 10/3440, S. 32; 48.

[304] *Hoyos/Lechner* in: Beck'scher Bilanzkommentar, § 290, Rn. 20; *ADS*, § 290, Rn. 13; *Siebourg* in: HdKR, § 290, Rn. 17; *Busse von Colbe/Ordelheide*, S. 79; *Claussen/Scherrer* in: KK, 2. Aufl., § 290, Rn. 16; *Windbichler* in: GroßkommAktG, 4. Aufl., § 18, Rn. 9.

[305] *Kropff*, AktG 1965, S. 33.

[306] *Windbichler* in; GroßkommAktG, 4. Aufl., § 18, Rn. 27; *Koppensteiner* in: KK, 2. Aufl., § 18, Rn. 29; auch BT-DruckS. 7/5521, S. 11; *Kropff*, AktG 1965, S. 33

[307] *Koppensteiner* in: KK, 2. Aufl., § 18, Rn. 21.

die zentrale Rolle spielt und daher für die "einheitliche Leitung" unverzichtbar ist[308].

Geht man von einem "weiten" Konzernverständnis aus, begründet eine zentral erfolgende Finanzplanung ebenfalls die "einheitliche Leitung", gleichwohl aber auch die konzernweite Planung in jedem anderen Unternehmensbereich, wobei dann verlangt wird, dass die Koordination Auswirkungen auf den Konzern als Gesamtheit haben muss[309]. Nach dieser Vorstellung wäre die "einheitliche Leitung" also auch ohne eine konzernumfassende Finanzkoordination möglich. Dabei ist entscheidend, dass sich die Leitung auf die Geschäftspolitik der Unternehmen und sonstige grundsätzliche Fragen der Geschäftsführung erstreckt[310]. Als Argument für einen "weiten" Konzernbegriff wird angeführt, dass ein anderes Verständnis den Anwendungsbereich der an den Konzernbegriff anknüpfenden Normen zu stark einschränken würde[311]. Der "enge" Begriff stelle zu sehr auf den Tatbestand der "wirtschaftlichen Einheit" ab. Dieser habe zwar im Rahmen der Konzernrechnungslegung einige Bedeutung, nicht aber im Aktiengesetz oder bei anderen Rechtsfolgenormen[312]. Auch die Rechtsprechung neigt eher zu einem "weiten" Konzernverständnis[313].

Der Erklärungswert einer Unterscheidung zwischen einem "engen" oder "weiten" Konzernbegriff wird teilweise gänzlich angezweifelt[314]. Dem ist insoweit zuzustimmen, als die Auffassungen kaum zu unterschiedlichen Ergebnissen führen, da eine Finanzkoordination von allen Seiten als ausreichend angesehen wird[315]. Ferner ist beinahe nicht vorstellbar, dass ein Unternehmensbereich mit

308 *Hüffer*, AktG, § 18, Rn. 8-13; *Lutter*, ZGR 1987, S. 324, 330; *Koppensteiner* in: KK, 2. Aufl., § 18, Rn. 20; *Marchand*, S. 89 ff; *Milde*, S. 70 ff.

309 *Dierdorf*, S. 70 ff.; *Müller* in: WP-Handbuch 1996, Abschn. R, Rn. 164; *Geßler* in: AktGKomm., § 18, Rn. 7 ff.; Druey, Das St. Galler Konzerngespräch, S. 273, 336; Ruedin, Das St. Galler Konzerngespräch, S. 147, 254 ff.; *Hommelhoff*, Konzernleitungspflicht, S. 220 ff.

310 *Baumbach/Hueck*, AktG, § 18, Rn. 4; *Godin-Wilhelmi*, § 18, Rn. 44; *Würdinger*, S. 276.

311 *Emmerich/Sonnenschein*, S. 59.

312 *Bayer* in: MünchkommAktG, § 18, Rn. 33.

313 OLG Düsseldorf, AG 1979, S. 318, 319; BGH AG 1992, S. 123.

314 *Windbichler* in: GroßkommAktG, 4. Aufl., § 18, Rn. 19; *Müller* in: WP-Handbuch 1996, Abschn. R, Rn. 164.

315 *Bayer* in: MünchkommAktG, § 18, Rn. 31.

Auswirkungen für den gesamten Konzern gesteuert werden kann, ohne dass dies eine konzerneinheitliche Finanzplanung mit sich brächte. Eine Leitungsaufgabe lässt sich daher schwerlich isoliert betrachten[316]. Unbeschadet dessen deckt die Kontroverse auf, dass das Merkmal der "wirtschaftlichen Einheit" bei der Bestimmung dessen, was in Grenzfällen unter der "einheitlichen Leitung" zu verstehen ist, Bedeutung erlangen kann[317]. Dies gilt insbesondere im Bereich der Konzernrechnungslegung. Denn diese beruht, wie nicht zuletzt die Konsolidierungsmaßnahmen zeigen, auf der Vorstellung der Einheit des Konzerns im wirtschaftlichen Sinne. Durch die Neuregelung der Konzernrechnungslegung im HGB ist die Anbindung an den aktienrechtlichen Konzernbegriff inhaltlich und systematisch gelockert[318]. Man kann daher im Rahmen der Auslegung von § 290 Abs. 1 HGB Rechtsfolgenormen vernachlässigen, die außerhalb der Konzernrechnungslegung angesiedelt sind[319].

Wesentlicher Auslegungsgesichtspunkt bei Überlegungen über den genaue Inhalt der "einheitlichen Leitung" ist somit der Gedanke der wirtschaftlichen Einheit des Konzerns. Denn im einzelnen werden nur unzureichende Aussagen darüber gemacht, welche Sachfunktionen der Unternehmen von der "einheitlichen Leitung" erfasst sein müssen. Die Begründung des Regierungsentwurfes zu § 18 AktG 1965 führt aus, dass nicht "alle irgendwie wesentlichen Bereiche der unternehmerischen Tätigkeit erfasst" sein müssen. Der "Geschäftspolitik und den grundsätzlichen Fragen der Geschäftsführung" wird besondere Bedeutung zugewiesen[320]. Diese Formulierung wurde jedoch bisher nicht endgültig aufgeklärt[321].

Historisch betrachtet ist der Begriff "Konzern" eine wirtschaftliche Erscheinung, die zunächst unter betriebswirtschaftlichen Gesichtspunkten erfasst wurde. Danach kann ein Unternehmen aus einem Betrieb oder mehreren Gliedbetrieben bestehen, wobei die Teileinheiten rechtlich selbständig oder unselbständig sein

316 *Windbichler* in: GroßkommAktG, 4. Aufl., § 18, Rn. 26.

317 So auch: *Koppensteiner* in: KK, 2. Aufl., § 18, Rn. 13 f.

318 *Windbichler* in: GroßkommAktG, 4. Aufl., § 18, Rn. 2.

319 *Windbichler* in: GroßkommAktG, 4. Aufl., § 18, Rn. 23.

320 *Kropff*, AktG 1965, S. 33.

321 Vgl. *Godin-Wilhelmi*, § 18, Rn 4; *Baumbach/Hueck*, AktG, § 18, Rn. 4; Baumbach/Duden/Hopt, HGBK, § 290, Rn. 5; *Würdinger*, S. 296; *Geßler* in AktGKomm., § 18, Rn 30 ff.; *Hommelhoff*, S. 223.

können. Fehlt den Unternehmensbestandteilen die rechtliche Selbständigkeit, liegt ein Einheitsunternehmen oder eine Einheitsgesellschaft vor, besteht das Unternehmen aus mindestens zwei rechtlich selbständigen Gliedbetrieben, wird diese Form als Konzern bezeichnet[322].

Beim Konzern als Unternehmensverbindung wird in der betriebswirtschaftlichen Literatur auf die einzelnen Begriffsmerkmale unterschiedliches Gewicht gelegt. Eine ältere Definition erfasst den Konzern als "eine durch Beherrschung zusammengehaltene Wirtschaftsgemeinschaft einer größeren Zahl von Unternehmungen"[323].

Später wird der Konzern als "eine Gruppe rechtlich selbständiger Unternehmen" bezeichnet, "von denen eines die legale Macht besitzt, die anderen Unternehmen der Gruppe in ihrer Geschäftsführung in umfassender und dauerhafter Weise seinem Willen unterzuordnen"[324]. Bei beiden Definitionen fällt ins Auge, dass sie auf Kriterien zurückgreifen, derer sich auch die rechtswissenschaftliche Literatur bei der Erfassung der Erscheinung "Konzern" bedienen, im Wesentlichen auf unterschiedliche Ausprägungen der Einflussnahme auf die Konzernglieder. Man betont die rechtliche Selbständigkeit dieser Konzerngesellschaften und ihre Unterordnung unter eine Leitungsmacht, wodurch die Entscheidungsfreiheit der einzelnen Konzernglieder beschnitten wird.

Aus betriebswirtschaftlicher Sicht bedeutender als der Verlust der Entscheidungsfreiheit der einzelnen Konzernunternehmen erscheint aber die Erfassung des Konzerns als eine Mehr-Firmen-Unternehmung, bei der die wirtschaftliche Autonomie der Einzelunternehmen insgesamt auf den Konzern übergegangen ist. Die Betonung liegt bei einem solchen Ansatz auf der Feststellung der wirtschaftlichen Einheit des Gesamtkonzerns[325]. Nach dieser Vorstellung ist der Konzern eine wirtschaftliche Wirkungseinheit, mit der ein alle Konzernglieder betreffendes Ziel verfolgt wird. Daraus kann man den Schluss ziehen, dass bestehende Hierarchien bestimmte Aufgaben zu erfüllen haben, vornehmlich die Gewährleistung der Einflussnahme der Konzernobergesellschaft auf alle oder

322 *Küting/Weber*, Konzernabschluss, S. 53.

323 *Schmalenbach*, Finanzierungen, S. 129.

324 v. *Starck*, Probleme der einheitlichen Leitung, S. 10.

325 *Bleicher*, Das St. Galler Konzerngespräch, S. 56-59; *Theisen*, Der Konzern 2000, S. 24; differenzierend: *Pick*, S. 43.

bestimmte Sach- und Funktionsbereiche der Konzerngesellschaften[326]. Der Konzern ist damit eine wirtschaftliche Planungs- und Entscheidungseinheit[327]. Die Konzernglieder sollen nach dem Vorbild eines Einzelunternehmens zusammenwirken. Dieses Zusammenwirken wird durch die Konzernplanung gewährleistet.

Eine umfassende, diese Überlegungen berücksichtigende Definition findet sich bei Theisen: Er bestimmt den Konzern als eine "Mehrheit juristisch selbständiger wie unselbständiger Unternehmen und Betriebe, die als wirtschaftliche Einheit in personeller, institutioneller, funktioneller und struktureller Hinsicht zeitlich befristet oder auf Dauer ein gemeinsames wirtschaftliches Ziel verfolgen, welches im Rahmen entsprechender Planungen Berücksichtigung findet"[328]. Der Konzern fungiert insoweit als eine wirtschaftliche Planungs-, Koordinierungs- und Entscheidungseinheit, deren ökonomische Alternative die Einheitsunternehmung ist. Erkenntnisse für einen Konzernbegriff lassen sich daher immer in Anlehnung an die Vorgänge gewinnen, die in einem wirtschaftlich und rechtlich einheitlich verfassten Unternehmen ablaufen[329].

Verfolgt man diesen Ansatz bei der Erfassung der "einheitlichen Leitung", kann man zunächst die Bedeutung von Daten für die Steuerung einer wirtschaftenden Einheit feststellen[330]. Diese gehen in die den Unternehmensverbund insgesamt erfassende Planung ein, die ein konstitutives Merkmal der "einheitlichen Leitung" bildet. Dabei ist die Planung bei der Führung eines Unternehmens untrennbar mit einer entsprechenden Kontrolle verbunden. Für die "einheitliche Leitung" sind also immer beide Aufgaben – Planung und Kontrolle - geschlossen wahrzunehmen[331]. Ferner wird zwischen den unternehmerischen Entscheidungsbereichen (den Grundfunktionen Beschaffung, Produktion und Absatz)[332] und den unternehmerischen Instrumenten (Finanz- und Personalpolitik)[333] unter-

[326] *Scheffler*, Konzernmanagement, S. 32-53; vgl. zu den Sach- und Funktionsbereichen Kapitel C IV. und C V.

[327] *Scheffler*, Konzernmanagement, S. 1.

[328] *Theisen*, Der Konzern 1991, S. 23.

[329] *Theisen*, Der Konzern 2000, S. 24; ähnlich auch: *Koppensteiner* in: KK, 2. Aufl., § 18, Rn. 15.

[330] *Slongo*, S. 32 f.

[331] *Slongo*, S. 40-42; *Koppensteiner* in: KK, 2. Aufl., § 18, Rn. 18.

[332] *Slongo*, S. 68-71; *Koppensteiner* in: KK, 2. Aufl., § 18, Rn. 20.

[333] *Slongo*, S. 46-68; *Koppensteiner* in: KK, 2. Aufl., § 18, Rn. 20.

schieden. Auf dieser Grundlage und unter Bewertung der Interpendenzen der aufgeführten Teilbereiche im Konzern kann man die Bedingungen für das Vorliegen der "einheitlichen Leitung" formulieren: Mindestinhalt ist die "einheitliche, d.h. zentrale Festsetzung der Konzernpolitik, die eine grundsätzliche Zielsetzung und Planung enthält, und die damit zusammenhängende einheitliche Wahrnehmung der Kontrolle, wobei die Konzernleitung zudem im Finanzbereich (unbedingt) und im eingeschränkten Personalbereich (bedingt) aktiv mitwirken und in der Planung und Kontrolle dieser Teilbereiche Entscheidungskompetenz haben muss"[334]. Dieser Einfluss auf den Finanzbereich in dieser Form ausreichend, um die Voraussetzungen des § 18 AktG zu erfüllen[335]. Die Richtigkeit dieser Annahme lässt sich anhand eines Vergleichs mit der Leitung eines Einheitsunternehmens belegen: Hier ist eine gewinnorientierte Steuerung kaum realisierbar, wenn ihr nicht eine umfassende Liquiditäts- und Erfolgsplanung zugrunde gelegt wird. Die Eingliederung anderer Entscheidungsbereiche, wie z.B. des Personalwesens[336], wird unter dem Gesichtspunkt "konzernverwirklichender einheitlicher Leitung" als "farblos" bezeichnet[337]. Sie bildet nur ein Mittel zur Durchsetzung der Konzerninteressen, gleichwohl lässt sich aus ihr nicht ableiten, ob die z.B. von der Personalpolitik erfassten Unternehmen unabhängig geführt werden oder nicht.

Das Ergebnis, dass die "einheitliche Leitung" jedenfalls einer Koordination der finanziellen Belange aller dem Konzernverbund zugehörigen Unternehmen bedarf, wird jedoch dadurch relativiert, dass es auch ausreicht, wenn eine umfassende Planung und Kontrolle in einem der anderen Sachbereiche stattfindet. Denn eine intensive und sinnvolle Koordination in einem Sachbereich kann nicht vollzogen werden, ohne Entscheidungen über Mittelherkunft und Mittel-

[334] *Slongo*, S. 101.

[335] *Koppensteiner* in: KK, 2. Aufl., § 18, Rn. 20; *Windbichler* in: GroßkommAktG, 4. Aufl., § 18, Rn. 25; *Scheffler*, FS Goerdeler, S. 475; *Claussen/Scherrer* in: KK, 2. Aufl., § 290, Rn. 23.

[336] *Busse von Colbe/Ordelheide*, S. 71; *Siebourg* in: HdKR, § 290, Rn. 21; *Slongo*, S. 102.

[337] *Koppensteiner* in: KK, 2. Aufl., § 18, Rn. 20.

verwendung ebenso koordiniert zu treffen[338]. Insofern findet dann auch stets - wenn auch mittelbar - eine finanzielle Abstimmung statt.

Die in der Literatur für die "gemeinsame Führung" aufgestellten Kriterien[339] lassen eine starke Anlehnung an diese Definition der "einheitlichen Leitung" erkennen. Dies beruht darauf, dass es bei der "gemeinsamen Führung" ebenso wie bei der "einheitlichen Leitung" im weitesten Sinn um die Steuerung eines Unternehmens durch ein anderes geht. Hätte der Gesetzgeber in § 310 HGB den Begriff "leiten" statt "führen" gewählt, wäre dieser Zusammenhang noch klarer geworden. Nicht angesprochen wird allerdings, wie ein "gemeinsam geführtes" Unternehmen in die wirtschaftliche Wirkungseinheit "Konzern" eingepasst sein soll. Oder gehört es gar nicht zum "Konzern" in diesem Sinne? Der Wortlaut von § 18 Abs. 1 Satz 1 AktG besagt, dass ein Konzern dadurch entsteht, dass ein herrschendes Unternehmen mit wenigstens einem abhängigen Unternehmen unter einer "einheitlichen" Leitung zusammengefasst ist. "Einheitliche Leitung" ist daher stets die Steuerung mindestens zweier Unternehmen in der Art und Weise, dass dadurch ein dem Einheitsunternehmen vergleichbares wirtschaftliches Gefüge entsteht. In diesem Sinne könnten auch ein Gesellschafterunternehmen und ein "gemeinsam geführtes" Unternehmen eine wirtschaftliche Einheit bilden, wenn die ökonomischen Vorgänge in beiden Unternehmen dergestalt koordiniert sind, dass eine dem Einzelunternehmen vergleichbare Wirkungseinheit entsteht. Der wesentliche Unterschied zwischen dem Konzernverhältnis im Sinne des § 18 Abs. 1 Satz 1 AktG und dem Verhältnis "gemeinsam geführtes" Unternehmen - Gesellschafterunternehmen liegt dann aber nicht in der "einheitlichen Leitung", sondern darin, dass § 18 AktG neben der "einheitlichen Leitung" auch die "Beherrschung" verlangt. Diese besteht darin, dass das beherrschende Unternehmen dem abhängigen Unternehmen seinen Willen aufzwingen kann, während dies beim "gemeinsam geführten" Unternehmen nicht möglich ist, da hier stets auf die Interessen des "mitführenden" Gesellschafterunternehmens Rücksicht zu nehmen ist. Dies zeigt, dass die "einheitliche Leitung" nicht durch ein Verhältnis der Über- und Unterordnung, sondern durch die auch in § 18 AktG erwähnte "Zusammenfassung" geprägt ist. Ist diese Annahme richtig, so kann auch das "gemeinsam geführte" Unternehmen "Konzernunternehmen" im Sinne

338 *Scheffler*, FS Goerdeler, S. 469, 473; *Windbichler* in: GroßkommAktG, 4. Aufl., § 18, Rn. 26; *Koppensteiner* in KK, 2. Aufl., § 18, Rn. 20; *ADS*, § 18, Rn. 33, 35; *Müller* in: WP-Handbuch 1996, Abschn. R, Rn. 164; *Claussen/Scherrer* in: KK, 2. Aufl., § 290, Rn. 23.

339 Vgl oben unter A III.

des AktG sein. Denn in § 18 Abs. 2 AktG ist geregelt, dass die "einheitliche Leitung" auch ohne das Bestehen eines Beherrschungsverhältnisses zur Konzernbildung führt.

Merkwürdig mutet in diesem Zusammenhang allerdings die Formulierung des § 290 Abs. 1 HGB an: "Stehen in einem Konzern die Unternehmen unter einer einheitlichen Leitung ...", ist ein Konzernabschluss aufzustellen. Dieser Wortlaut legt die Vermutung nahe, dass es auch Konzerne geben kann, die nicht unter einer einheitlichen Leitung zusammengefasst sind. Das könnte möglicherweise damit erklärt werden, dass das HGB in den Konzernrechnungslegungsvorschriften von einem anderen Konzernverständnis ausgeht als das AktG, bei dem gerade erst die "einheitliche Leitung" einen Konzern entstehen lässt.

III. Die Pflicht zur Konzernrechnungslegung nach § 290 Abs. 2 HGB ("Control-Konzept")

Anders als der unbestimmte Rechtsbegriff der "einheitlichen Leitung" knüpft das sog. "Control-Konzept" des § 290 Abs. 2 HGB an die Rechtsmacht eines Mutterunternehmens zur Beherrschung an[340]. Diese besteht, wenn dem Mutterunternehmen eines der folgenden Rechte zusteht:

- **Die Mehrheit der Stimmrechte, § 290 Abs. 2 Nr. 1 HGB**

Die Stimmrechtsmehrheit wird in vielen Fällen mit der Kapitalanteilsmehrheit zusammenfallen[341]. Sie muss rechtlich gesichert sein, so dass eine reine Präsenzmehrheit auf der Haupt- oder Gesellschafterversammlung nicht als ausreichend gilt[342]. Teilweise wird neben der rechnerischen Stimmrechtsmehrheit eine materielle Beherrschung verlangt[343]. Nach dem Wortlaut des § 290 Abs. 2 Nr. 1 HGB ist dies nicht erforderlich. Jedoch muss mit der Stimmrechtsmehrheit die materielle Beherrschungsmöglichkeit nicht unbedingt beim Mutterunternehmen liegen. Diese kann fehlen, wenn aufgrund von Satzung oder Gesellschaftsvertrag für wesentliche Entscheidungen qualifizierte, d.h. 50 % übersteigende Mehrheiten verlangt werden. Eine andere Auffassung lässt - dem Wortlaut folgend genügen, wenn einem Gesellschafterunternehmen die reine Stimmrechtsmehrheit

[340] Vgl. Materialien bei *Biener/Berneke*, BiRiLiG, S. 284 ff.

[341] *Baetge*, Konzernbilanzen, S. 92; *Wysocki/Wohlgemuth*; S. 34.

[342] *Siebourg* in: HdKR, § 290, Rn. 70 f.; *ADS*, § 290, Rn. 34.

[343] *Siebourg* in: HdKR, § 290, Rn. 70.

zusteht[344]. Im Ergebnis fällt dies jedoch kaum ins Gewicht, da die Vertreter der letztgenannten Meinung das Mutterunternehmen nach § 296 Abs. 1 Nr. 1 von der Vollkonsolidierungspflicht entbinden, wenn die Ausübung seiner Rechte in bezug auf das Vermögen oder die Geschäftsführung, also die materielle Beherrschung, erheblich und andauernd beschränkt ist[345].

- **Das Recht, die Mehrheit der Mitglieder des Verwaltungs-, Leitungs- oder Aufsichtsorgans zu bestellen oder abzuberufen, wenn das Mutterunternehmen gleichzeitig Gesellschafter ist, § 290 Abs. 2 Nr. 2 HGB**

Auch diese personelle Einflussnahme wird in den meisten Fällen mit der Stimmrechtsmehrheit zusammenfallen. Ausnahmsweise ist die nicht der Fall, wenn bestimmte Entsendungsrechte bestehen, die den Inhaber berechtigen, den mehrheitlichen Anteil der Mitglieder der Leitungs- und Kontrollorgane zu benennen[346]. Von § 290 Abs. 2 Nr. 2 AktG sind Vorstand, Geschäftsführer, geschäftsführende Gesellschafter, Aufsichtsräte und individuell zu errichtende Beiräte erfasst[347]. Werden Leitung und Überwachung von unterschiedlichen Gremien wahrgenommen, so genügt die Benennung der Mitglieder für eines der Organe[348]. In allen genannten Fällen muss das Recht dem Mutterunternehmen auch tatsächlich rechtlich zustehen und gesichert sein[349].

[344] *Wysocki/Wohlgemuth*, S. 34-35; *ADS*, § 290, Rn. 39; *Baetge*, Konzernbilanzen, S. 93; *Havermann* in: WP-Handbuch 1996, Abschn. M, Rn. 39; *Schnicke/Kilgert*, in: Beck`scher Bilanzkommentar, § 290, Rn. 45.

[345] *Baetge*, Konzernbilanzen, S. 93; *Wysocki/Wohlgemuth*, S. 35; *Schnicke/Kilgert*, in: Beck`scher Bilanzkommentar, § 290, Rn. 45.

[346] *Havermann* in: WP-Handbuch 1996, Abschn. M, Rn. 42; *Wysocki/Wohlgemuth*, S. 36.

[347] Vgl. *Schnicke/Kilgert*, in: Beck`scher Bilanzkommentar, § 290, Rn. 55.

[348] *Schnicke/Kilgert*, in: Beck`scher Bilanzkommentar, § 290, Rn 53; *Siebourg* in: HdKR, § 290, Rn. 86.

[349] *Wysocki/Wohlgemuth*, S. 36; *Schnicke/Kilgert*, in: Beck`scher Bilanzkommentar, § 290, Rn. 53; *Havermann* in: WP-Handbuch 1996, Abschn. M, Rn. 43.

- **Das Recht, einen beherrschenden Einfluss aufgrund eines mit dem Tochterunternehmen bestehenden Beherrschungsvertrags oder aufgrund einer beim Tochterunternehmen existierenden Satzungsbestimmung auszuüben, § 290 Abs. 2 Nr. 3 HGB**

Im Gegensatz zu den bisherigen Merkmalen setzt dieses keine Gesellschafterstellung oder Beteiligung an dem "beherrschten" Tochterunternehmen voraus[350]. Die Satzungsbestimmungen müssen allerdings die Kriterien erfüllen, die für einen Beherrschungsvertrag gelten[351].

Das Bemerkenswerte am "Control-Konzept" ist, dass die einzelnen Rechte für die Bejahung der Konzernierung nicht ausgeübt werden müssen, eine tatsächliche Beherrschung also entbehrlich ist. Allein die dem Mutterunternehmen zustehende Rechtsmacht ist nach § 290 Abs. 2 HGB hinreichende Bedingung für das Entstehen der Konzernrechnungslegungspflicht[352].

IV. Konzernbilanztheorien

Bei den im Gesetz normierten Grundlagen der Konzernrechnungslegung finden sich keine Aussagen darüber, welche Vorstellung der Pflicht zugrunde liegt, einen zusammenfassenden Abschluss für eine Vielzahl von Unternehmen in einer bestimmten Art zu erstellen. Mit den Konzernbilanztheorien wird versucht, unter wirtschaftlichen Gesichtspunkten und unabhängig von konkreten rechtlichen Regelungen den Zweck des Konzernabschlusses und dessen Zielsetzung herzuleiten. Im Vordergrund der Theorien steht dabei die Frage, wie die Einzelabschlüsse der Unternehmen unter Bewertung ihrer wirtschaftlichen Verbundenheit in einen Konzernabschluss einzubeziehen sind. Eine besondere Rolle spielt dabei die Frage, wie Minderheitsgesellschafter in den Tochterunternehmen zu charakterisieren und daraus folgend ihre Anteile im Konzernabschluss darzustellen sind. Fraglich ist, ob sich hieraus Rückschlüsse auf die Anforderungen an die "gemeinsame Führung" im Sinne des § 310 HGB ziehen lassen.

[350] *ADS*, § 290, Rn. 68; *Wysocki/Wohlgemuth*, S. 37.

[351] *Havermann* in:WP-Handbuch 1996, Abschn. M, Rn. 45; zu den Kriterien: *ADS*, § 290, Rn. 54 ff.

[352] *ADS*, § 290, Rn. 29.

1. Einheitstheorie

Grundlage der Einheitstheorie ist der Gedanke, dass die Gesellschafter der Konzernobergesellschaft ihre Interessen durch ihren beherrschenden Einfluss gegenüber den Minderheitsgesellschaftern der Konzernunternehmen durchsetzen können, wodurch die wirtschaftliche Einheit des Konzerns begründet wird. So betrachtet können Interessen der Minderheitsgesellschafter im Konzernabschluss unberücksichtigt bleiben, weil sie regelmäßig hinter Interessen der Mehrheitsgesellschafter zurücktreten. Man nimmt daher eine homogene Interessenlage aller Anteilseigner an, was dazu führt, dass die außerhalb der Konzerns stehenden Minderheitsgesellschafter bilanziell wie konzernzugehörige Anteilseigner behandelt werden[353]. Die Konsequenz dieser Sichtweise ist, dass der Konzernabschluss den Konzern nicht nur als wirtschaftliche Einheit betrachtet, sondern seine rechtliche Einheit fingiert. Die rechtlich selbständigen Unternehmen werden bilanziell wie unselbständige Betriebsabteilungen behandelt, so dass der Konzernabschluss dem Einzelabschluss aller konzernzugehörigen Betriebe entspricht[354]. Dies führt zum einen dazu, dass die Minderheitsgesellschafter als Eigenkapitalgeber des Konzerns gelten. Daraus folgt, dass sämtliche Vermögensgegenstände, aber auch Schulden, Aufwendungen und Erträge der Tochterunternehmen zu 100 % in den Konzernabschluss zu übernehmen sind, losgelöst davon, wie hoch die Beteiligung des Mutterunternehmens an der konsolidierten Gesellschaft ist[355]. Die Beteiligungen an den Konzernunternehmen werden daher gegen deren Eigenkapital aufgerechnet. Geschäfte innerhalb des Konzerns gelten als mit sich selbst abgeschlossen bzw. können innerhalb der fingierten juristischen Person "Konzern" nicht existieren. Daher sind hieraus resultierende Ergebnisse vollständig zu eliminieren, man spricht von der "Vollkonsolidierung"[356]. Im Grundsatz folgt die Konzernrechnungslegung in § 300 HGB diesem Leitbild[357].

353 *ADS*, Vor. § 290-315, Rn. 19-25; *Baetge*, Konzernbilanzen, S. 10.

354 *Küting/Weber*, Konzernabschluss, S. 57; *Havermann* in: WP- Handbuch 1996, Abschn. M, Rn. 6-8; *Busse von Colbe/Ordelheide*, S. 19.

355 *Baetge*, Konzernbilanzen, S. 10; *Wysocki/Wohlgemuth*, S. 3.

356 *Busse von Colbe/Ordelheide*, S. 19; *Baetge*, Konzernbilanzen, S. 11; *ADS*, Vor. § 290-315, Rn. 20.

357 Vgl. *Biener/Berneke*, BiRiLiG, S. 320; *ADS*, § 297, Rn. 39 ff.

2. Interessentheorie

Nach der Interessentheorie ist die konsolidierte Bilanz ein erweiterter Abschluss des Mutterunternehmens, der seinen Aktionären darstellen soll, welche Vermögensteile und Erfolge des Mutterunternehmens aus den Unternehmensbeteiligungen stammen[358]. Ihren Ursprung hat diese Sichtweise in der Feststellung eines Interessengegensatzes zwischen Mehr- und Minderheitsgesellschaftern der Konzerntöchter, während die Einheitstheorie eine homogene Interessenlage annimmt. Die Minderheitsaktionäre werden nach der Interessentheorie als Konzernaußenstehende (Fremdkapitalgeber, gegenüber denen der Konzern eine Verbindlichkeit hat) behandelt, so dass der Konzernabschluss ihren Belangen nicht Rechnung tragen zu braucht. Ihre Anteile werden daher nicht konsolidiert. Man verfolgt nur den oben dargestellten Zweck der Aufschlüsselung der Beteiligungen zur Information der Konzernmehrheitsaktionäre[359].

Für den interessentheoretischen Ansatz gilt bei der bilanziellen Umsetzungen: Vermögensgegenstände und Schulden nicht 100 %iger Tochterunternehmen sind im Konzernabschluss nur in Höhe der Beteiligungsquote am Tochterunternehmen einzubeziehen (Quotenkonsolidierung). Zudem müssen auch die auf ein Tochterunternehmen entfallenden Zwischenergebnisse aus konzerninternen Leistungs- und Lieferbeziehungen nur quotal eliminiert werden, da außenstehende Gesellschafter als Konzerngläubiger betrachtet werden und die Transaktionen insoweit als mit Dritten realisiert gelten[360].

[358] *ADS*, Vor. § 290-315, Rn. 21; *Bea*tge, Konzernbilanzen, S. 12.

[359] *Baetge*, Konzernbilanzen, S. 11; *Küting/Weber*, Konzernabschluss, S. 56.

[360] *ADS*, Vor. zu § 290-315, Rn. 23; *Baetge*, Konzernbilanzen, S. 13; Nach teilweise vertretener Auffassung würde die Quotenkonsolidierung den Interessen der Mehrheitsgesellschafter nicht gerecht, da für diese auch relevant sei, wie es um den Konzern in seiner wirtschaftlichen Gesamtheit stehe. Grundsätzlich sei es aber für die Konzernleitung ein Leichtes, das Konzernergebnis dadurch zu verschleiern, dass sie aufgrund der wirtschaftlichen Abhängigkeit der Tochterunternehmen über deren Vermögen und Schulden verfügt bzw. durch konzerninterne Geschäfte Kapital und Liquidität verlagert. Dies vermöge die Quotenkonsolidierung nicht offenzulegen, so dass Mehrheitsgesellschaftern wesentliche Informationen über die Konzerneinheit verschlossen blieben. Daher müsse man an der Vollkonsolidierung festhalten, ggf. mit Minderheitenausweis, vgl. *ADS*, Vor. Zu § 290-315, Rn. 24; *Baetge*, Konzernbilanzen, S. 14.

3. Bewertung

Die genannten Theorien sollen die gedankliche Grundlage für alle Konsolidierungsvorschriften bilden. Die quotale Erfassung eines nach § 310 HGB "gemeinsam geführten" Unternehmens ist daher mit der Einheitstheorie nicht vereinbar. Zum einen deshalb, weil diese eine Quotenkonsolidierung nicht kennt, zum anderen, weil grundsätzlich davon ausgegangen wird, dass sich die Interessen des Konzerns im Ergebnis gegen Fremdinteressen durchsetzen können. Das aber ist gerade bei einem mit Konzernaußenstehenden "gemeinsam geführten" Unternehmen nicht der Fall. Auch fällt es schwer, den Partner der "gemeinsamen Führung" als Minderheitsanteilseigner des Konzerns zu betrachten.

Nach der reinen Interessentheorie wäre eine quotale Erfassung von "gemeinsam geführten" Unternehmen zwar erlaubt, daneben müssten aber auch alle weiteren Konzernunternehmen nach dieser Methode im Konzernabschluss dargestellt werden. Das entspricht aber nicht der gesetzlichen Situation, die für Konzernunternehmen nach § 290 HGB die Vollkonsolidierung vorschreibt. Insoweit ist die Quotenkonsolidierung nach § 310 HGB ein Fremdkörper in der einheitstheoretisch geprägten Konzernrechnungslegung.

Rückschlüsse darauf, wie eine "gemeinsame Führung" ausgestaltet sein muss, damit die anteilige Konsolidierung die tatsächlichen Verhältnisse des Unternehmens sachgerecht darstellen, lassen sich aus den der Interessentheorie zugrundeliegenden Erwägungen nicht ziehen.

V. Zielsetzungen des handelsrechtlichen Konzernabschlusses

1. Einleitung

Als Ausgangspunkt der mit dem handelsrechtlichen Konzernabschluss verfolgten Zwecke gilt die Generalnorm des § 297 Abs. 2 Satz 2 HGB, die fordert, dass der Konzernabschluss "unter Beachtung der Grundsätze ordnungsgemäßer Buchführung ein den tatsächlichen Verhältnissen entsprechendes Bild der Vermögens-, Finanz- und Ertragslage des Konzerns zu vermitteln" hat. Diese Formulierung stimmt fast vollständig mit der für den Einzelabschluss in § 264 Abs. 2 Satz 1 HGB gewählten überein. Nimmt man die Verweisung in § 298 Abs. 1 HGB auf die wesentlichen Vorschriften des Einzelabschlusses als Grundlage des konsolidierten Abschlusses mit hinzu, sind die Parallelen offensichtlich. Die Zielsetzungen von Konzern- und Einzelabschluss werden in den folgenden Ausführungen herausgearbeitet.

2. Zwecke der handelsrechtlichen Rechnungslegung

Die handelsrechtliche Rechnungslegung stellt einen wesentlichen Teil des aus Investitionsrechnung, Finanzrechnung, Kostenrechnung und Finanzbuchführung bestehenden betrieblichen Rechnungswesens dar. Grundsätzliche Aufgabe des betrieblichen Rechnungswesens ist es, Informationen über Geschäftsvorgänge zu erfassen, zu speichern und zu verwerten, um mit ihrer Hilfe die Erfüllung der wirtschaftlichen Unternehmensziele überprüfen und ggf. neu planen zu können. Akzeptiert man als wesentliches Monetärziel die Gewinnmaximierung bei gleichzeitiger Sicherung der Unternehmensexistenz, so kommt dem Jahresabschluss, so wie ihn das HGB vorsieht, im System des betrieblichen Rechnungswesens die Aufgabe zu, die Adressaten über die Lage des Unternehmens zu informieren. Das HGB erlegt in diesem Zusammenhang in § 238 Abs. 1 HGB den Kaufleuten, Personenhandelsgesellschaften und Kapitalgesellschaften die Pflicht auf, Bücher zu führen, in denen alle Geschäftsvorfälle und die Vermögenslage offen gelegt werden, wobei die "Grundsätze ordnungsgemäßer Buchführung" zu beachten sind. Die Generalnorm für den Jahresabschluss (§ 243 Abs. 1 HGB) verlangt ebenso die Einhaltung dieser Grundsätze. Für die Kapitalgesellschaften gilt gemäß § 264 Abs. 1 HGB zusätzlich, dass sie dabei "ein den tatsächlichen Verhältnissen entsprechendes Bild der Vermögens-, Finanz- und Ertragslage [...] zu vermitteln haben". Auf den unbestimmten Rechtsbegriff der "Grundsätze ordnungsmäßiger Buchführung" wird vorliegend nicht im einzelnen eingegangen[361]. Es ist aber anerkannt, dass sie auf einem Zwecksystem basieren, das sich aus den Vorschriften des HGB erschließen lässt[362]. Ein entsprechendes Zwecksystem gilt auch für die Konzernrechnungslegung. Es hat seine Wurzeln in den Prinzipien, die auch für Buchführung und Jahresabschluss des Einzelkaufmanns und der Kapitalgesellschaften gelten, weshalb im Anschluss die Zwecksetzung der Konzernrechnungslegung immer mit Bezug auf diese Wurzeln dargestellt wird[363].

[361] Dazu ausführlich: *Leffson*, Grundsätze ordnungsmässiger Buchführung; *Baetge*, Bilanzen, S. 65-94.

[362] *Baetge*, Bilanzen, S. 66-77; *Leffson*, S. 21 ff.; S. 112-154; *Baetge*/Kirsch in: HdR, Kapitel I, Rn. 244-262; *Wöhe*, Bilanzierung, S. 179-182.

[363] Umfassend zu Zwecksystem des Jahresabschlusses: *Baetge/Kirsch* in: HdR, Kapitel I, Rn. 264-284.

a) Dokumentation

Wie bereits ausgeführt, ist § 238 Abs. 1 HGB die Generalnorm aller Buchführungspflichten. Die Führung der Bücher muss so ausgestaltet sein, "dass sie einem sachverständigen Dritten innerhalb angemessener Zeit einen Überblick über die Geschäftsvorfälle und über die Lage des Unternehmens vermitteln kann"[364]. In dieser Form hat der Gesetzgeber mit der Buchführungspflicht erreichen wollen, dass der Ersteller übersichtlich, umfassend und für Außenstehende nachvollziehbar seine Geschäfte aufzeichnet, damit im Rahmen des Jahresabschlusses auf Grundlage dieser Buchführung eine erschöpfende Darstellung der wirtschaftlichen Lage des Unternehmens möglich ist[365]. Dieser Zweck von Buchführung und Jahresabschluss wird als Dokumentationszweck bezeichnet[366]. Sie dienen gemäß § 140 AO in dieser Form auch der Besteuerung[367] und erfüllen eine Schutzfunktion für Gläubiger und derzeitige wie potentielle Gesellschafter gleichermaßen, indem sie mögliches unredliches Verhalten in einem Unternehmen offen zulegen in der Lage sind und gleichzeitig eine drohende Zahlungsunfähigkeit aufzeigen können[368].

Auf den ersten Blick scheint der Konzernabschluss dem Zweck der Dokumentation nicht zu dienen, da § 298 HGB nicht auf die Buchführungspflicht des § 238 HGB verweist. Allerdings ergibt sich der Zweck aus dem Bedeutungszusammenhang mit den anderen handelsrechtlichen Vorschriften sowie aus dem Inhalt des § 297 HGB: Letzterer bestimmt in § 297 Abs. 2 Satz 2 HGB, dass der Konzernabschluss ein den "tatsächlichen Verhältnissen entsprechendes Bild der Vermögens-, Finanz- und Ertragslage" des Konzerns zu vermitteln habe.

Die Vermögenslage im Sinne der Vorschrift erfasst das Reinvermögen des Konzerns, das sich aus der Differenz zwischen den Vermögensgegenständen und anderen Aktiva und den Schulden und Passiva (ohne das Eigenkapital) errech-

[364] Vgl. § 238 Abs. 1 Satz 2 HGB.

[365] *Baetge*, Bilanzen, S. 54; *Leffson*, S. 157.

[366] *Wöhe*, Bilanzierung, S. 177; *Moxter*, Bilanzlehre I, S. 81; *Baetge*, Bilanzen, S. 54; *Leffson*, S. 157.

[367] *Windmöller* in: WP- Handbuch 1996, Abschn. E, Rn. 435 ff.; *ADS*, Vor. §§ 290-315, Rn. 16.

[368] *Moxter*, Bilanzlehre I, S. 82; *ders.* Bilanzlehre II, S. 8; *Baetge*, Bilanzen, S. 54; *Leffson*, S. 157;*Wysocki/Wohlgemuth*, S. 4.

net[369]. Daher ist das Eigen- und Fremdkapital in den wesentlichen Posten offen zulegen. Die Vermögenslage wird in erster Linie durch die Konzernbilanz vermittelt[370].

Mit dem Begriff "Ertragslage" bezieht sich das Gesetz auf den berechenbaren Erfolg eines Unternehmens, wie er sich aus der Gegenüberstellung der erwirtschafteten Erträge mit den dafür getätigten Aufwendungen ergibt[371]. Ihre Darstellung findet sich im Wesentlichen in der Gewinn- und Verlustrechnung des Konzerns[372].

Unter der Finanzlage versteht man die Gesamtheit aller Aspekte, die sich auf die Finanzierung einer Gesellschaft beziehen[373]. Der Konzernabschluss muss also darstellen, wie sich der Konzern finanziert hat (Stichwort: Beschaffung von Kapital und Kapitalstrukturierung) und wie es in diesem Zusammenhang um seine Liquidität bestellt ist[374]. Die Informationen über die Finanzlage dienen in erster Linie dazu, Gesellschaftern und Gläubigern Finanzierungsrisiken im Konzern anzuzeigen[375]. Vor allem Konzernbilanz und Konzernlagebericht enthalten solche Informationen, allerdings sind diese mehrheitlich auf die Vergangenheit bezogen. Aufschlussreichere, weil zukunftsgerichtete Finanzpläne oder Kapitalflußrechnungen sind im Deutschen Recht nicht obligatorisch[376].

Um die in § 297 Abs. 2 Satz 2 HGB für die Darstellung der Vermögens-, Ertrags- und Finanzlage notwendigen Daten liefern zu können, muss eine Konzernrechnungslegung erfolgen, die dem Dokumentationszweck gerecht wird. Im Umkehrschluss kann der entsprechend § 297 Abs. 2 Satz 2 HGB erstellte Abschluss auch eine Dokumentationsfunktion erfüllen[377]. Ebenso ergibt sich diese aus § 317 Abs. 2 Satz 1 HGB: Ohne die Dokumentation der wesentlichen Ge-

[369] *Baetge*/Kirsch in: HdKR, § 297, Rn. 32; *Busse von Colbe/Ordelheide*, S. 20.

[370] *Baetge*/Kirsch in: HdKR, § 297, Rn. 36.

[371] *Baetge*/Commandeur in: HdR, § 264, Rn. 16 f.; *ADS*, § 264, Rn. 78 ff.; *Busse von Colbe/Ordelheide*, S. 20; *Baetge*/Kirsch in: HdKR, § 297, Rn. 44.

[372] *Baetge*/Kirsch in: HdKR, § 297, Rn. 45-47.

[373] *ADS*, § 264, Rn. 70; *Busse von Colbe/Ordelheide*, S. 20.

[374] *Baetge*/Kirsch in: HdKR, § 297, Rn. 37 ff.; *Moxter*, Bilanzlehre II, S. 66.

[375] Vgl. *Moxter*, Bilanzlehre II, S. 66.

[376] *ADS*, § 264, Rn. 71; *Baetge/Kirsch* in: HdKR, § 297, Rn.42, 43.

[377] *Baetge*, Konzernbilanzen, S. 25.

schäftsvorfälle könnte kein Abschlussprüfer den Pflichten nachkommen, die ihm das HGB an dieser Stelle auferlegt.

Zudem muss jeder der zusammenfassenden Einzelabschlüsse, die gemäß §§ 290, 300 Abs. 1 Satz 1 HGB die Grundlage des Konzernabschlusses bildet, auch für sich genommen dem Dokumentationszweck genügen. Dies lässt den Schluss zu, dass der Konzernabschluss, der nur eine Art Zusammenfassung dieser Abschlüsse darstellt, weiterhin eine Dokumentationsfunktion erfüllen kann[378].

b) Rechenschaft

Bei Kapitalgesellschaften herrscht eine Trennung von Eigentum und Verfügungsgewalt vor. Kapitalgeber stellen einem Unternehmen ihre Mittel zur Verfügung, um dadurch ihr Vermögen mehren zu können. Für den Erfolg dieses Vorhabens sind grundsätzlich diejenigen verantwortlich, die die Geschicke eines so finanzierten Unternehmens lenken und dabei auch über das ihnen bereitgestellte Kapital verfügen: die dem Management zugehörigen Personen. Die Kapitalgeber, die aufgrund dieser Spaltung der Unternehmerfunktion in Gesellschafter und Management keinen Einblick in die laufenden Geschäfte haben, sind daran interessiert, wie es um die Lage des Unternehmens und damit um ihre eigenen Gewinnchancen bestellt ist. Von besonderem Interesse sind in diesem Zusammenhang Informationen über die Höhe des Jahreserfolges, von dem Ausschüttungen abhängig sind, über die Eigenkapitalrentabilität und über das Schuldendeckungspotential des Unternehmens[379].

Rechenschaft bedeutet "die Offenlegung der Verwendung des anvertrauten Kapitals in dem Sinne, dass dem Informationsberechtigten – das kann auch der Rechenschaftslegende selbst sein – ein so vollständiger, klarer und zutreffender Einblick in die Geschäftstätigkeit gegeben wird, dass dieser sich ein eigenes Urteil über das verwaltete Vermögen und die damit erzielten Erfolge bilden kann"[380]. In diesem Sinne gilt der Rechenschaftszweck zunächst einmal für den Jahresabschluss der Einzelunternehmen. Für den konsolidierten Abschluss erschließt sich dieser Zweck aus § 297 Abs. 2 Satz 2, wonach der Konzernabschluss ein den tatsächlichen Verhältnissen entsprechendes Bild der Vermö-

[378] *Baetge*, Konzernbilanzen, S. 23 f.

[379] *Baetge*, Bilanzen, S. 58.

[380] *Leffson*, S. 64.

gens-, Finanz- und Ertragslage des Konzerns vermitteln soll[381]. Damit ist die Rechenschaftsaufgabe des Konzernabschlusses klar umschrieben. So muss er über das Schuldendeckungspotential und die Erfolgskomponenten Aussagen machen (§§ 246 iVm § 298 Abs. 1 HGB) und einen mit den Vorperioden vergleichbaren Erfolg darstellen und ermitteln[382]. Auch eine primär dem Rechenschaftsinteressenten dienende Klarheit und Übersichtlichkeit ist für den konsolidierten Abschluss in § 297 Abs. 2 Satz 1 HGB normiert.

Rechtlich betrachtet kommt dem Konzernabschluss aber noch nicht die Bedeutung eines Einzelabschlusses zu. Zwar bildet er in vielen Konzernen materiell die Grundlage für die Ausschüttungen des Mutterunternehmens. Auch zeigt die Praxis, dass das Bilanzergebnis von Konzernen immer öfter mit dem des Mutterergebnisses übereinstimmt[383]. Jedoch ist der rechtlich festgesetzte Maßstab für den Ausweis des Jahresergebnisses und damit die Ausschüttungsbemessungsgrundlage immer noch der Einzelabschluss des Mutterunternehmens bzw. die Einzelabschlüsse der Konzerntöchter[384].

Viele Autoren gehen davon aus, dass der Konzernabschluss ausschließlich der Information interner und externer Adressaten dient[385]. Er bietet bei einer konsequenten Umsetzung der Einheitstheorie die einzige Möglichkeit, den Berichtsinteressenten das Gesamtvermögen des Konzerns ohne Doppelerfassungen offenzulegen. Im Grunde wird der Begriff der Information nur weiter verstanden als der Begriff der Rechenschaft. Man kann durchaus für fraglich halten, ob eine Grenzziehung zwischen einer Rechenschaft im Interesse der Geldgeber und der allgemeinen Informationsaufgabe des Konzernabschlusses für interessierte andere Gruppen überhaupt möglich ist[386]. Ein solches Verständnis des Konzernabschlusses würde es allerdings nahelegen, eine Trennung der Konzeption von

[381] *Wöhe*, Bilanzierung, S. 906; *Baetge*, Konzernbilanzen, S. 23; *Busse von Colbe/Ordelheide*, S. 20.

[382] *Baetge*, Konzernbilanzen, S. 26.

[383] *Busse von Colbe/Ordelheide*, S. 23.

[384] *Küting/Weber*, Konzernabschluss, S. 60; *Busse von Colbe/Ordelheide*, S. 21; *Staks* in: HdKR 1989,
Kapitel I, Rn. 212.

[385] *Schildbach*, DBW 1987, S. 391, 392; *Schruff*, S. 35-47; *Staks* in: HdKR 1989, Kapitel I, Rn. 213; *Klein* in: HdKR 1989, Kapitel I, Rn. 878-881.

[386] *Klein* in: HdKR 1989, Kapitel I, Rn. 868.

Einzelabschluss einerseits und Konzernabschluss andererseits vorzunehmen[387]. Wie oben dargelegt wurde, sieht das Gesetz aber gerade eine einheitliche Grundkonzeption für beide Abschlüsse vor. Daher ist eine Verkürzung des Konzernabschlusszwecks auf eine reine Informationsfunktion nicht angebracht.

c) Information

Nicht von der Hand zu weisen ist, dass dem Konzernabschluss überhaupt eine Informationsfunktion zukommt. Während die Rechenschaftsfunktion in erster Linie auf die Interessen der beteiligten Kapitalgeber ausgerichtet ist, trägt die Informationsfunktion primär den Interessen der nichtbeteiligten Interessenten Rechnung. Zu diesen zählen potentielle Teilhaber von Mutter- oder Tochterunternehmen, Gläubiger und Lieferanten, Arbeitnehmer und die gesamte interessierte Öffentlichkeit[388]. Ihnen bietet der Konzernabschluss als "Einzelabschluss des Konzerns" Einblick in die Verflechtungen und Abhängigkeiten innerhalb des Konzerns, woraus sich Rückschlüsse auf drohende Krisen oder sich eröffnende Chancen ziehen lassen[389]. Gläubigern werden auf diesem Wege Informationen über den Kreditbedarf und mögliche Sicherheiten sowie über bereits in anderen Konzernunternehmen bestehende Kreditverbindlichkeiten dargebracht[390]. Die Vermittlung von Informationen stellt die wichtigste Funktion des Konzernabschlusses dar, da auf ihr im Grunde alle weiteren (mitunter strittigen) Funktionen basieren.

d) Kompensation

Hinter dem Begriff "Kompensation" verbirgt sich ein weiterer mit dem Konzernabschluss verfolgter Zweck. Schon das Aktiengesetz 1965 sah unter diesem Stichwort für den Konzernabschluss vor, dass dieser "die Mängel der Einzelabschlüsse dadurch beseitigen soll, dass er die Einzelabschlüsse zusammenfasst, und zwar nicht im Wege einer einfachen Addition, sondern unter weitgehender Ausschaltung innerkonzernrechtlicher Beziehungen. Ein in dieser Weise "bereinigter" Konzernabschluss ist geeignet, die Vermögens- und Ertragslage des Konzerns wiederzugeben und darüber hinaus wertvolle Hinweise für die Beur-

[387] *Busse von Colbe/Ordelheide*, S. 21.

[388] Ausführlich: *Jonas*, S. 73-89; *Küting/Weber*, Konzernabschluss, S. 60.

[389] *Klein* in: HdKR 1989, Kapitel I, Rn. 855, 856; *ADS*, Vor. §§ 290-315, Rn. 15; *Wysocki/Wohlgemuth*, S. 4; *Küting/Weber*, Konzernabschluss, S. 60.

[390] *Küting/Weber*, Konzernabschluss, S. 60.

teilung des einzelnen Konzernunternehmens zu liefern"[391]. Diese Grundauffassung hat sich auch nach dem Bilanzrichtliniengesetz mit der Übernahme und Zusammenfassung von § 329 AktG-EK und § 41 a GmbHG-EK nicht geändert[392].

Im konsolidierten Konzernabschluss wird der Tatsache Rechnung getragen, dass die Geschäftsbeziehungen zwischen den juristisch selbständigen, aber wirtschaftlich von der Konzernobergesellschaft abhängigen Konzerngliedern anders zu beurteilen sind, als dies bei vollständig autarken Unternehmen der Fall wäre. Die Leistungs- und Lieferbeziehungen sind im Konzernabschluss aus der Sicht der wirtschaftlichen Einheit des Konzerns neu zu bewerten[393].

Zum einen ist es denkbar, dass die Darstellung der wirtschaftlichen Lage eines Konzernunternehmens durch die Eingliederung in den Konzernverbund im Einzelabschluss verzerrt dargestellt wird, ohne dass darin ein Verstoß gegen handelsrechtliche Grundsätze zu erkennen ist. So kann ein Konzernunternehmen in einer Periode I einen hohen Gewinn verzeichnen, den es in der folgenden Periode II als Dividende an die Konzernobergesellschaft ausschüttet. In dieser Periode II erwirtschaftet das Konzernunternehmen im Beispiel aber hohe Verluste, während die Konzernobergesellschaft allein aufgrund der Dividende einen hohen Gewinn verzeichnet, den sie wiederum an ihre Anteilseigner ausschütten könnte, obwohl der Gesamtkonzern aufgrund hoher Verluste des Konzernunternehmens gerade in dieser Periode II keinen Gewinn erzielt hat[394]. In einer Gewinn- und Verlustrechnung des Konzerns wird diese Situation offen gelegt, also der im Einzelabschluss liegende Mangel kompensiert.

Der konsolidierte Abschluss legt auch offen, wenn Ergebnisse von Einzelabschlüssen innerhalb des Konzerns dadurch verändert sind, dass im konzerninternen Leistungs- und Lieferverkehr marktunübliche Vergütungen festlegt wurden. Denn sämtliche dieser Geschäftsvorfälle sind im Wege der Vollkonsolidierung zu eliminieren, da sie bei der Betrachtung des Konzerns als wirtschaftliche Einheit noch nicht realisiert sind[395]. Als weitere Beispiele können das sog. "sale and

[391] BT DruckS. 4/171, S. 241.

[392] Vgl. *Helmrich*, BiRiLiG, S. 170; *Biener/Berneke*, BiRiLiG, S. 285.

[393] *Küting*, GmbHR 1984, S. 293, 298; *Baetge*, Konzernbilanzen, S. 30.

[394] *Baetge*, Konzernbilanzen, S. 30.

[395] *Klein* in: HdKR 1989, Kapitel I, Rn. 876; *Jonas*, S. 72-74.

lease back" (Verkauf von Sachanlagen an ein Konzernunternehmen mit Aufdeckung der stillen Reserven und gleichzeitigem Zurückleasen) oder die Ausgliederung der Forschung in ein Tochterunternehmen und Erwerb der als immaterielle Vermögensgegenstände aktivierbaren Forschungsergebnisse genannt werden[396]. All diese Tatbestände wären geeignet, in einem nichtkonsolidierten Abschluss eine Ergebnisverbesserung herbeizuführen. Im konsolidierten Konzernabschluss werden diese Vorgänge offenbart und die in den Einzelabschlüssen angelegten Mängel kompensiert[397].

e) Kapitalerhaltung

Für den Einzelabschluss ist unbestritten, dass er eine Kapitalerhaltungsfunktion erfüllt[398]. In Verbindung mit einer Ausschüttungssperre wird so die Verdienstgrundlage eines Unternehmens, bzw. die Haftungsgrundlage gesichert.

Die Kapitalerhaltungsfunktion zeigt sich im HGB an verschiedenen Stellen. In § 252 Abs. 1 Nr. 4 HGB ist das sog. Vorsichtsprinzip verankert, welches eine zurückhaltende Bestimmung der Höhe des ausschüttbaren Gewinnes verlangt[399]. Das eben dort normierte Imparitätsprinzip[400] verlangt vom Abschlussersteller, dass er vorhersehbare zukünftige Verluste schon in der abzuschließenden Periode als Aufwand antizipiert, was sich negativ auf den ausschüttbaren Gewinn auswirkt. Denselben Effekt hat das Verbot des § 248 Abs. 2 HGB, das untersagt, unentgeltlich erworbene immaterielle Gegenstände des Anlagevermögens in der Bilanz anzusetzen[401]. Die Verpflichtung nach § 249 Abs. 1 HGB, Verbindlichkeitsrückstellungen in der Bilanz anzusetzen[402], führt ebenso zu einer Reduzie-

396 *Baetge*, Konzernbilanzen, S. 33; *Staks* in: HdKR 1989, Kapitel I, Rn. 213, der allerdings wie *Klein* (siehe dort Fßn. 308) eine Kompensationsfunktion ebenso wie die Rechenschaftsfunktion ablehnt und die aufgeführten Tatbestände unter einer umfassenden Informationsfunktion erfasst; ebenso: *ADS*, Vor. §§ 290-315, Rn. 15; *Wysocki/Wohlgemuth*, S. 4.

397 A.A. *Klein* in: HdKR 1989, Kapitel I, Rn. 877; *Schruff*, S. 44.

398 Vgl. *Baetge/Fey/Fey*, in: HdR, § 243, Rn. 22 ff.; *Baetge*, Bilanzen, S. 61; *Wöhe*, Bilanzierung, S. 346.

399 *Budde/Geißler* in: Beck'scher Bilanzkommentar, § 252, Rn. 30-33; *Coenenberg*, S. 42-43; *ADS*, § 252, Rn. 59 ff.

400 *Wöhe*, Bilanzierung, S. 348; *Baetge*, Bilanzen, S. 59; *ADS*, § 252, Rn. 92-93.

401 *ADS*, § 248, Rn. 12 ff.; *Budde/Karig* in: Beck'scher Bilanzkommentar, § 248, Rn. 7 ff.

402 *Baetge*, S. 59; ausführlich: *ADS*, § 249, Rn. 42 ff.

rung des Bilanzgewinnes wie die Niederstwertvorschriften in § 253 Abs. 2 und 3 HGB[403]. Seine Kapitalerhaltungsfunktion erfüllt der Einzelabschluss in dieser Form primär erst in Verbindung mit den gesellschaftsrechtlichen Vorschriften, die festlegen, dass Ausschüttungen nur bis zur Höhe des ausgewiesenen Bilanzgewinnes zulässig sind (vgl. § 58 Abs. 5 AktG, §§ 29 bis 32 GmbHG, § 22 GenG). Durch diese Ausschüttungsbegrenzung bzw. Ausschüttungssperre wird erreicht, dass das Kapital eines Unternehmens erhalten wird und bei Beachtung der o.g. handelsrechtlichen Vorschriften der an die Anteilseigner auszahlbare Bilanzgewinn nicht durch entsprechende bilanzielle Maßnahmen erhöht werden kann[404]. Für Konzerne stellt sich in diesem Zusammenhang das Problem, dass sie nach heutigem Recht keine eigene Rechtspersönlichkeit besitzen und dergestalt weder Rechte noch Pflichten übernehmen können. Daher sind die Ausschüttungen nicht anhand des Konzernabschlusses, sondern auf Basis der Einzelabschlüsse der rechtlich selbständigen Konzernunternehmen zu leisten. Zwar wird diskutiert, ob sich der Konzernabschluss als Ausschüttungsbemessungsgrundlage eignet[405], doch sieht das Gesetz dies nicht vor. Daher kann der Konzernabschluss anders als der Einzelabschluss eine Kapitalerhaltungsfunktion nicht erfüllen.

Allerdings erfüllt der Einzelabschluss seine Kapitalerhaltungsfunktion nicht allein durch die Ausschüttungsbegrenzung, sondern auch durch Information[406]. Er lässt nämlich seinen Ersteller erkennen, ab wann er beginnt, über einen nach Vorsichts- und Imparitätsprinzip ermittelten Jahreserfolg hinaus Kapital zu entnehmen. Ein ordnungsgemäß handelnder Kaufmann, der am Fortbestand seines Unternehmens interessiert ist, wird aufgrund dieser Information Entnahmen unterlassen bzw. sehr genau auf deren Höhe achten. Die diese Informationen bedingenden Normen sind diejenigen, die in Verbindung mit den genannten Ausschüttungsnormen für die Kapitalerhaltung bei den Einzelunternehmen sorgen. Für den Konzernabschluss finden sie aufgrund des Verweises in § 298 Abs. 1 HGB allesamt Anwendung. Dies bedeutet, dass auch der Konzernabschluss die für die Kapitalerhaltung relevanten Informationen enthält. Jede

[403] *Coenenberg*, S. 40; *Döring/Karrenbauer* in: HdR, § 253, Rn. 106-111; 156-178.

[404] *Moxter*, Bilanzlehre I, S. 93-94; *Coenenberg*, S. 12.

[405] *Schildbach*, WPg 1993; S. 53-63; 94-98; *Busse von Colbe*, FS Goerdeler, S. 61 ff.; *Busse von Colbe/Ordleheide*, S. 23; *Ordelheide*, BfuP 1986, S. 293, 304 ff.; umfassend: *Pick*, Ausschüttungsregelung bei Konzernverflechtung.

[406] *Coenenberg*, S. 13; *Baetge*, Bilanzen, S. 60 ff; *ADS*, § 264, Rn. 87 ff.

Konzernführung wird also bei der laufenden Abschlusserstellung gewarnt, wann sie ihr eigenes Kapital, das den Grundstock für die wirtschaftliche Existenz des Gesamtkonzerns darstellt, angreift. Die wirtschaftlich logische Folge wäre dann ein Einstellen von Entnahmen bzw. eine Begrenzung des Ausschüttungsverhaltens der Konzernunternehmen durch die der Konzernobergesellschaft zustehenden Einflussmittel. Die Informationen würden so zu einer Erhaltung des Kapitals führen[407].

f) Der Konzernabschluss als Führungsinstrument

Wie oben dargelegt, enthält der Konzernabschluss eine Fülle von Informationen über die Gesamtheit der Konzernaktivitäten. Die Konzernleitung macht sich diese als Grundlage für ihre Führungsentscheidungen zunutze. Gerade Weisungen an die untergeordneten Unternehmen könnte die Konzernleitung ohne umfassende Informationen nicht sinnvoll aussprechen. Als Steuerungsmittel dient der Konzernabschluss zusätzlich bei der Festsetzung von konzerninternen Ausschüttungen, für die Finanz- und Finanzierungsplanung sowie für die Kontrolle der Rentabilität[408].

g) Erkenntnisse für die "gemeinsame Führung"

Der Konzernabschluss insgesamt dient der Dokumentation, Rechenschaft, Information, Kompensation und mittelbar auch der Kapitalerhaltung und stellt daneben ein wichtiges Führungsinstrument für die Konzernleitung dar. Fraglich ist, ob und welche Rückschlüsse sich hieraus auf die "gemeinsamen Führung" ziehen lassen. Stellt man auf die Tochterunternehmen ab, ist zu beachten, dass ein Bedürfnis nach Konzernrechnungslegung besteht, weil die Konzernleitung deren unternehmerische Geschicke lenkt. Der Konzern stellt sich insofern wie ein Einheitsunternehmen dar, zusammengefasst durch die von der Konzernspitze ausgeübte "einheitliche Leitung". Damit den Anteilseignern des Konzerns durch diese Art der Verbindung keine Nachteile gegenüber einer Beteiligung an einer Einzelgesellschaft erwachsen, hat der Gesetzgeber in Anlehnung an den Einzelabschluss eine Verpflichtung zur Rechnungslegung für den Konzern in seiner Gesamtheit aufgestellt.

[407] *Baetge*, Konzernbilanzen, S. 26-29; *Leffson*, S. 98 ff.

[408] *Jonas*, S. 68; *Baetge*, Konzernbilanzen, S. 38-40; *Busse von Colbe/Ordelheide*, S. 24; *Wöhe*, Bilanzierung, S. 907.

Zum Konzern zählen zunächst die voll zu konsolidierenden Tochterunternehmen, die "einheitlich geleitet" werden. Damit ist die Konzernobergesellschaft gesetzlich zu einer Vollkonsolidierung verpflichtet, die die wesentlichen Geschäftsvorfälle für Außenstehende nachvollziehbar darstellt und somit die wirtschaftliche Lage des Konzerns aufzeigt, weil der Einfluss so beträchtlich ist, dass die Konzernobergesellschaft als Leitungsorgan der Tochtergesellschaften erscheint, auch wenn dies, rechtlich gesehen, der jeweilige Vorstand oder die Geschäftsführung der Tochtergesellschaft ist.

Ein "gemeinsam geführtes" Unternehmen zählt nicht zum Kern des Konzerns in diesem Sinne. Die Konzernobergesellschaft vermag hier ihre Vorstellungen aufgrund einer rechtlichen oder tatsächlichen Beherrschung nicht stets durchzusetzen. Trotzdem ist die Konzernobergesellschaft durch die Vorschrift des § 310 HGB verpflichtet, "gemeinsam geführte" Unternehmen in ihren Konzernabschluss aufzunehmen. Die Zwecksetzung des Abschlusses ändert sich damit aber insgesamt nicht. Er erfüllt weithin Dokumentations-, Rechenschafts-, Kapitalerhaltungs-, Informations- und Kompensationsfunktionen. Auch der Konsolidierungsaufwand ist bei Tochterunternehmen und "gemeinsam geführten" Unternehmen identisch. In Bezug auf die "gemeinsam geführten" Unternehmen erscheint somit die Belastung mit einer derartigen Konzernrechnungslegung nur angemessen, wenn die Art der Einflussnahme im Sinne des § 310 HGB für die Anteilseigner des Konzerns die Gefahren entstehen lässt, vor denen der Konzernabschluss ursprünglich schützen soll.

Durch die Bestimmung der Unternehmensziele, die Erstellung der strategischen Gesamtplanung sowie die Steuerung von Finanz- und Instrumentalbereich mittel- oder unmittelbar durch die Konzernleitung entsteht eine vergleichbare Gefahr der Benachteiligung der Anteilseigner des Konzerns oder anderer am Konzern interessierten Gruppen, wie dies bei der "einheitlichen Leitung" von Tochterunternehmen der Fall ist. Dass der Konzern nicht den alleinigen Einfluss ausübt, sondern immer mit dem Partner zusammen agiert, macht in diesem Zusammenhang keinen Unterschied. Denn die wesentlichen Konzerninteressen werden bei Ausübung der "gemeinsamen Führung" stets gewahrt.

Aus Sicht der Konzernrechnungslegung ist nicht gewährleistet, dass der oder die Partner, die mit einer Konzerngesellschaft in "gemeinsam geführten" Unternehmen zusammenarbeiten, ein Interesse daran haben, schützenswerte Belange der Konzernanteilseigner oder der betroffenen Gläubiger zu wahren. Vielmehr noch ist ihr Verhalten der Kontrolle jedenfalls durch die Konzernanteilseigner völlig entzogen, da die an der Führung mitbeteiligten Unternehmen nicht Teil des

Konzernverbundes sind. Eine Vollkonsolidierung sieht das Gesetz aber nicht vor. Daher ist es angemessen, den Konzern zu einer quotalen Konsolidierung von Unternehmen zu verpflichten, die einer entsprechend intensiven Führung unterliegen. Diese "intensive" Führung liegt dann vor, wenn die jeweilige Leitung des Unternehmens die Wahrung der wesentlichen Konzerninteressen in den entscheidenden
Unternehmensbereichen gewährleistet. Kann eine "gemeinsame Führung" dies nicht leisten, ist eine Quotenkonsolidierung nicht zu rechtfertigen. Nähme man sie trotzdem vor, würden die tatsächlichen Verhältnisse zwischen Konzern und dem untergeordneten gemeinsamen Unternehmen falsch dargestellt. Insofern ist für die "gemeinsame Führung" zu verlangen, dass sie aus Sicht der Konzernobergesellschaft die Wahrung der wesentlichen Konzerninteressen gewährleistet.

VI. Die Konsolidierungsmethoden

Auf Grundlage des aufgezeigten Konzernverständnisses ist im folgenden zu ermitteln, welche genaue Funktion die Quotenkonsolidierung bei der Gewährleistung der im Handelsrecht für den Konzernabschluss geltenden Zwecke erfüllt und inwieweit das entwickelte Konzept einer "gemeinsamen Führung" mit diesen Zwecken im Einklang steht. Für eine sachgerechte Einordnung der Funktion werden die einzelnen Konsolidierungsmethoden einschließlich ihrer tatbestandlichen Voraussetzungen kurz vorgestellt.

1. Die Vollkonsolidierung

a) Konsolidierungskreis

§ 294 HGB stellt die grundsätzliche Verpflichtung auf, das Mutter- und die Tochterunternehmen in den Konzernabschluss einzubeziehen, wobei das Mutterunternehmen nach § 290 HGB seinen Sitz im Inland zu haben hat. Wann Mutter- und Tochterunternehmen im Sinne des HGB vorliegen, ergibt sich aus dem oben bereits im einzelnen besprochenen § 290 HGB[409]. Liegt einer der dort genannten Tatbestände vor, sind die Tochterunternehmen in den Konzernabschluss aufzunehmen und voll zu konsolidieren (§ 294 Abs. 1 HGB).

Dieses grundsätzliche Gebot wird durch ein Einbeziehungsverbot in § 295 HGB und vier Einbeziehungswahlrechte in § 296 HGB relativiert.

[409] Siehe unter F II und F III.

§ 295 HGB verbietet die Einbeziehung eines Tochterunternehmens, wenn sich dabei kein der wirtschaftlichen Lage des Gesamtkonzerns entsprechendes Bild im Sinne des § 297 Abs. 2 HGB ergibt. Wann eine derartige Unvereinbarkeit mit der Generalnorm vorliegt, ist dem Gesetzestext nicht unmittelbar zu entnehmen. Jedoch wird in § 295 Abs. 2 HGB die Negativabgrenzung vorgenommen, dass nicht allein die Aufnahme von Tochterunternehmen verschiedener Branchen schon einen Verstoß gegen die Generalnorm begründet. Vielmehr muss das betreffende Tochterunternehmen eine konzernuntypische Tätigkeit ausüben, die eine erheblich von anderen Tochterunternehmen abweichende Bilanzstruktur mit sich bringt, wodurch die Relationen der Einzelabschlüsse der Tochterunternehmen zueinander verzerrt würde[410]. In diesem Fall wäre die Aussagekraft des Konzernabschlusses basierend auf den jeweiligen Einzelabschlüssen so herabgesetzt, dass sie § 297 Abs. 2 HGB nicht mehr entspräche.

Die Einbeziehungswahlrechte des § 296 HGB formulieren Tatbestände, bei deren Vorliegen die Einbeziehung eines Tochterunternehmens vom Gesetzgeber für entbehrlich erachtet wird (§ 296 Abs. 1 Nr. 1, 3 HGB), da aus rechtlichen oder tatsächlichen Gegebenheiten der Einfluss auf das Tochterunternehmen verringert ist, andere Gründe auf Seiten des Mutterunternehmens die Einbeziehung verzichtbar erscheinen lassen (§ 296 Abs. 1 Nr. 2 HGB) oder die Einbeziehung vor dem Hintergrund der Darstellung der tatsächlichen Vermögens-, Finanz- und Ertragslage des Konzerns nicht bedeutsam ist (§ 296 Abs. 2 HGB)[411].

b) Methode

Im Wesentlichen erstreckt sich die Methode der Vollkonsolidierung in der Konzernbilanz auf drei Bereiche: Eigenkapital, Konzernforderungen und -verbindlichkeiten und das Unternehmensergebnis.

Die Kapitalkonsolidierung basiert auf der Überlegung, dass eine Konzernbilanz, in der man den Wert der Beteiligung an einem Tochterunternehmen ebenso wie den Wert seines Vermögens ansetzen würde, vom Standpunkt der wirtschaftlichen Einheit des Konzerns gesehen eine zweifache Erfassung des wirtschaftlichen Wertes des Tochterunternehmens darstellen würde[412]. Um dies zu unter-

410 *Sahner/Sauermann* in HdKR, § 295, Rn. 12-14; *Wysocki/Wohlgemuth*, S. 50 f.

411 Ausführlich dazu vgl. Kommentierung von *Sahner/Sauermann* in HdKR, § 296.

412 *Wysocki/Wohlgemuth*, S. 79; *Dusemond/Weber/Zündorf* in HdKR, § 301, Rn. 2.

binden, wird die betreffende Beteiligung gegen das Kapital[413] der jeweiligen Tochtergesellschaft aufgerechnet (§ 301 Abs. 1 Satz 1 HGB), wobei das Gesetz an dieser Stelle die Erwerbsmethode nach § 301 HGB und die Interessenzusammenführungsmethode nach § 302 HGB unterscheidet, auf die hier nicht näher eingegangen wird[414]. Die oben umschriebene Doppelerfassung wird so vermieden.

Die Forderungen und Verbindlichkeiten, die innerhalb des Konzerns bestehen, werden von der Schuldenkonsolidierung gemäß § 303 HGB erfasst. Wenn beispielsweise vom Mutterunternehmen an das Tochterunternehmen eine Lieferung auf Kredit erfolgt, würde in der Bilanz des Mutterunternehmens eine Forderung, in der des Tochterunternehmens eine Verbindlichkeit aus diesem Geschäft erscheinen. Im als Wirtschaftseinheit verstandenen Konzern ist ein derartiges Schuldverhältnis ökonomisch aber ebenso undenkbar wie zwischen den Betriebsabteilungen eines rechtlich einheitlich verfassten Unternehmens[415]. Aus diesem Grund müssen sämtliche Forderungen und Verbindlichkeiten, die in Rechtsgeschäften zwischen Konzernunternehmen begründet sind, für eine richtige Darstellung der Vermögens-, Finanz- und Ertragslage des Konzerns im Konzernabschluss aufgerechnet oder, mit anderen Worten, konsolidiert werden. Hiervon erfasst sind auch Rückstellungen, Ausleihungen und die auf konzerninterne Geschäfte zurückzuführenden Rechnungsabgrenzungsposten[416].

Über den Verweis in § 298 Abs. 1 HGB gilt auch für den Konzernabschluss das sog. Realisationsprinzip aus § 252 Abs. 1 Nr. 4 HS 2 HGB[417]. Dieses besagt, dass nur die Werte zum bilanziellen Erfolg eines Unternehmens gehören, die schon realisiert sind. Als realisiert gilt der Erfolg erst dann, wenn der ihn begründende Vertrag geschlossen ist, die geschuldete Leistung erbracht wurde, die Leistung den Verfügungsbereich des Leistenden verlassen hat und die Abrechnungsfähigkeit gegeben ist[418]. Diese Bedingungen müssen kumulativ vorliegen. Aufgrund des Einheitsgrundsatzes sind die Konzernunternehmen wie unselbständige Betriebsstätten zu behandeln. Liegen zwischen ihnen Transaktionen

413 Als Eigenkapital gelten die in § 266 Abs. 3 HGB aufgeführten Posten.

414 Zu den Methoden: *Baetge*; Konzernbilanzen, S. 196 ff.; 274 ff.

415 *Harms* in HdKR, § 303, Rn. 1; *ADS*, § 303, Rn. 1.

416 *Busse von Colbe/Ordelheide*, S. 323.

417 *ADS*, § 252, Rn. 79; § 304, Rn. 7 f.

418 *Baetge*, Konzernbilanzen, S. 327.

vor, können daraus resultierende (negative und positive) Erfolgsbeiträge nicht als realisiert gelten. Dies ist erst der Fall, wenn Leistungen an einen konzernexternen Absatzmarkt erfolgen[419]. In den Einzelabschlüssen wird dies nicht berücksichtigt. Die Zwischenergebniseliminierung gemäß § 304 HGB stellt daher für den Konzernabschluss sicher, dass Vermögensgegenstände und das entsprechende Ergebnis in der Bilanz wertmäßig um die aus konzerninternen Umsätzen stammenden Erfolgsbeiträge berichtigt werden. § 305 HGB, der eine Aufwands- und Ertragskonsolidierung vorschreibt, führt dies für die in die GuV-Rechnung eingehenden Zwischenergebnisse fort. Insgesamt wird so der Erfolg des Konzerns um die mit Konzernunternehmen getätigten Umsätze berichtigt[420].

2. Die Equity-Methode

a) Konsolidierungskreis

Nach der Equity-Methode werden assoziierte Unternehmen in den Konzernabschluss einbezogen. Gemäß § 311 Abs. 1 Satz 1 HGB sind Unternehmen, an denen eine Beteiligung nach § 271 Abs. 1 HGB besteht und deren Geschäfts- und Finanzpolitik ein in den Konzernabschluss einbezogenes Unternehmen maßgeblich beeinflusst, nach ihrem Buchwert oder mit dem anteiligen Eigenkapital in der Konzernbilanz anzusetzen (§ 312 Abs. 1 Satz 1 Nr. 1 und 2 HGB). Auf den ersten Blick scheinen sich aus dieser normativen Abgrenzung des Konsolidierungskreises ähnliche Probleme zu ergeben, wie man sie aus § 310 HGB kennt, da der Gesetzgeber offen lässt, was genau er unter der Geschäfts- oder Finanzpolitik verstanden wissen will. Mögliche Unklarheiten werden aber durch die in § 311 Abs. 1 S. 2 HGB enthaltene Regelung deutlich entschärft: Der "maßgebliche Einfluss" wird bei einer Mindestbeteiligung von 20 % widerlegbar vermutet[421]. Trotzdem bleibt der Begriff des "maßgeblichen Einflusses" abstrakt schwer definierbar. Die Literatur behilft sich daher im Wesentlichen mit einer Konkretisierung des Tatbestandes durch eine Aufzählung von Sachverhalten, bei deren Vorliegen der maßgebliche Einfluss gegeben sein soll[422]:

419 *Busse von Colbe/Ordelheide*, S. 349; *ADS*, § 304, Rn. 9; *Weber* in HdKR, § 304, Rn. 2 f.

420 *ADS*, § 305, Rn. 1-5.

421 Zu den Widerlegungsmöglichkeiten: *ADS*, § 311, Rn. 45-58.

422 *Küting/Köthner/Zündorf* in HdKR, § 311, Rn. 15-67; ähnlich auch: *ADS*, § 311, Rn. 28-31; *Busse von Colbe/Ordelheide*, S. 474; *Scherrer* in: BoHdR, § 311, Rn. 13-15; *Baetge*, Konzernbilanzen, S. 443; *Wysocki/Wohlgemuth*, S. 156-158; *Havermann* in: WP-Handbuch 1996, Abschn. M, Rn. 440 ff.

- Technologische oder intensive Lieferungs- und Leistungsbeziehungen[423]

- Mitwirkung am unternehmenspolitischen Entscheidungsprozeß

- Technologische oder finanzielle Abhängigkeit des Unternehmens[424]

- Austausch von Führungspersonal[425]

- Vertretung in Leitungs- oder Aufsichtsorganen[426]

- Mitspracherecht bei der Bestellung der Mitglieder der Leitungs- und Aufsichtsorgane

Nicht zu verlangen ist, dass die Indizien kumulativ vorliegen. Allerdings ist das Gesamtbild der tatsächlichen Verhältnisse mit zu berücksichtigen[427]. Dieses kann nur geschehen, wenn man eine Vorstellung darüber hat, was Geschäfts- und Finanzpolitik begrifflich bedeuten. ADS[428] wollen die wesentlichen Entscheidungen innerhalb der Unternehmenspolitik erfasst sehen, also die Beschlüsse über Strategien im Bereich Marketing, Produktion, Investition, Finanzen und die Besetzung von Führungspositionen[429]. Andere stellen die generelle Zielplanung und die gesamten Planungs-, Kontroll- und Organisationsmaßnahmen des strategischen und operativen Managements in den Vordergrund und verbinden damit eine besondere Betonung der in § 311 HGB ausdrücklich erwähnten Finanzpolitik[430].

Nicht näher eingegangen werden soll hier auf die Frage, wo die untere Grenze des maßgeblichen Einflusses zu einer bloßen Beteiligung liegt. Jedenfalls dürfen die Entscheidungen in den oben beschriebenen Feldern nicht ohne die Mitwir-

423 *Küting/Köthner/Zündorf* in: HdKR, § 311, Rn. 45 f.

424 *Küting/Köthner/Zündorf* in: HdKR, § 311, Rn. 45.

425 *Küting/Köthner/Zündorf* in: HdKR, § 311, Rn. 47.

426 *Küting/Köthner/Zündorf* in: HdKR, § 311, Rn. 38-44.

427 *ADS*, § 311, Rn. 28; *Wysocki/Wohlgemuth*, S. 156.

428 *Adler/Düring/Schmaltz*, Rechnungslegung und Prüfung der Unternehmen.

429 *ADS*, § 311, Rn. 20.

430 *Küting/Köthner/Zündorf* in: HdKR, § 311, Rn. 23, 24.

kung oder gegen den Willen des beteiligten Unternehmens getroffen werden[431]. Ferner muss der Einfluss dauerhaft ausgeübt werden[432]. Daneben herrscht Einigkeit darüber, dass die Intensität der Einflussnahme über die Ausübung von Aktionärs- oder Gesellschafterrechten hinausgehen muss[433].

Für den Konsolidierungskreis bleibt zu erwähnen, dass er sich auch auf sog. untypische assoziierte Unternehmen erstreckt[434]. Darunter versteht man zum einen Tochterunternehmen, die unter das Einbeziehungsverbot des § 295 Abs. 1 HGB fallen oder angesichts § 296 Abs. 1 Nr. 1 oder 2, Abs. 2 HGB nicht voll konsolidiert wurden, zum anderen (Gemeinschafts-)Unternehmen, bei denen das Einbeziehungswahlrecht nach § 310 Abs. 1 HGB trotz einer tatsächlich gegebenen "gemeinsamen Führung" nicht wahrgenommen wurde. Liegt in diesen Fällen ein maßgeblicher Einfluss vor, können die Unternehmen "at equity" konsolidiert werden[435].

b) Methode

Die Konsolidierung "at equity" weicht methodisch entscheidend von der Vollkonsolidierung ab. Bei einer Vollkonsolidierung werden, wie oben beschrieben, an Stelle der dem Mutterunternehmen gehörenden Anteile alle Vermögensgegenstände, Schulden und Rechnungsabgrenzungsposten in den Konzernabschluss unter den so bezeichneten Posten übernommen. Bei der Equity Methode werden diese, soweit sie dem Mutterunternehmen in Höhe ihres Anteils an dem Unternehmen zuzurechnen sind, allein im Bilanzposten "Beteiligung an assoziierten Unternehmen" in der Konzernbilanz ausgedrückt. Typisch für diese Technik ist, dass das assoziierte Unternehmen in der Konzernbilanz in einer einzigen

431 *ADS*, § 311, Rn. 17.

432 *Havermann* in: WP-Handbuch 1996, Abschn. M, Rn. 442.

433 *ADS*, § 311, Rn. 18; *Havermann* in: WP-Handbuch 1996, Abschn. M, Rn. 441; *Küting/Köthner/Zündorf* in: HdKR, Rn. 26-37, die zwischen AG und GmbH differenzieren und aufgrund des größeren Einflusspotentials der Gesellschafter einer GmbH in der Gesellschafterversammlung als in der Hauptversammlung einer AG aufgrund der gesetzlichen Grundlagen eine direkte Einflussnahme auf die Geschäfts- und Finanzpolitik bei einer GmbH durch die Gesellschafterversammlung eher für möglich halten.

434 *Baetge*, Konzernbilanzen, S. 446.

435 Vgl. Schaubild bei *Baetge*, S. 447; *Scherrer*, Konzernrechnungslegung, S. 524-526; *ADS*, § 311, Rn. 59-69; *Kirsch*, S. 31-46.

Zeile dargestellt wird, weshalb man sie gelegentlich auch als "Einzeilenkonsolidierung" bezeichnet[436].

Bei Anwendung der Equity-Methode besteht ein Wahlrecht zwischen der Buchwertmethode (§ 312 Abs. 1 Satz 1 Nr. 1 HGB) und der Kapitalanteilsmethode (§ 312 Abs. 1 Satz 1 Nr. 2 HGB). Beiden ist in der Grundkonzeption gemein, dass ein den Anschaffungskosten[437] entsprechender Wert der Beteiligung in den Jahren nach einer erstmaligen Bewertung entsprechend der positiven bzw. negativen Entwicklung des Eigenkapitals (§ 266 Abs. 3 HGB) des assoziierten Unternehmens fortgeschrieben, d.h. erhöht oder vermindert wird. Ein zwischen den Anschaffungskosten und dem bilanziellen Eigenkapital des assoziierten Unternehmens bestehender Unterschiedsbetrag ("good will" oder Firmenwert)[438] wird entsprechend den Regeln der Vollkonsolidierung in den Folgejahren fortgeführt, abgeschrieben oder aufgelöst.

3. Die Quotenkonsolidierung

a) Konsolidierungskreis

§ 310 HGB gestattet die Quotenkonsolidierung für Unternehmen, die von der "gemeinsamen Führung" eines in einen Konzernabschluss einbezogenen und mindestens eines konzernaußenstehenden Unternehmens erfasst sind . Dabei eröffnet § 310 HGB bei Erfüllung seines Tatbestandes ein Wahlrecht zwischen der Quotenkonsolidierung und der Equity-Methode. Dieses resultiert vornehmlich daraus, dass mit der gemeinsamen Führung zugleich immer ein maßgeblicher Einfluss auf die Geschäfts- und Finanzpolitik des Unternehmens im Sinne des § 311 HGB einhergeht[439]. So betrachtet ist der maßgebliche Einfluss aus dem Blickwinkel der Leitungsintensität ein "Minus" zur gemeinsamen Führung nach § 310 HGB.

b) Die Methode der Quotenkonsolidierung

§ 310 Abs. 2 HGB verweist für die Vorgehensweise bei der Quotenkonsolidierung im Wesentlichen auf die Vorschriften der Vollkonsolidierung (§§ 297-301,

[436] *Scherrer*, Konzernrechnungslegung, S. 531; *Wysocky/Wohlgemuth*, S. 163.

[437] *ADS*, § 255, Rn. 5 ff.

[438] *ADS*, § 312, Rn. 12; § 309, Rn. 7-13.

[439] *ADS*, § 319, Rn. 7; BT-DruckS. 7/5221, S. 22.

303-306, 308 und 309 HGB), woraus sich das im folgenden erläuterte Bild ergibt.

Die Abschlussposten aus der Bilanz des "gemeinsam geführten" Unternehmens, also die Vermögensgegenstände, Schulden, Rechnungsabgrenzungsposten, Aufwendungen und Erträge werden in Höhe des Kapitalanteils (nicht des Stimmenanteils) in der Konzernbilanz erfasst.

Der Beteiligungsbuchwert ist mit dem anteiligen Eigenkapital des "gemeinsam geführten" Unternehmens aufzurechnen. Auf andere Gesellschafter entfallende Posten (aktive und passive) werden nicht in den Konzernabschluss übernommen - ein grundlegender Unterschied zur Vollkonsolidierung. Auch die Zwischenergebnisse werden nur in Höhe des Konzernanteils eliminiert.

c) Würdigung

Die Quotenkonsolidierung stellt eine Alternative zur Equity-Methode dar. Kritisiert wird, dass sie auf der Interessentheorie beruhe und somit nicht mit dem für den HGB-Konzernabschluss normierten Einheitsgrundsatz im Einklang stehe[440]. Ohne weiter auf diesen Vorwurf eingehen zu wollen, steht doch fest, dass die Quotenkonsolidierung geltendes Recht darstellt. Insofern ist es angebracht, jenseits theoretischer Divergenzen zu analysieren, inwiefern die Quotenkonsolidierung den Zwecken des Konzernabschlusses dienlich ist.

Im Rahmen des Rechenschaftszwecks ist es wesentlich, dass der Konzernabschluss offenlegt, wie das anvertraute Kapital verwendet wurde, damit die Adressaten Einblick in die wirtschaftliche Lage des Konzerns nehmen können. Für diese Lage erheblich ist u.a. der Grad, in dem der Konzern im Verhältnis zu seinem eigenen Vermögen verschuldet ist. Das daraus abzulesende Schuldendeckungspotential belegt, inwieweit es im Konzern möglich ist, Schulden durch verwertbare Vermögensgegenstände abzudecken. Bei der Quotenkonsolidierung wird das Vermögen des "gemeinsam geführten" Unternehmens dem Konzern im Abschluss anteilig zugerechnet und zwar in der Form einzelner Aktiva und Passiva. Dies suggeriert eine Verfügungsmacht über diese anteiligen Posten, die nicht wirklich besteht, da die realen Eigentums- und Verfügungsrechte anders liegen. Die anteiligen Vermögensgegenstände sind vom Konzern so nicht verwertbar und auch die Schulden in anteiliger Höhe stellen nicht Verpflichtungen des Konzerns dar, da das vom Konzern kontrollierte Gesellschafterunternehmen

[440] *Küting*, BB 1983, S. 804 ff; *Küting/Weber*, Konzernabschlüsse, S. 372.

in keinem Fall alleine über Schulden und Vermögensgegenstände des "gemeinsam geführten" Unternehmens disponieren kann. Den Gläubigern ist ferner auch der Zugriff auf den Konzern als Haftungsmasse verwehrt. Obwohl dies ein Widerspruch ist, werden Aktiva und Passiva in der Konzernbilanz ausgewiesen. Insoweit dient die Quotenkonsolidierung dem Rechenschaftszweck nicht[441].

Kritisch wird auch beurteilt, dass die jeweils von der Beteiligungshöhe abhängige Konsolidierung dazu führe, dass die von verschiedenen "gemeinsam geführten" Unternehmen in der Konzernbilanz enthaltenen Posten untereinander schwer vergleichbar seien, da die erscheinenden Werte davon abhingen, wie hoch der vom Konzern gehaltene Anteil an jedem Unternehmen jeweils sei. Schließlich werden die aus der Quotenkonsolidierung stammenden Posten mit denen vollkonsolidierter Unternehmen zusammengefasst[442]. Da dann nicht mehr ersichtlich ist, welcher Wert aus welcher Konsolidierungsmethode resultiert, verliert der Konzernabschluss insgesamt an Klarheit und Übersichtlichkeit.

Gegenüber der Equity-Methode besteht der Vorteil, dass der Beteiligungsbuchwert mit der Quotenkonsolidierung offen in seine Bestandteile zerlegt wird. Mit Blick auf die Vollständigkeit des Konsolidierungskreises werden dadurch die wirtschaftlichen Aktivitäten des "gemeinsam geführten" Unternehmens auch im Konzernabschluss ersichtlich. Dies ist vor allem dann von Bedeutung, wenn im betreffenden Unternehmen wesentliche Geschäfte des Konzerns abgewickelt werden.

Da § 310 Abs. 2 HGB auf § 298 Abs. 1 HGB verweist, gelten im Rahmen der Quotenkonsolidierung auch die wesentlichen Grundsätze über die Kapitalerhaltung, was bedeutet, dass die in der Konzernbilanz erscheinenden Posten, die das "gemeinsam geführte" Unternehmen betreffen, dementsprechend ermittelt werden müssen. Der Kapitalerhaltungszweck wird im Rahmen der Konzernbilanz dabei nicht durch Ausschüttungssperren, sondern allein durch Informationen über die wirtschaftliche Lage vermittelt. Diese Lage des "gemeinsam geführten" Unternehmens lässt sich bei der Quotenkonsolidierung auch in der Konzernbilanz deutlich erkennen.

441 *Baetge*, Konzernbilanzen, S. 378.

442 *Küting/Weber*, Konzernabschlüsse, S. 371; *Schruff*, S. 146; Busse von Colbe, ZfbF 1976, S. 667, 674.

Jeder Konzernabschluss hat die Aufgabe, die Mängel der Einzelabschlüsse der Konzernunternehmen zu kompensieren, insoweit sie gerade auf der Zugehörigkeit zum Konzernverbund beruhen. Erreicht wird dies durch die Eliminierung konzerninterner Beziehungen bzgl. der Schulden (§ 303 HGB), der Aufwendungen und Erträge (§ 305 HGB) und der Zwischenergebnisse (§ 304 HGB) sowie durch die Kapitalkonsolidierung nach § 310 HGB. Die Vorschriften gelten gemäß § 310 Abs. 2 HGB ebenso für die Quotenkonsolidierung, wobei die Eliminierung entsprechend der Kapitalbeteiligung zu erfolgen hat. Insofern ist man mit der Quotenkonsolidierung in der Lage, aus der Verbindung zum Konzern resultierende Mängel des Einzelabschlusses eines "gemeinsam geführten" Unternehmens auszugleichen.

VII. Erkenntnisse für die "gemeinsame Führung"

Zu fragen ist, welche Rückschlüsse sich aus den Konsolidierungsmaßnahmen, die mit der Quotenkonsolidierung nach dem Gesetz vorzunehmen sind, für die Konzeption einer "gemeinsamen Führung" im Sinne des § 310 HGB herleiten lassen. Zur Erinnerung: Die bisherige Untersuchung erbrachte, dass für die "gemeinsame Führung" in der Regel der Finanzbereich ebenso von herausragender Bedeutung ist wie der Bereich, der für die Zusammenarbeit der Gesellschafterunternehmen entscheidend ist, der Instrumentalsachbereich. Hier müssen die "wesentlichen" Führungsentscheidungen getroffen, Planungs-, Kontroll- und Organisationsaufgaben umfassend wahrgenommen werden. Schließlich ist der Einfluss auf die Bestimmung der Unternehmensethik, -philosophie, -politik und der strategischen Gesamtplanung von maßgeblicher Bedeutung, wobei insgesamt die Interessen der an der Führung beteiligten Gesellschafterunternehmen zu wahren sind.

Für den Kernbereich des Konzerns, den der Tochterunternehmen, sieht das HGB die Vollkonsolidierung vor, um den Konzern im Sinne des § 297 Abs. 3 HGB wie ein einziges Unternehmen darzustellen. Dies erscheint auf der Grundlage der Vorstellung des HGB, was ein Tochterunternehmen ausmacht, auch gerechtfertigt: Tochterunternehmen sind entweder "einheitlich geleitet", ihre wesentlichen Organe werden durch die Konzernobergesellschaft besetzt oder kontrolliert, oder sie werden aufgrund vertraglicher Regelungen beherrscht. Im Grundsatz ist in all diesen Fällen die Stellung eines Tochterunternehmens gegenüber dem die Leitungsmacht ausübenden Teil nicht wesentlich stärker als der einer Betriebsabteilung, zumindest nicht aus wirtschaftlicher Sicht[443]. Daher werden

[443] Minderheitenrechte sollen hier außer Betracht bleiben.

im Konzernabschluss die Werte eliminiert, die entweder aufgrund dieser Betrachtung zwischen dem Konzern und der Tochtergesellschaft nicht bestehen können oder als noch nicht realisiert gelten müssen. Ein weiterer Grund für die Eliminierung liegt allerdings darin, dass die Muttergesellschaft über ihren Einfluss den Inhalt und damit auch den wirtschaftlichen Wert dieser Geschäfte bestimmen kann. Damit hätte sie, würden die Umsätze und Ergebnisse aus diesen Geschäften erfasst, die Möglichkeit, die Konzernbilanz durch eine zielgerichtete Ausgestaltung der Geschäfte mit Tochterunternehmen in ihrem Sinne zu beeinflussen. Dies wird mit der Schuldenkonsolidierung und der Zwischenergebniseliminierung unterbunden. Diese findet auch bei "gemeinsam geführten" Unternehmen (quotal) statt. Allerdings hat hier das beteiligte Konzernmutter- oder -tochterunternehmen nicht das gleiche Maß an Einfluss auf die Geschäftstätigkeiten des "gemeinsam geführten" Unternehmens wie bei einem einheitlich geleiteten Unternehmen besitzt. Schließlich ist nach der hier vertretenen Auffassung sichergestellt, dass die wesentlichen Interessen des konsolidierenden Gesellschafterunternehmens (die durch die Einbindung in den Konzern jedenfalls mittelbar Konzerninteressen sind) gewahrt bleiben.

Ob die quotale Erfassung der Schulden und Zwischenergebnisse die richtige Methode ist, um den Grad des Einflusses der Konzernobergesellschaft auf die Geschäftsbeziehungen zwischen dem Konzern und einem "gemeinsam geführten" Unternehmen darzustellen, mag dahin gestellt bleiben[444]. Das Gesetz sieht sie bei einer "gemeinsamen Führung" jedenfalls vor, und die Praxis nimmt das ihr zur Verfügung gestellte Wahlrecht auch wahr. Finden aber Schuldenkonsolidierung und Zwischenergebniseliminierung im Konzernabschluss gerade deswegen statt, weil man davon ausgeht, dass in diesem Bereich eine Einflussnahme durch den Konzern besteht, muss man dies auch bei der Konzeption der "gemeinsamen Führung" des Unternehmens berücksichtigen. Denn durch die "gemeinsame Führung" wird Einfluss auf das Unternehmen ausgeübt. Daher müssen Gegenstand der "gemeinsamen Führung" im Sinne des § 310 HGB all diejenigen Geschäfte sein, die zwischen dem Gemeinschaftsunternehmen und Konzernunternehmen getätigt werden. Würden diese nicht erfasst, würde der Konzern nicht tatsächlich auf diese Transaktionen einwirken. Dann aber wären Schuldenkonsolidierung und Zwischenergebniseliminierung im Rahmen der Quotenkonsolidierung nicht zu rechtfertigen.

[444] Kritisch dazu: *Schruff*, S. 146; *Küting*, BB 1983, S. 804, 812.

Dies gilt nur dann nicht, wenn diese Geschäfte im Sinne des § 303 Abs. 2 HGB und § 304 Abs. 2 HGB von nur untergeordneter Bedeutung für die Vermögens-, Finanz- und Ertragslage des Konzerns sind oder man gemeinsam festgelegt hat, die Leistungs- und Lieferbeziehungen grundsätzlich nach marktüblichen Bedingungen auszugestalten.

Durch das Erfordernis, dass sich die "gemeinsame Führung" mit den Geschäften zu befassen hat, die von Schuldenkonsolidierung oder Zwischenergebniselimierung betroffen sind, wird zudem ein gewichtiger Kritikpunkt entkräftet: Gegen die Quotenkonsolidierung wird anführt, dass es bei einem "gemeinsam geführten" Unternehmen wegen des nur geringen Einflusses des Konzernmutter- oder -tochterunternehmens nicht möglich sei, die für eine sachgerechte Erstellung des Konzernabschlusses notwendigen Informationen über die Geschäftstätigkeiten zu erhalten[445]. Verlangt man für ein nach § 310 HGB "gemeinsam geführtes" Unternehmen, dass sich die Gesellschafterunternehmen mit den o.g. Geschäften auseinandersetzen, müssen dem Konzern bzw. einem seiner Tochterunternehmen gerade diese für die Konzernrechnungslegung essentiellen Informationen vorliegen. Dadurch wird auch die Richtigkeit der Annahme untermauert, dass man aus organisatorischer Sicht in einem "gemeinsam geführten" Unternehmen ein Informationssystem einzurichten hat, das die für die Gesellschafterunternehmen zur Steuerung der aufgeführten Bereiche notwendigen Daten zur Verfügung stellen kann.

G. Das Problem der "gemeinschaftlichen einheitlichen Leitung"

I. Problemstellung

Ausgangspunkt der Diskussion über die "gemeinschaftliche einheitliche Leitung" ist eine Bemerkung in der Regierungsbegründung zum Aktiengesetz 1965, die zuließe, Unternehmen, an denen konzernzugehörige Unternehmen jeweils hälftig beteiligt sind, in die jeweiligen Konzernabschlüsse nach der Vollkonsolidierungsmethode mit einzubeziehen[446]. Damit stellt sich die Frage, ob und wie es möglich ist, dass zwei Unternehmen gleichzeitig die "einheitliche Leitung" ausüben können. Denn nur dann war nach der damaligen Rechtslage eine Vollkonsolidierung in mehreren Konzernabschlüssen statthaft.

[445] *Küting/Weber*, Konzernabschlüsse, S. 372.

[446] *Kropff*, AktG 1965, S. 439.

Obwohl die Diskussion anhand der §§ 18 und 329 AktG 1965 geführt wurde, ist sie heute noch aktuell, da § 290 Abs. 1 HGB den im Aktiengesetz 1965 verwendeten Begriff der "einheitlichen Leitung" übernommen hat und anerkannt ist, dass hierfür die zu § 329 AktG 1965 entwickelten Grundsätze fortgelten sollen. Die Unklarheiten werden in den Materialien zum Bilanzrichtliniengesetz deutlich: Aus dem Bericht des Rechtsausschusses geht hervor, dass man in den Fällen der 50:50 - Beteiligungen durchaus eine "einheitliche Leitung" durch zwei Unternehmen feststellen könne. Gefolgert wird hieraus aber, dass dann die Anwendung der Quotenkonsolidierung der Vollkonsolidierung vorzuziehen sei, weil der Konzernabschluss (sonst) nur unnötig aufgebläht würde, was bei dem auf Bilanzsumme und Umsatz bedachten Bilanzleser zu Fehleinschätzungen führen könne[447]. Vor dem Hintergrund der Darstellung der tatsächlichen Vermögens-, Finanz- und Ertragslage des Konzerns im Sinne der an der Konzernrechnungslegung interessierten Personen spricht dies eher dafür, dass man eine Vollkonsolidierung nicht zulassen oder dahingehend nur ein stark eingeschränktes Wahlrecht einräumen wollte. Eine eindeutige Aussage lässt sich allerdings nicht ableiten. Die Bundesregierung ging zuvor davon aus, dass eine Quotenkonsolidierung unzulässig sei, wenn die Voraussetzungen für eine Vollkonsolidierung vorlägen[448]. Dies steht im Gegensatz zur Annahme eines Wahlrechts zwischen der Quoten- und Vollkonsolidierung[449] im Falle einer "gemeinschaftlichen einheitlichen Leitung".

II. Zur Haltbarkeit der "gemeinschaftlichen einheitlichen Leitung"

An dieser Stelle muss man die Frage beantworten, ob und wie eine "gemeinschaftliche einheitliche Leitung" begründet werden kann.

1. Anknüpfung an höchstrichterliche Rechtsprechung

Eine Möglichkeit liegt darin, sich an der höchstrichterlichen Rechtsprechung zum Problem der mehrfachen Abhängigkeit im Sinne des AktG zu orientieren.

Das Reichsgericht hatte eine mehrfache Abhängigkeit mit der Begründung abgelehnt, dass ein beherrschendes Unternehmen in der Lage sein müsse, dem ab-

[447] BT-DruckS. 10/4268, S. 116.

[448] BT-DruckS. 110/3440, S. 40.

[449] *Barz*, FS Kaufmann, S. 59, 65; *ders.*, GroßkommentarAktG, 3. Aufl., § 329, Rn. 9; *Hoffmann-Becking/Rellermeyer*, FS Goerdeler, S. 199, 216.

hängigen Unternehmen seinen Willen aufzuzwingen, was nicht möglich sei, wenn es dabei immer auf eine nicht sichere Unterstützung durch einen Dritten hoffen müsse[450].

Der BGH war mit einen Fall befasst, bei dem es um die Frage ging, ob ein Unternehmen von einer durch Familienstämme paritätisch besetzten Gruppe von Gesellschaften, die über 50 % des Unternehmenskapitals kontrolliert, abhängig sein könne und die Gruppe daher einen Abhängigkeitsbericht gemäß §§ 17, 312 AktG erstellen müsse[451]. Der BGH bejahte dies und hielt die Beherrschung durch mehrere Unternehmen für möglich, obwohl der Wortlaut des § 17 AktG mit "dem herrschenden Unternehmen" im Singular spricht. § 17 AktG sei eine Vorschrift, die dem Schutz der abhängigen Gesellschaft und deren Gläubiger und Minderheitsaktionäre diene. Da es bei den aus der Beherrschung für diese Gruppen entstehenden Nachteilen aber keinen Unterschied mache, ob man dem einheitlichen Willen einer oder mehrerer Gesellschaften unterworfen sei, müsse man die Frage der Beherrschung aus der Sicht des abhängigen Unternehmens beurteilen[452]. Würde man sich strikt an den Wortlaut halten, ließen sich § 17 AktG und die mit ihm verbundenen Schutzvorschriften durch die Aufteilung von Anteilen auf rechtlich selbständige Rechtsträger allzu leicht umgehen[453]. Außerdem sei ein das abhängige Unternehmen schützendes Spannungsverhältnis zwischen den beherrschenden Parteien nicht vorhanden, wenn sie gemeinsame Interessen auf der Grundlage einer vertraglich, organisatorisch oder tatsächlich gewährleisteten gleichgerichteten Willensbildung wahrnähmen[454]. Diese Auffassung vertritt der BGH auch zu § 23 GWB iVm § 17 AktG[455].

Die gesamte Argumentation lässt sich jedoch nicht auf § 290 Abs. 1 HGB übertragen. Hier geht es, anders als bei § 311 ff. AktG, nicht um einen Außenseiterschutz oder, wie bei § 23 GWB, um den Schutz von Öffentlichkeit oder Wettbewerbern. Vielmehr verpflichtet § 290 AktG den Konzern zur Rechnungslegung primär, um Gläubiger und Anteilseigner (bzw. aller "stakeholder") des

[450] RGZ 167, 49.

[451] BGHZ 62, 193=BGH DB 1974, S. 767 ff.

[452] BGH DB 1974, S. 767, 768.

[453] BGH DB 1974, S. 767, 768.

[454] BGH DB 1974, S. 767, 769.

[455] BGHZ 74, S. 359 ff.

Konzerns zu informieren und deren Belange zu schützen. Daher ist es angebracht, die Frage nach einer "einheitlichen Leitung" aus der Sicht des Konzerns und nicht aus der Perspektive der geleiteten Unternehmen zu beantworten. Bei § 23 GWB tritt die Besonderheit auf, dass dieser eine Mehrmütterklausel enthält (§ 23 Abs. 1, 2. HS GWB), die "mehrfache" Beherrschung also schon gesetzlich anerkannt ist. Auch enthält sich der BGH ausdrücklich einer Beurteilung der Problematik im Rahmen der Rechnungslegung[456].

Das BAG hat in einem Urteil zu den §§ 17, 18 AktG, § 5 MitbestG und §§ 54, 55 BetrVG festgestellt, dass die zu § 17 AktG vom BGH erarbeiteten Grundsätze auf § 18 AktG zu übertragen seien[457]. Dies wird damit begründet, der einzige Unterschied zwischen § 17 Abs. 1 AktG und § 18 Abs. 1 Satz 1 AktG der bestehe darin, dass § 18 AktG eine konkrete Beherrschung, § 17 AktG nur eine Beherrschungsmöglichkeit verlange. Ein abhängiges Unternehmen sei ein potentielles Konzernunternehmen. Daraus wird der Schluss gezogen, dass Fragen der Abhängigkeit und der Konzernzugehörigkeit einheitlich zu beantworten seien[458]. Im weiteren führt das BAG die Richtigkeit seiner Ansicht für den Geltungsbereich der §§ 54 ff. BetrVG aus, wobei in diesem Zusammenhang wiederum der Schutzzweck der Normen für die Richtigkeit der vom Gericht vertretenen Ansicht spricht[459].

Allerdings stimmt der Schutzzweck der §§ 54, 55 BetrVG nicht mit dem der Konzernrechnungslegung überein. Man muss die Anforderungen an eine "gemeinschaftliche einheitliche Leitung" nicht anhand anderer Begriffe des materiellen Konzernrechts wie der §§ 17, 18 AktG, § 23 GWB oder § 54 BetrVG bestimmen, sondern auf Grundlage der speziellen Funktion der Rechnungslegung, wie sie oben bereits dargestellt wurde[460].

456 BGH DB 1974, S. 767, 768.

457 BAG AG 1988, S. 106 ff.

458 BAG AG 1988, S. 106, 108.

459 BAG AG 1988, S. 106, 108-109.

460 Vgl. oben E II V, unter besonderer Berücksichtigung der wirtschaftlichen Einheit des Konzerns.

2. "Gemeinschaftliche einheitliche Leitung" aufgrund der Funktion der Rechnungslegung

Die wesentliche Funktion der Konzernrechnungslegung besteht darin, für die außenstehenden Gesellschafter und Gläubiger die wirtschaftliche Lage des Konzerns möglichst transparent darzustellen. Sie knüpft dabei im Wesentlichen an zwei Gesichtspunkte an: die wirtschaftliche Einheit und die mit dem herrschenden Einfluss verbundene Möglichkeit, den Leistungsverkehr innerhalb des Konzerns zu steuern und so das Bild von der Vermögens-, Finanz- und Ertragslage des Konzerns zu manipulieren[461]. Dies aufzudecken, ist die wesentliche Funktion der Konzernrechnungslegung. Dahingehend soll nach einer Auffassung für die wirtschaftliche Einheit schon eine Einpassung in das Produktions- und Absatzprogramm des Konzerns ausreichen[462]. Diese Integration sei bei Gemeinschaftsunternehmen regelmäßig der Fall und zwar im Hinblick auf alle an der "gemeinsamen Führung" teilnehmenden Gesellschafterunternehmen. Die Manipulationsmöglichkeit bzgl. der konzerninternen Beziehungen wird damit begründet, dass es denkbar und in der Praxis durchaus üblich sei, dass die beteiligten Obergesellschaften gemeinsam festsetzten, wie sie die Geschäftsbeziehungen zu ihrem (Gemeinschafts-)Unternehmen ausgestalten wollten[463]. Damit wären die für die Konzernrechnungslegung relevanten Tatbestände (wirtschaftliche Einheit und Manipulationsmöglichkeit) in einem Gemeinschaftsunternehmen regelmäßig erfüllt, so dass die Vollkonsolidierung aufgrund einer so verstandenen "gemeinschaftlichen einheitlichen Leitung" stattfinden könnte[464].

Abgesehen davon, dass die Darstellung der wirtschaftlichen Einheit und die Verhinderung von Manipulationen zwar wesentliche, aber durchaus nicht die einzigen Zwecke des Konzernabschlusses darstellen[465], erscheint eine derartige Auflösung der Kriterien für die Vollkonsolidierung aus mehreren Gründen bedenklich: Zunächst wird ein Verständnis von der wirtschaftlichen Einheit des Konzerns zugrunde gelegt, das den daran gestellten Anforderungen nicht mehr

461 *Kronstein* in KK, 1. Aufl., § 329, Rn. 101.

462 *Kronstein* in KK, 1. Aufl., § 329, Rn. 102.

463 *Kronstein* in KK, 1. Aufl., § 329, Rn. 103.

464 *Kronstein* in KK, 1. Aufl., § 329, Rn. 103.

465 Zu weiteren siehe oben F V.

gerecht wird[466]. Für die tatsächliche Einheit des Konzerns reicht es nicht aus, wenn die zu ihm gehörenden Tochterunternehmen in dessen Absatz- und Produktionsprogramm eingepasst sind. Bei einem voll zu konsolidierenden Tochterunternehmen käme niemand auf die Idee, dies gelten zu lassen. Es ist nicht nachvollziehbar, warum es bei einem dann ebenso voll zu konsolidierenden Nicht-Tochterunternehmen ausreichen sollte. Zudem ist nicht ersichtlich, dass es eine regelmäßige Übung von Konzernobergesellschaften gibt, die Beziehungen zu einem "gemeinschaftlich einheitlich geleiteten" Unternehmen von Anfang an einvernehmlich so auszugestalten, dass man schon deshalb von einer Manipulation aller Leistungs- und Lieferungsgeschäfte sprechen könnte[467]. Es ist denkbar, dass nach marktüblichen Bedingungen abgerechnet wird, so z.B. bei kooperativen Gemeinschaftsunternehmen, die gewinnorientiert auf dem Markt agieren. Oder es gibt gar keine Leistungs- und Lieferbeziehungen. Im Grunde muss man sich außerstande sehen, eine wie auch immer geartete Praxis überhaupt feststellen zu können. Folgte man der gegenteiligen Auffassung, so führte dies zu einer weitgehenden Aushöhlung des Begriffs der "einheitlichen Leitung", der immer noch die kennzeichnende Grundlage für eine Vollkonsolidierung gemäß § 290 Abs. 1 HBG ist und den wesentlichen Teil der "gemeinschaftlichen einheitlichen Leitung" bildet.

3. Anerkennung der "gemeinschaftliche einheitliche Leitung" auf Grundlage des § 16 Abs. 4 AktG

Als ein weiteres Argument für die Anerkennung einer "gemeinschaftlichen einheitlichen Leitung" wird § 16 Abs. 4 AktG angeführt. In diesem regele das Gesetz, dass eine mittelbare Beeinflussung vermittelt durch eine Tochtergesellschaft grundsätzlich denkbar und relevant sei. Ähnliches lasse sich aus § 17 AktG herleiten, der von der "unmittelbaren oder mittelbaren" Ausübung des beherrschenden Einflusses ausgehe. In beiden Fällen bildeten also zwei Unternehmen die Basis eines einzigen Einflusses auf das untergeordnete Unternehmen[468]. Dieser Gedanke könne auf das Konzept der "einheitlichen Leitung" übertragen werden: man behauptet, dass zwei auf gleicher Stufe stehende Gesellschafterunternehmen ebenso wie ein über- und ein untergeordnetes Unter-

[466] Zu den Anforderungen an die wirtschaftliche Einheit und die einheitliche Leitung siehe oben Kapitel F II.

[467] Ähnlich auch *Barz* in: GroßkommAktG, 3. Aufl., § 329, Rn. 9, der allerdings für eine analoge Anwendung von § 329 AktG 1965 auf Gemeinschaftsunternehmen plädiert.

[468] *Lutter*, NJW 1973, S. 113, 115.

nehmen zusammen den Ausgangspunkt der auf ein gemeinsames Unternehmen ausgeübten Leitungsmaßnahmen bilden könnten. Dann spräche § 16 Abs. 4 AktG für die Zulässigkeit einer "gemeinschaftlichen einheitlichen Leitung". Ebenso könne man vorbringen, § 16 Abs. 4 AktG stehe grundsätzlich für eine Anerkennung mehrfacher Abhängigkeit oder Beherrschung im Konzernrecht, da jedes mittelbar beherrschte Unternehmen sowohl von dem direkt an ihm beteiligten Tochterunternehmen als auch von dem Mutterunternehmen, das dem Tochterunternehmen übergeordnet ist, beeinflusst sei[469]. In dieser Situation nähmen ebenso wie bei der "gemeinschaftlichen einheitlichen Leitung" zwei Unternehmen an der Unternehmensführung teil.

Bei diesen aus § 16 Abs. 4 AktG hergeleiteten Argumenten wird aber übersehen, dass in der Konstellation, in der ein Mutter- und ein Tochterunternehmen den Einfluss ausüben, in Wahrheit nicht zwei unterschiedlichen Einflussquellen vorhanden sind, sondern nur eine, nämlich die Muttergesellschaft. Die Tochtergesellschaft(en) ist (sind) lediglich für die Vermittlung des Einflusses zuständig. Bei "gemeinschaftlich einheitliche geleiteten" Unternehmen bleibt aber ein wesentliches Merkmal, dass die Gesellschafterunternehmen voneinander unabhängig sind. Damit liegen auch immer zwei unabhängige Einflussquellen vor. Diese stehen nebeneinander und sind nicht wie ein Mutter- und ein Tochterunternehmen hierarchisch angeordnet. Daher kann die Anerkennung der "gemeinschaftlichen einheitlichen Leitung" nicht überzeugend auf § 16 Abs. 4 AktG gestützt werden[470].

4. Das Problem der Darstellung von Gemeinschaftsunternehmen nach dem Aktiengesetz 1965 und dem aktuellen HGB unter dem Gesichtspunkt der wirtschaftlichen Einheit des Konzerns

Nach dem Aktiengesetz 1965 konnten Gemeinschaftsunternehmen nur dann aussagekräftig konsolidiert erfasst werden, wenn man deren "einheitliche Leitung" und damit eine Vollkonsolidierung begründen konnte. Gelang dies nicht, konnte nur eine Beteiligung ausgewiesen werden. Unter diesem Gesichtspunkt sind Versuche, die "gemeinschaftliche einheitliche Leitung" zu rechtfertigen[471],

[469] *Emmerich/Gansweid*, JuS 1975, S. 294, 296.

[470] Vgl. auch: *Bauzà Morè*, S. 32.

[471] Vgl. *Würdinger*, AktG, S. 325; *Busse von Colbe*, AG 1966, S. 269, 274; *Barz* in Groß-komm.AktG, 3. Aufl., § 329, Rn. 8 ff.; Godin-*Wilhelmi*, § 329, S. 1726; *Geßler*, BB 1971, S. 1015.

durchaus verständlich, gerade wenn ein Konzern wesentliche Werte in einem oder mehreren Gemeinschafts- oder "gemeinsam geführten" Unternehmen investiert hat.

Das Bedürfnis für eine Vollkonsolidierung ist aber mit dem BiRiLiG von 1985, das auch und gerade für Gemeinschaftsunternehmen die Quotenkonsolidierung eingeführt hat, entfallen. Nach den heutigen Vorschriften lassen sich alle Gemeinschaftsunternehmen im Konzernabschluss erfassen, wenn sie "gemeinsam geführt" sind. Das Problem, dass in ihnen investierte Werte dem Bilanzadressaten entgehen könnten, erübrigt sich damit. Man könnte auf die Figur der "gemeinschaftlichen einheitlichen Leitung", jedenfalls in der Konzernrechnungslegung, verzichten. Dennoch werden im Schrifttum unterschiedliche Auffassungen zu dieser Frage vertreten[472].

a) "Gemeinschaftliche einheitliche" Leitung zur Erfassung von Gemeinschaftsunternehmen

Bei der "gemeinschaftlichen einheitliche Leitung" ist davon auszugehen, dass sie die verbundweite Koordination des finanziellen Bereichs durch Planung und Kontrolle einschließt[473]. Ferner ist denkbar, dass sie vorliegt, wenn auf einen anderen Entscheidungsbereich umfassend Einfluss genommen wird[474]. Konzernintegrierend wirkt, dass die Konzernführung im Voraus festlegt, welchen Bei-

[472] Für eine "gemeinschaftliche einheitliche Leitung": *Claussen/Scherrer* in: KK, 2. Aufl., § 290, Rn. 34 f.; *Koppensteiner* in: KK, 2. Aufl., § 18, Rn. 25; *Baumbach/Duden/Hopt*, HGBK § 290, Rn. 2; § 310, Rn. 1; *Maas*/Schuff, WpG 1986, S. 237; *Busse von Colbe/Ordelheide*, S. 86 ff.; *Emmerich/Sonnenschein*, S. 56 ff.; *Gansweid*, S. 120; *Früh/Klar*, WpG 1993, S. 493; *ADS*, § 290, Rn. 102 f; *Nordmeyer*, WpG 1994, S. 301 f; *Havermann* in: WP-Handbuch 1996, Abschn. M, Rn. 70 ff.; Abschn. R, Rn. 472; *Barz*, FS Kaufmann, S. 59, 65; *ders.* in: GroßkommAktG, 3. Aufl., § 329, Rn. 9; *Hoffmann-Becking/Rellermeyer*, FS Goerdeler, S. 199, 216; *Bauzà Morè*, S. 34-37; 58-61; *Haberlandt*, BB 1977, S. 375, 376; vorsichtig: *Granobs*, DB 1972, S. 933, 935; *Nordmeyer*, BB 1971, S. 70, 72.

Gegen diese plädieren: *Budde/Suhrbier* in Beck'schen Bilanzkommentar § 310, Rn. 5 ff.; *Schindler*, BB 1987, S. 158 ff.; *Zündorf*, Quotenkonsolidierung, S. 11; *Siebourg* in: HdKR § 290, Rn. 40; *Hartle* in: Beck'sche Handbuch der Rechnungslegung, C 10, Rn. 31; *Kropff*, AktGKomm., § 337, Rn. 23-30; *Wysocki/Wohlgemuth*, S. 142; *Schubert/Küting*, Unternehmungszusammenschlüsse, S. 235 ff.; *Albach*, NB 1966, S. 30, 34; *Ahrens*, AG 1975, S. 151, 153; Sonderausschuss NA, WpG 1967, 488 f.

[473] Siehe oben unter D.

[474] Siehe oben unter D.

trag jedes Unternehmen für den Konzern leisten soll. Dies resultiert aus der Vorstellung des Konzerns als gewinnorientierte Planungs- und Entscheidungseinheit, mit der ein bestimmtes wirtschaftliches Ziel verfolgt wird. Die "einheitliche Leitung" ist das Mittel, mit dem die Konzernspitze sicherzustellen sucht, dass jedes Konzernunternehmen seinen vorbestimmten Anteil zum Konzernergebnis beiträgt. Die so verstandene wirtschaftliche Einheit des Konzerns ist der für die Konzernrechnungslegung wesentliche Auslegungsgesichtspunkt. "Gemeinschaftliche einheitliche Leitung" wäre vorstellbar durch Integration eines, mehrerer oder unterschiedlicher Geschäftsbereiche des (Gemeinschafts-) Unternehmens in die Planung und Kontrolle der konzernabhängigen Gesellschafterunternehmen [475]. Sie läge vor, wenn eine Koordination der Leitungsentscheidungen mit dem Partner gegenüber dem gemeinsamen Unternehmen so erfolgt, dass gleichzeitig eine Einpassung in den beteiligten Konzern bzw. dessen Konzernplanung gewährleistet wäre[476].

Dies vorausgesetzt wird behauptet, dass die "gemeinschaftliche einheitliche Leitung" begrifflich über die "gemeinsame Führung" hinausgehe und eine Koordination in wesentlichen Entscheidungsbereichen unter Einschluss des Finanzbereichs zwischen den leitenden Gesellschaften und dem Gemeinschaftsunternehmen verlange[477]. Der Gegenstand der "gemeinschaftlichen einheitlichen Leitung" ist danach dem der "gemeinsamen Führung" sehr ähnlich. In beiden Fällen geht es um das Treffen von "wesentlichen Führungsentscheidungen", wobei der Steuerung des Finanzbereichs durch Planung und Kontrolle eine besondere Bedeutung zukommt.

Der Unterschied zwischen der "gemeinsamen Führung" und der "gemeinschaftlichen einheitlichen Leitung" kann dann aber aus Sicht des Konzerns nur in einer Einpassung von Planung und Kontrolle des (Gemeinschafts-)Unternehmens in Planung und Kontrolle des an ihm teilhabenden Konzerns bestehen. Das ausschlaggebende Unterscheidungsmerkmal läge folglich darin, dass bei der "gemeinsamen Führung" die Interessen des (Gemeinschafts-)Unternehmens, bei der "gemeinschaftlichen einheitlichen Leitung" die Interessen des Konzerns vorran-

475 Vgl. grundsätzlich zur Möglichkeit der Konzernierung eines "gemeinsam geführten" Unternehmens: oben E II; *Koppensteiner* in: KK, 2. Aufl., § 18, Rn. 25.

476 *ADS*, § 290, Rn. 104; *Koppensteiner*, SAG 1985, S. 74, 81; *Claussen/Scherrer* in: KK, 2. Aufl., § 290, Rn. 34.

477 *Claussen/Scherrer* in: KK, 2. Aufl., § 290, Rn. 34.

gig in die Steuerung des Unternehmens eingingen[478]. So begriffen könnte man die "gemeinschaftliche einheitliche Leitung" neben der "gemeinsamen Führung" anerkennen, zumal man damit deutlich machte, warum eine an dem "gemeinsam geführten" Unternehmen beteiligte Seite im Konzernabschluss eine Voll-, die andere eine Quotenkonsolidierung ein desselben Unternehmens vornehmen kann: man beurteilt dies allein danach, ob die Wahrnehmung der Führungsfunktionen im (Gemeinschafts-)Unternehmen mit den jeweiligen Konzerninteressen übereinstimmt und sich in die jeweils spezifische Konzerngesamtplanung einfügt. Bei dieser Analyse könnten die partizipierenden Konzern zu unterschiedlichen Ergebnissen kommen, womit sich die abweichende Behandlung eines zusammen geführten (Gemeinschafts-)Unternehmens erklären ließe.

b) Bedeutungslosigkeit von die Leitung beeinflussenden Rechten

Schulze nähert sich dem Problem der gemeinschaftlichen Leitung von anderer Seite.

Er führt aus, dass die "einheitliche Leitung" grundsätzlich von nicht dem Konzernverbund zuzurechnenden Unternehmen in unterschiedlicher Intensität beeinflusst werden könne. Die Intensität der Beeinflussung reiche von der Anhörung über ein Widerspruchsrecht des oder der anderen Unternehmen bis hin zu einem Zustimmungsvorbehalt zu den in Frage stehenden Maßnahmen[479].

Die Anhörung könne die "einheitliche Leitung" nicht beeinflussen, da die Entscheidung letztendlich nur von dem einen, dann eben leitenden Unternehmen getroffen werde[480].

Das Widerspruchsrecht hindere die Ausübung der einheitlichen Leitung in den Fällen, in denen es wahrgenommen werde. Nach Auffassung des Reichsgerichts und Teilen der Literatur sei dann schon ein Abhängigkeitsverhältnis ausgeschlossen, weil eine eigene Einflussmöglichkeit fehle, wenn das Leitungsunternehmen seinen Willen nicht durchsetzen könne und ein Ausbleiben des Widerspruchs des Partners ungewiss sei[481].

[478] *Scherrer* in: BoHdR, § 310, Rn. 14; *ADS*, § 310, Rn. 21.

[479] Schulze, WpG 1968, S. 85 ff.

[480] Schulze, WpG 1968, S. 85, 86.

[481] RGZ 167, 40, 50; *Baumbach/Hueck*, AktG, § 17, Rn. 4; *Godin-Wilhelmi*, § 317 A 2.

Schulze hält diese Konsequenz nicht für zwingend. Er geht davon aus, dass bestimmte Faktoren ein leitendes Unternehmen bei jeder getroffenen Entscheidung beeinflussten und wesentlich für das Ergebnis des Entscheidungsprozesses werden könnten. Die Einflussfaktoren sollten bei den vorherrschenden Entscheidungen vornehmlich wirtschaftlicher Natur sein. Allerdings könnten neben sie auch andere, speziell rechtliche Faktoren treten, die mit den wirtschaftlichen auf der gleichen Stufe stünden. Dazu zähle auch das Ausbleiben eines möglichen Widerspruchs. Hänge die Durchsetzbarkeit der Entscheidung zusätzlich davon ab, dass ein anderes Unternehmen ihr nicht widerspreche, so werde man darüber hinaus dessen Vorstellungen berücksichtigen"[482]. Es handele sich dabei um weitere Umstände, die für die Willensbildung des leitenden Unternehmens maßgebend seien, aber nicht ausschlössen, dass die einzelne Maßnahme, die das Unternehmen treffe, letzten Endes auf dem Willen nur eines einzigen Unternehmens beruhe[483]. Seine Auffassung belegt *Schulze* damit, dass der Sinn und Zweck der Konzernrechnungslegung, den Konzern in seiner Gesamtheit möglichst umfassend darzustellen, schon vereitelt würde, falls die eine Konzernrechnungslegungspflicht begründende "einheitliche Leitung" schon dann nicht vorläge, wenn ein Widerspruchsrecht durch ein konzernaußenstehendes Unternehmen bestünde[484]. Ein anderes Bild ergebe sich auch dann nicht, wenn statt des Widerspruchrechts ein Zustimmungsvorbehalt bestehe. Insofern seien beide Konstellationen gleich zu beurteilen. Sie hinderten beide die Ausübung einer "einheitliche Leitung" nicht. In solchen Fällen spreche man dann nur von einer "gemeinschaftlichen einheitlichen Leitung, die eine Vollkonsolidierung nach sich ziehe[485].

c) Eigene Stellungnahme

Zu bedenken ist, dass "gemeinsam geführte" Unternehmen, insbesondere typische Gemeinschaftsunternehmen, in der Regel Aufgaben im Interesse der Gesellschafterunternehmen, also – im Rahmen der Konzernrechnungslegung – letztendlich für den Konzern wahrnehmen. Betrachtet man die zugrundeliegenden Interessen[486], ist offenkundig, dass sie regelmäßig von wesentlicher Bedeu-

[482] Schulze, WpG 1968, S. 85, 86.

[483] Schulze, WpG 1968, S. 85, 86.

[484] Schulze, WpG 1968, S. 85, 87.

[485] Schulze, WpG 1968, S. 85, 87.

[486] Siehe oben unter D. sowie unter E VII.

tung für die Gesellschafterunternehmen und damit auch – zumindest mittelbar – für den Konzern sind. Entweder werden notwendige Produkte hergestellt, eine hohe Investition wurde geteilt oder die Partner waren aufgrund anderer Gründe auf eine Zusammenarbeit angewiesen bzw. erachteten eine solche als rechtlich notwendig oder wirtschaftlich ratsam. Somit kann man davon ausgehen, dass sich kein (Konzern-)Unternehmen ohne wirtschaftlichen Grund an einem Unternehmen mit geteilter Führung beteiligt. Durch die Zusammenarbeit gibt man einen Teil der Bestimmung über eigene wirtschaftliche Werte und Interessen aus der Hand und ist auf die Mitarbeit des Partners angewiesen bzw. rechtlich an die Wahrung der Interessen des Partners gebunden. Nicht umsonst sind die Regelwerke bei Gemeinschaftsunternehmen, die dessen Führung und seine wichtigen Geschäfte betreffen, in der Praxis umfangreich. Um aber die Kontrolle über das "gemeinsam geführte" Unternehmen zur Wahrung der Interessen des Gesamtkonzerns ausüben zu können, muss es in die Konzernplanung eingepasst sein. Denn eine Kontrolle ist ohne Planung nicht möglich[487]. Die Planung ist bei wesentlichen Interessen und erheblichen wirtschaftlichen Werten immer an die Gesamtzusammenhänge im Konzern, mit anderen Worten an die Konzernplanung angepasst. Insofern muss, will die Konzernspitze die Gefahr ausschließen, wesentliche wirtschaftliche Interessen nicht wahrnehmen zu können, die Führung eines "gemeinsam geführten" Unternehmens ausgerichtet sein auf die Planungs-, Kontroll- und Organisationsmaßnahmen, die den Konzern als wirtschaftende Einheit zusammenhalten. Im Zweifel ist der Konzern sogar gezwungen, wesentliche Teile des Verbundes nicht als reine Kapitalanlagen, sondern unternehmerisch zu nutzen[488]. Auch Gemeinschaftsunternehmen stellen in diesem Zusammenhang oftmals strategisch unentbehrliche Aktiva des Konzerns dar. Um so mehr gilt, dass die Konzernführung hier ihren Einfluss sicherzustellen hat. Dies ist aber nur möglich, wenn das Gemeinschaftsunternehmen in die Konzernplanung eingepasst ist.

Die Notwendigkeit, ein "gemeinsam geführtes" Unternehmen in die Konzernplanung einzupassen, führt im Ergebnis dazu, dass die Leitung eines konzernanhängigen (Gemeinschafts-)Unternehmens regelmäßig die Eigenschaften aufweist, die von Teilen des Schrifttums zu einer "gemeinschaftlich einheitlichen Leitung" führen: eine Führung des Unternehmens, die sich in die Gesamtkon-

[487] Vgl. Kapitel C III 3 b.

[488] Vgl. dazu ausführlich: *Hommelhoff*, Konzernleitungspflicht; zuletzt *Lutter*, ZGR 2001, S. 224, 234.

zeption des Konzerns einfügt[489]. Der Normalfall der Steuerung eines Gemeinschaftsunternehmens, das Interessen letztlich für den Konzern wahrnimmt, wäre dessen "gemeinschaftliche einheitliche Leitung", mit der Folge, dass man fast immer eine Vollkonsolidierung vorzunehmen hätte. Dies entspricht aber weder der Praxis, in der die Quotenkonsolidierung von Gemeinschaftsunternehmen, die typischerweise "gemeinsam geführt" sind, vorherrscht, noch der Annahme, dass die "gemeinschaftliche einheitliche Leitung" eine Ausnahmeerscheinung ist. Für § 310 HGB, der speziell für die Konsolidierung typischer Gemeinschaftsunternehmen konzipiert ist, bliebe nur ein kleiner Anwendungsbereich, mit der Vollkonsolidierung wäre eine Methode der Regelfall, die das Gesetz für Gemeinschaftsunternehmen gar nicht vorsieht.

Der Auffassung von Schulze kann aus zwei Gründen nicht gefolgt werden. Zum einen ist es nicht haltbar, die wirtschaftlichen Gegebenheiten und Zwänge, denen eines der leitenden Unternehmen unterworfen ist, mit Faktoren gleichzusetzen, die außerhalb der Wirtschaftseinheit, nämlich in dem zustimmungs-/widerspruchsberechtigten Unternehmen angelegt sind. Insofern kann man nicht davon ausgehen, dass die "einheitliche Leitung" eines Unternehmens bei derartigen Einflussmöglichkeiten eines anderen nicht wesentlich beeinträchtigt wird.

Zum anderen ist es nach der heutigen Rechtslage möglich, auch nicht "einheitlich geleitete" Unternehmen im Konzernabschluss darzustellen. Dies kann anhand einer Quotenkonsolidierung nach § 310 HGB oder einer Equity-Konsolidierung nach § 311 HGB erfolgen. Insofern greift das von Schulze vorgebrachte teleologische Argument nicht, dass die wesentlichen Teile des Konzerns nur dann mit dem Konzernabschluss erfasst werden können, wenn man die Möglichkeit einer "gemeinschaftlichen einheitlichen Leitung" akzeptiert und die so geführten Unternehmen voll konsolidiert.

Insgesamt kann es daher nicht überzeugen, neben den im HGB für die Konzernrechnungslegung normierten Führungsformen die "gemeinschaftliche einheitliche Leitung" gelten zu lassen. Die angeführte Begründung, dass das Aktiengesetz 1965 keine Möglichkeit vorsah, Gemeinschaftsunternehmen sachgerecht im Konzernabschluss zu erfassen, ist mit der Einführung der Quotenkonsolidierung entfallen[490]. Was man heute unter der "gemeinschaftlichen einheitlichen Lei-

[489] *Rolfes*, S. 210 f.

[490] So auch *Kropff* in: AktGKomm., § 337, Rn. 29.

tung" versteht, ist der Regelfall der "gemeinsamen Führung" nach § 310 HGB. Der andere Fall der "gemeinsamen Führung" ist der, dass zwar seitens des Konzerns die wesentlichen Führungsaufgaben wahrgenommen werden, eine Einpassung in das Zusammenwirken mit anderen Konzernteilen aber unterbleibt. Dann erscheint eine Konsolidierung "at equity" ratsam, um dem Bilanzleser gerade diesen Unterschied deutlich zu machen. Damit fände sich auch eine Begründung dafür, warum das Gesetz bei "gemeinsam geführten" Unternehmen eine Wahlrecht zwischen der Quoten- und einer Konsolidierung "at equity" einräumt.

Ebenfalls für hier die vertretene Auffassung spricht eine der 7. EG-Richtlinie entsprechende Auslegung von § 290 Abs. 1 HGB, die den Schluss nahe legt, dass die "gemeinschaftliche einheitliche Leitung" zwar denkbar ist, aber eine Vollkonsolidierung weder erforderlich macht noch zulässt[491].

Ferner würde die Vollkonsolidierung eines "gemeinschaftlich einheitlich" geleiteten Unternehmens im Konzernabschluss mehrerer Gesellschafterunternehmen dazu führen, dass der Einblick in die Vermögens-, Finanz- und Ertragslage des jeweiligen Konzerns verzerrt würde, da es so zu einer Doppelzählung des gemeinsamen Unternehmens käme[492].

III. Keine Erkenntnisse aus der unterschiedlichen Wortwahl in § 290 Abs. 1 HGB ("Leitung") und § 310 Abs. 1 HGB ("Führung")

Betrachtet man den Wortlaut von § 290 Abs. 1 HGB und den von § 310 Abs. 1 HGB, so fällt auf, dass es in der ersten Vorschrift auf die "Leitung", in der zweiten auf die "Führung" eines Unternehmens ankommt. Damit stellt sich die Frage, ob die beiden Vorschriften hiermit in ihrem jeweiligen Tatbestand materiell unterschiedliche Anforderungen an die Steuerung eines Unternehmens stellen.

Ein Blick auf die Entstehungsgeschichte von § 310 HGB zeigt, dass sich diese Frage nicht von Anfang an gestellt hat: Art. 18 der Vorschläge 1976/1978 zur 7. EG-Richtlinie, aus dem sich § 310 HGB entwickelt hat, regelt für die Anwendung der Quotenkonsolidierung, dass ein Unternehmen im Konzernabschluss entsprechend dem Kapitalanteil des Konzernunternehmens zu konsolidieren ist, wenn ein Konzernunternehmen zusammen mit einem oder mehreren nicht zum

[491] *Kropff* in: AktGKomm., § 337, Rn. 29.

[492] *Küting*, DB 1980, S. 5, 7; *Schindler*, BB 1987, S. 158, 160; *Zündorf*, BB 1987, S. 1910, 1914; *Siebourg* in: HdKR, § 290, Rn. 44.

Konzern gehörigen Unternehmen gemeinsam ein anderes Unternehmen "leitet"[493].

Bemerkenswert an dieser Formulierung ist, dass - ebenso wie im Zusammenhang mit dem vollkonsolidierten Abschluss - von der "Leitung" des Unternehmens die Rede ist. Dabei wird davon ausgegangen, dass der Konzern "aktiv an der gemeinsamen Leitung" des Gemeinschaftsunternehmens teilnimmt. Im Unterschied zu einem "einheitlich geleiteten" Unternehmen sei aber ein "gemeinsam geleitetes" Unternehmen nicht Teil der wirtschaftlichen Einheit des Konzerns[494].

Art. 32 der endgültigen 7. EG-Richtlinie behält die Wortwahl ("Leitung") bei[495].

Auch der Entwurf der Bundesregierung vom 12.04.1985 zur Durchführung der 7. und 8. EG-Richtlinie spricht von einer "gemeinsamen Leitung" der quotal einzubeziehenden Gemeinschaftsunternehmen[496].

Der Wechsel von "leiten" zu "führen" erfolgte in der Beschlussempfehlung des Rechtsausschusses des Bundestages vom 18.11.1985[497], die unverändert Gesetz geworden ist. Im Bericht des Rechstausschusses sind in diesem Zusammenhang nur "redaktionelle Änderungen" erwähnt, wobei neben dem oben genannten Wechsel von "leiten" zu "führen" nur "nach diesem Abschnitt einzubeziehendes" zu "in den Konzernabschluss einzubeziehendes Unternehmen" wurde[498].

Welcher Gedanke hinter der Einführung des dem deutschen Rechnungslegungsrecht bis dahin unbekannten Begriffs "führen" stand, geht aus dem Bericht nicht hervor. Unter Umständen ist "Führung" inhaltlich identisch mit dem Begriff "Leitung", der im Gesellschaftsrecht bei der Beurteilung einer Unternehmensverbindung als Konzern relevant ist[499]. Dies wird in der Schrifttum ohne eine weitergehende Begründung behauptet[500]. Demgegenüber vertritt *Herrenberger*

493 BT-DruckS. 7/5221, S. 6.

494 BT-DruckS. 7/5221, S. 22.

495 7. Richtlinie vom 13.06.1983, Amtsblatt EG vom 18.07.1983, S. 1, 10.

496 BT-DruckS. 10/3440, S. 9.

497 BT-DruckS. 10/4268, S. 29.

498 BT-DruckS. 10/4268, S. 116.

499 Zum Begriff der "einheitlichen Leitung" in § 18 AktG und § 290 HGB siehe oben F II.

500 *Sigle* in: HdKR, § 310, Rn. 24.

die Auffassung, dass es anhand der vom Gesetzgeber getroffenen Wortwahl möglich sei, den Begriff der "gemeinsamen Führung" von dem der "(gemeinschaftlichen) einheitlichen Leitung" abzugrenzen[501]. Offen bleibt allerdings, anhand welcher Kriterien diese Unterscheidung erfolgen soll.

Eine Deutung der Wortwahl versuchen *Hoffmann-Becking/Rellermeyer*[502]. Sie sehen in ihr eine Folge der Erkenntnis des Rechtsausschusses, dass es in der deutschen Rechnungslegungspraxis einen Streit um die sog. "gemeinschaftliche einheitliche Leitung" gebe. In Kenntnis der widerstreitenden Meinungen erscheine es, so die Ausführungen, durchaus plausibel, dass der Gesetzgeber den Ausdruck "leiten" statt "führen" benutzt habe, um zu verhindern, dass die Quotenkonsolidierung ausschließlich als Alternative zur Vollkonsolidierung missverstanden würde. Denn im Regelfall solle die anteilige Konsolidierung eine Alternative zu einer Konsolidierung "at equity" bieten. Nur für den Fall einer "gemeinschaftlichen einheitlichen Leitung" könne sich die Frage stellen, ob voll oder quotal konsolidiert werden solle. Um allein durch die Verwendung des Begriffs "leiten" in § 290 Abs. 1 HGB und § 310 HGB nicht den Eindruck aufkommen zu lassen, die Quotenkonsolidierung sei eine Alternative zur Vollkonsolidierung, habe der Ausschuss für § 310 HGB den Begriff der "Führung" verwendet. Ansonsten trenne das HGB strikt zwischen der konsolidierungstechnischen Behandlung von Tochterunternehmen und Gemeinschaftsunternehmen. Gemeinschaftsunternehmen seien Unternehmen, die von mehreren beteiligten Unternehmen "gemeinsam geführt" werden. Diese "gemeinsame Führung" dürfe nicht mit der einheitlichen Leitung im Sinne des § 18 AktG verwechselt werden. Sie liege vielmehr vor, wenn alle beteiligten Unternehmen zusammenwirken müssten, um eine in ihrem Interesse liegende Geschäftsführung zu gewährleisten. Dabei dürfe keinem Unternehmen die einheitliche Leitung im Sinne des § 290 Abs. 1 HGB zustehen, da sonst die Voraussetzungen der Vollkonsolidierung vorlägen und dann eine anteilsmäßige Konsolidierung § 310 HGB nicht mehr zulässig sei[503].

Allerdings geht auch der Gesetzgeber des Bilanzrichtliniengesetzes in seiner Begründung davon aus, dass "einheitliche Leitung" und "gemeinsame Führung" gleichzeitig vorliegen können. Er führt aus, dass eine Überschneidung in den Fällen paritätischer, hälftiger Beteiligung denkbar ist. Gleichwohl will er in die-

[501] *Herrenberger*, in: Beck`schen Handbuch der Rechnungslegung, C 500, Rn. 6.

[502] *Hoffmann-Becking/Rellermeyer*, FS Goerdeler, S. 199 ff.

[503] *Biener/Berneke*, BiRiLiG, S. 365.

sen Fällen der Anwendung der Quotenkonsolidierung den Vorrang geben. Dies ist zwar inkonsequent und führt zu einer vermehrten Unsicherheit, erklärt aber zumindest den Wortlaut von § 310 HGB ("führen") im Vergleich zu § 290 HGB ("leiten").

Im Ergebnis lassen sich daher allein aus den für eine andere Wortwahl in den §§ 290 HGB und 310 HGB vorgetragenen rechtlichen Erwägungen keine Erkenntnisse für die jeweilige inhaltliche Bestimmung der Begriffe "leiten" und "führen" gewinnen.

Hingewiesen sei in diesem Zusammenhang noch auf eine betriebswirtschaftliche Arbeit von *A. Meier*, der eine Unterscheidung der Begriffe "Führung" und "Leitung" vornimmt[504]. Er versteht als wichtigsten Gegenstand der "Führung" eines Unternehmens die Planung in allen Teilbereichen der Unternehmenstätigkeiten. Daneben erkennt er in der "Leitung" die Anleitung der untergeordneten Unternehmensteile, die zur Umsetzung der Planung notwendig sei. "Führung" unterscheide sich von "Leitung" darin, dass erstere auch bestimme, was sie selbst oder was die "Leitung" anzuordnen habe"[505]. Gemein sei beiden Aufgaben ihr "dispositiver Charakter", nur sei die "Leitung" der "Führung" begrifflich untergeordnet und stehe mit der Aufgabe der Planung auf einer Stufe[506].

Eine solche inhaltliche Differenzierung der Begriffe "leiten" und "führen" lässt sich den Gesetzesmaterialien, die sich mit der Bestimmung des Wortlauts von § 310 HGB befassen, nicht entnehmen. Auch hat *A. Meier* die Unterscheidung der Begriffe nicht für das Konzernrecht, sondern für die Einzelunternehmung vorgenommen und versteht unter "Leitung" den Vorgang, der die Verwirklichung anderer unternehmerischer Entscheidungen (Planung, Organisation) gewährleisten soll. Aus einer solchen Betrachtung lassen sich keine Rückschlüsse auf die Ausgestaltung und Verteilung der Führungsaufgaben ziehen, wie sie bei einem "gemeinsam geführten" Unternehmen anders als bei einem einheitlich geleiteten Unternehmen vorzufinden sein müssten.

[504] *Meier*, S. 20 ff.

[505] *Meier*, S. 21.

[506] *Meier*, S. 21.

H. Abgrenzung von "einheitlicher Leitung" und "gemeinsamer Führung"

Die "einheitliche Leitung" muss von der Konzernspitze, also von dem in der Konzernhierarchie an oberster Stelle stehenden Unternehmen, für alle Konzernunternehmen ausgeübt werden. Der Mindestinhalt der "einheitlichen Leitung" ist die einheitliche, d.h. zentrale Festsetzung der Konzernpolitik, welche die grundsätzliche Zielsetzung und Planung und die damit zusammenhängende Wahrnehmung der Kontrolle enthält, wobei die Konzernleitung zudem im Finanzbereich (unbedingt) und im Personalbereich (bedingt) aktiv mitwirken[507]. Der wesentliche Faktor der einheitlichen Leitung ist, dass eine Steuerung stattfindet, die sich auf den Konzern als Ganzes erstreckt. Planung, Kontrolle und ggf. Organisation werden demnach für alle Tochterunternehmen nach Parametern vorgenommen, die sich aus den für den Konzern als Wirtschaftseinheit in der Konzernspitze festgelegten Zielvorstellungen ergeben. Die "einheitliche Leitung" ist also das, was den Konzern als eine wirtschaftliche Wirkungseinheit zusammenhält und ihn in diesem Sinne lenkt.

Der Gegenstand der "gemeinsamen Führung" ist dem der "einheitlichen Leitung" ähnlich. Das mag nicht verwundern, da es gleichermaßen um die Steuerung einer Wirtschaftseinheit geht. So sind in beiden Fällen auf Informationen beruhende Planung, Kontrolle und Organisation die Instrumente, mit denen die Steuerung stattfinden muss. Zudem ist dem Finanzbereich aufgrund seiner überdurchschnittlichen Durchsetzung mit "wesentlichen Führungsentscheidungen" bei der Wahrnehmung beider Führungskonzepte ein besonderes Gewicht beizumessen. Ein erster Unterschied liegt allerdings darin, dass bei der "gemeinsamen Führung" dem Instrumentalsachbereich, also dem Bereich in der Zusammenarbeit der Partner, eine entscheidende Rolle zukommt, und er bei der Steuerung des Unternehmens eine mit dem Finanzbereich vergleichbare Bedeutung hat. Ferner muss sich die "gemeinsame Führung" auch auf die Geschäfte erstrecken, die im Konzernabschluss der Zwischenergebniseliminierung unterfallen.

Vom Inhalt der Führungsaufgaben abgesehen gibt es einen weiteren Unterschied zwischen den Konzepten: Die "Leitung" umfasst die von einem hierarchisch an oberster Stelle stehenden Unternehmen (Konzernobergesellschaft) für eine Vielzahl von untergeordneten Unternehmen (Konzerngesellschaften) tatsächlich

[507] Vgl. oben F II.

ausgeübten, diese im Sinne des § 18 AktG "zusammenfassenden" Steuerungsmaßnahmen. Sie hat somit eine Integrationsfunktion.

"Führung" ist die Steuerung eines einzelnen Unternehmens, nicht die einer Vielzahl von Unternehmen[508]. Sie kann von jedem dem Konzernverbund angehörenden Unternehmen ausgeübt werden (also von der Konzernobergesellschaft oder einer anderen Konzerngesellschaft). Eine Integrationsfunktion hat sie nur insoweit, als dass sie sicherstellen muss, dass die Interessen, die der Konzern an dem jeweiligen (Gemeinschafts-)Unternehmen hat, gewahrt werden. Diese Interessen haben ihren Ursprung in der "einheitlichen Leitung" des Konzerns, der das konzernzugehörige Gesellschafterunternehmen unterliegt. In der "gemeinsamen Führung" hat das Konzernunternehmen diese Interessen zu wahren, d.h. die "gemeinsame Führung" im Einklang mit den Zielen des Konzerns auszuüben. Insofern werden mit der "einheitlichen Leitung" in den Grundzügen schon die Planungs-, Kontroll- und Organisationsmaßnahmen festgelegt, die im Rahmen der "gemeinsamen Führung" im (Gemeinschafts-)Unternehmen vorzunehmen sind.

Man kann dies an einem einfachen Beispiel verdeutlichen: Ein Konzernunternehmen hat nach der strategischen Konzernplanung die Aufgabe, eine bestimmte Menge eines Produkts herzustellen. Im Rahmen der Finanzplanung hat die Konzernobergesellschaft die dazu notwendigen Mittel bereitgestellt. Mit der Erhöhung der Produktion sollen höhere Gewinne erwirtschaftet werden, allerdings in einem anderen Konzernunternehmen, das die Produkte weiterverarbeitet und vertreibt. Zudem sollen Investitionen über einen bestimmten Zeitraum abgeschrieben werden. Die so innerhalb des Konzerns von der Konzernspitze verfolgten Ziele und die in den Konzernunternehmen vorgenommenen Steuerungsmaßnahmen machen für diesen speziellen Fall die "einheitliche Leitung" aus.

Das Unternehmen, das zu einer Produktionssteigerung angewiesen wurde, bezieht ein wesentliches Teilprodukt aus einem Gemeinschaftsunternehmen, in dem es mit zwei anderen , konzernfremden Partnern zusammenarbeitet. Es muss nun bewirken, dass das Gemeinschaftsunternehmen die Produktion des Teilproduktes entsprechend dem neuen Bedarf erhöht. Dies kann aber nur in der Zusammenarbeit mit den Partnern erreicht werden. Die Maßnahmen, die dann ge-

[508] Das kann die "einheitliche Leitung" nur dann sein, wenn der Konzern aus nur einer Konzernobergesellschaft und einer Konzerngesellschaft besteht.

meinsam zur bedarfsentsprechenden Steuerung des Unternehmens beschlossen werden, stellen die "gemeinsame Führung" für diesen speziellen Fall dar. Diese ist wesentlich geprägt durch das, was dem konzernzugehörigen Gesellschafterunternehmen im Zusammenhang mit den der "einheitlichen Leitung" unterliegenden Maßnahmen durch die Konzernobergesellschaft vorgegeben wurde. Gerade dieser Zusammenhang rechtfertigt es auch, ein "gemeinsam geführtes" Unternehmen im Konzernabschluss zu erfassen. Allerdings ist man ggf. darauf angewiesen, einen Kompromiss mit den Partnern zu schließen, so dass nicht in jeder Beziehung sichergestellt ist, dass man die von der Konzernspitze vorgegebenen Ziele hundertprozentig umsetzen kann. Das ist ein Argument dafür, warum man ein "gemeinsam geführtes" Unternehmen nicht voll konsolidiert, sondern nur quotal.

Auf der anderen Seite wird aus dem Beispiel aber auch klar, warum jeder Partner innerhalb der "gemeinsamen Führung" in den Bereichen mitentscheiden können muss, die für das Gemeinschaftsunternehmen von Bedeutung sind, nämlich bei der Festlegung der wesentlichen Unternehmensziele, der strategischen Planung und der Planung, Kontrolle und Organisation im Finanz- und im Instrumentalsachbereich. Denn nur so ist für jeden Partner sichergestellt, dass er seine eigenen Interessen, die bei einem konzernintegriertem Gesellschafterunternehmen letztendlich Konzerninteressen sind, wahrnehmen kann.

I. Abgrenzung zwischen dem "maßgeblichen Einfluss" und der "gemeinsamen Führung"

Der "maßgebliche Einfluss" muss sich nach dem Wortlaut des § 311 Abs. 1 Satz 1 HGB auf die Geschäfts- und Finanzpolitik eines Unternehmens erstrecken. Diese Begriffe sind im Gesetz nicht definiert. Unter "Politik" kann man im weitesten Sinne die Festlegung von Maßnahmen zur Steuerung einer Gemeinschaft unter Berücksichtigung innerer und äußerer Einflussfaktoren und Interessen verstehen. Welcher Einflussgrad auf ein Unternehmen in der Literatur für einen "maßgeblichen Einfluss" verlangt wird, wurde bereits erläutert[509]. Es wird hier davon ausgegangen, dass ein "maßgeblicher Einfluss" dann vorliegt, wenn ein Mitspracherecht bei den wesentlichen Entscheidungen innerhalb der Unternehmenspolitik gegeben ist, wobei konkret die Beschlüsse über Strategien im Bereich Marketing, Produktion, Investition, Finanzen und die Be-

[509] Die unterschiedlichen Auffassungen hierzu wurden in Kapitel F VI 2 a. bereits dargestellt.

setzung von Führungspositionen von Bedeutung sind. Dem Finanzbereich kommt innerhalb der genannten Sachbereiche ein besonderes Gewicht zu.

Eben diese Entscheidungen mit einem Schwerpunkt auf dem finanziellen Gebiet sind auch Teil der "gemeinsamen Führung", womit zu rechtfertigen ist, dass bei einem Verzicht auf quotale Konsolidierung eines Gemeinschaftsunternehmens dieses jedenfalls "at equity" im Konzernabschluss zu berücksichtigen ist. Die "gemeinsame Führung" verlangt aber, dass im Finanz- und Instrumentalsachbereich Planung, Kontrolle und Organisation mit der jeweiligen Entscheidungskompetenz von den Gesellschafterunternehmen wahrgenommen werden. Zudem muss über die Geschäfte bestimmt werden, die im Konzernabschluss von der Zwischenergebniseliminierung betroffen sind.

Daneben kann eine Abgrenzung zwischen den Tatbeständen § 310 und § 311 HGB auch nach dem Kriterium erfolgen, welche Art von Unternehmen bei der Konsolidierung in Frage steht. Denn eine "gemeinsame Führung" ist im Regelfall stets dann gegeben, wenn mit der Zusammenarbeit in dem Gemeinschaftsunternehmen von Seiten der Gesellschafterunternehmen ganz bestimmte Ziele verfolgt werden. Nur dann lässt sich nämlich aus der Sicht der Gesellschafterunternehmen ein Instrumentalsachbereich feststellen, dessen Wahrnehmung bei der Steuerung des (Gemeinschafts-)Unternehmens besondere Aufmerksamkeit zu schenken ist. Bei einem nach § 311 HGB zu konsolidierenden Unternehmen muss ein solcher Bereich nicht gegeben sein. Schließlich ist im Rahmen des "maßgeblichen Einflusses" nicht zu verlangen, dass die wesentlichen Konzerninteressen gewahrt werden.

J. Zusammenfassung der wesentlichen Ergebnisse

Zielsetzung der vorliegenden Untersuchung war es, Problemfragen aufzuzeigen und zu lösen, die sich bei im Sinne des § 310 HGB "gemeinsam geführten" Unternehmen im Konzern- und Bilanzrecht ergeben. Ausgangspunkt der Überlegungen war, dass der Begriff der "gemeinsamen Führung" weder im Schrifttum hinreichend präzisiert noch in der Rechtsprechung behandelt wurde. Im Verlauf der Untersuchung wurde der Begriff unter gesellschaftsrechtlichen, betriebswirtschaftlichen und bilanzrechtlichen Gesichtspunkten (auch unter Berücksichtigung typischer Gemeinschaftsunternehmen) entwickelt und seine Bedeutung im Rahmen der Konzernrechnungslegung betrachtet. Schließlich wurde aufgezeigt, wie der Begriff der "gemeinsamen Führung" von anderen Leitungskonzepten abzugrenzen ist und wie ein wirksamer Minderheiten- und Gläubigerschutz in "gemeinsam geführten" Unternehmen gewährleistet wird. Zentrale Resultate der Untersuchung sind dabei:

1. Bei Führungskonflikten stehen den Gesellschafterunternehmen "unternehmensexterne" und "unternehmensinterne" Lösungsmöglichkeiten zur Verfügung. Wählen die Gesellschafterunternehmen "externe" Lösungen, spricht dies zunächst für eine "gemeinsame Führung", da dann im Ergebnis Entscheidungen stets einvernehmlich getroffen werden.

2. Werden Entscheidungen "intern" getroffen, ist die Führung des Unternehmens stets dann "gemeinsam" im Sinne des § 310 HGB, wenn die Partner einstimmig beschließen oder sie über entsprechende Widerspruchsrechte verfügen.

3. Sind Mehrheitsentscheidungen zulässig oder hat ein Gesellschafterunternehmen das Letztentscheidungsrecht, kommt es für die "Gemeinsamkeit" der Führung darauf an, ob für das Unternehmen eine kooperative Zielsetzung geregelt ist, die eine Interessenwahrung für alle Gesellschafterunternehmen verbindlich sicherstellt. Austrittsrechte können eine "gemeinsame Führung" nicht begründen, unterstützen aber ihre Absicherung.

4. In den Personengesellschaften und der GmbH kann die "gemeinsame Führung" über Regelungen im Gesellschaftsvertrag bzw. in der Satzung herbeigeführt werden. Zu diesem Zweck kann dort eine kooperative Zielsetzung festgelegt sowie die Entschscheidungsmechanismen und -träger bestimmt werden.

5. Die kooperative Zielsetzung dient in einem als Aktiengesellschaft verfassten gemeinsamen Unternehmen dazu, den Vorstand an die Interessen der Gesellschafterunternehmen zu binden. Dies ist aufgrund des zwingenden Charakters der aktienrechtlichen Regelungen nur in einem bestimmten Ausmaß zulässig. Die allgemeine Grenze bildet hierbei die statische Ausrichtung des Unternehmensgegenstandes auf die Belange der Gesellschafterunternehmen einer Aktiengesellschaft mit allgemein mitgliedsförderndem Gesellschaftszweck.

6. Die "gemeinsame Führung" eines Unternehmens umfasst aus betriebswirtschaftlicher Sicht nur solche Entscheidungen, die für das Unternehmen "wesentlich" sind. Dies sind Führungsentscheidungen, die von erheblicher Bedeutung für den wirtschaftlichen Fortbestand und die Rentabilität des Unternehmens sind, nur in Kenntnis der für die das jeweilige Unternehmen spezifischen Gesamtzusammenhänge sachgerecht getroffen werden können und gerade deshalb im Interesse des gemeinsamen Unternehmens und der Gesellschafterunternehmen nicht an andere denkbare Entscheidungsträger abgegeben werden dürfen. Wesentliche Führungsentscheidungen sind zumeist Planungs-, Kontroll- oder Organisationsentscheidungen.

7. "Führung" im Sinne des § 310 HGB umfasst somit die Entscheidungen, die das Aktiengesetz dem Vorstand zuweist. Eine fremdbestimmte Ausführung der Aufgaben ist nach den §§ 291 ff. AktG nur bei Abschluss eines Beherrschungsvertrages zulässig. Eine anderweitige Regelung in der Satzung verstieße gegen § 23 Abs. 5 Satz 2 AktG. Daher kann die "gemeinsame Führung" einer Aktiengesellschaft nicht allein über ihre Satzung erreicht werden. Die Gesellschafter müssen hierfür auf ihre faktischen Einflussmöglichkeiten zurückgreifen. Die zu diesem Zweck notwendige Koordination der Entscheidungen bzw. die Bestimmung einer kooperativen Zielsetzung kann dabei auf schuldrechtlicher Ebene erfolgen.

8. Die Gesellschafterunternehmen müssen gemeinsam die Unternehmensethik, Unternehmensphilosophie und Unternehmenspolitik festlegen. Daneben haben sie gemeinsam die an der Schnittstelle zwischen Zielsystem und Sachbereichsplanung liegende strategische Gesamtplanung vorzunehmen.

9. Um für die "gemeinsame Führung" notwendige Planungs-, Kontroll- und Organisationsentscheidungen treffen zu können, muss in dem nach § 310 HGB zu erfassenden Unternehmen ein Informationssystem installiert

sein, das gewährleistet, dass die entscheidungserheblichen Daten den Gesellschafterunternehmen zu Verfügung stehen.

10. Die mit § 310 HGB zu erfassenden Unternehmen haben im Regelfall Instrumentalcharakter. Dies gilt insbesondere für typische Gemeinschaftsunternehmen, die den wesentlichen Anwendungsbereich der Vorschrift bilden und häufig einen Sachbereich aufweisen, der für die Zusammenarbeit von entscheidender Bedeutung ist. Diesem "Instrumentalsachbereich" ist bei der "gemeinsamen Führung" im Sinne des § 310 HGB besondere Beachtung zu schenken.

11. Bei der Betrachtung der anderen Sachbereiche fällt dem der Finanzwirtschaft eine besondere Rolle zu, da in diesem ein erhöhter Anteil von Entscheidungen festzustellen ist, die für ein Unternehmen "wesentlich" sind. Im Personalbereich ist zu verlangen, dass die Gesellschafterunternehmen die wichtigen Führungspositionen gemeinsam besetzen.

12. Aus dem Gesetz lässt sich weder eine Beteiligungsobergrenze noch eine Beteiligungsuntergrenze zwingend herleiten. Daher ist die Anzahl der beteiligten Gesellschafterunternehmen theoretisch unbegrenzt.

13. Bei der Auslegung der Konzernrechungslegungsvorschriften stellt die wirtschaftliche Einheit des Konzerns den wesentlichen Gesichtspunkt dar. In diesem Zusammenhang ist zu verlangen, dass die "gemeinsame Führung" sicherstellt, dass wesentliche Konzerninteressen in dem gemeinsamen Unternehmen gewahrt werden. Daneben hat die "gemeinsame Führung" stets die Geschäfte zu erfassen, die im Rahmen der Quotenkonsolidierung der Schuldenkonsolidierung und der Zwischenergebniseliminierung unterfallen.

14. Die Möglichkeit der mehrfachen Vollkonsolidierung eines Unternehmens aufgrund dessen "gemeinschaftlich einheitlicher Leitung" ist abzulehnen. Für ein solches Vorgehen besteht durch die Möglichkeit der quotalen Konsolidierung "gemeinsam geführter" Unternehmen im Konzernabschluss weder ein Bedürfnis, noch bleibt nach der vorliegend für die "gemeinsame Führung" vertretenen Auffassung Raum für die so genannte "gemeinschaftliche einheitliche Leitung".

Literatur

Ahrens, Dieter, Die Problematik des Mehrmütter-Konzerns in aktien- und mitbestimmungsrechtlicher Sicht, in: AG 1975, S. 151 ff.

Albach, Horst, Strategische Unternehmensplanung und Aufsichtsrat, in: ZGR 1997, S. 32 ff.

Albach, Horst; Die Organisation des Entscheidungsprozesses nach dem Aktiengesetz 1965, in: NB 1966, S. 30 ff.

Arbeitskreis Hardach, Gemeinschaftsunternehmen, in: ZfbF 1969, S. 3 ff., zitiert: *Arbeitskreis Gemeinschaftsunternehmen*

Baetge, Jörg, Bilanzen, 4. Auflage, Düsseldorf, 1996

Baetge, Jörg, Konzernbilanzen, 4. Auflage, Düsseldorf, 2000

Bamberg, Günter; Coenenberg, Adolf Gerhard, Betriebswirtschaftliche Entscheidungslehre, 10. Auflage, München, 2000

Bartscher, Susanne; Gaugler, Eduard, Einführung in die Unternehmenspolitik, Stuttgart, 1993, zitiert: *Autor* in: Bartscher/Gaugler

Barz, Carl-Hans, Das 50:50 Gemeinschaftsunternehmen und das Konzernrecht, in: Bartholomeyczik, Horst; Kaufmann, Heinz: Festschrift für Heinz Kaufmann zum 65. Geburtstag, Köln-Marienburg, 1972, S. 59 ff., zitiert: *Barz*, FS Kaufmann

Baumbach, Adolf; Hueck, Alfred, GmbHG, Kommentar, 17. Auflage, München 2000, zitiert: *Bearbeiter* in: Baumbach/Hueck, GmbHG, 17. Aufl.

Bauzà Morè, Francisco Josè, Gemeinschaftsunternehmen im Recht der verbundenen Unternehmen nach dem Aktiengesetz 1965, Diss. Univ. Bonn, 1982

Bea, Franz Xaver; Dichtl, Erwin; Schweitzer, Marcell; Allgemeine Betriebswirtschaftslehre, Band 2: Führung, 7. Auflage, Stuttgart, 1993, zitiert: *Bearbeiter* in: Bea/Dichtl/Schweitzer

Bea, Franz Xaver; Haas, Jürgen, Strategisches Management, 2. Auflage, Stuttgart, 1997

Beinert, Stefanie, Die Konzernhaftung für die satzungsgemäß abhängig gegründete GmbH, Diss. Humboldt-Univ. Berlin, 1995

Biener, Herbert, Berneke, Wilhelm, BiRiLiG: Textausgabe mit amtlichen Begründungen und Anmerkungen, Düsseldorf, 1986, zitiert: *Biener/Berneke*, BiRiLiG

Budde, Wolfgang Dieter, Pankow, Max, Beck'scher Bilanzkommentar: Handels- und Steuerrecht; §§ 238 bis 339 HGB, 4. Auflage, München, 1999, zitiert: *Bearbeiter* in: Beck'scher Bilanzkommentar.

Busse von Colbe, Walther, Der Konzernabschluss als Bemessungsgrundlage für die Gewinnverwendung in: Havermann (Hrsg.), Bilanz- und Konzernrecht, Festschrift für Reinhard Goerdeler, Düsseldorf, 1987, S. 61 ff.

Busse von Colbe, Walther, Der Konzernabschluss nach dem neuen Aktienrecht, in: AG 1966, S. 269 ff., 308 ff., 350 ff.

Busse von Colbe, Walther, Harmonisierung der Konzernrechnungslegung in den Europäischen Gemeinschaften durch die 7. Richtlinie des Rates, in: ZfbF 1976, S. 667 ff.

Busse von Colbe, Walther; Ordelheide, Dieter, Konzernabschlüsse: Rechnungslegung für Konzerne nach betriebswirtschaftlichen Grundsätzen und gesetzlichen Vorschriften, 7. Auflage, Wiesbaden, 1999

Busse von Colbe, Walther;Chmielewicz, Klaus, Das neue Bilanzrichtlinien-Gesetz, in: DBW 1986, S. 289 ff.

Castan, Edgar, Beck'sches Handbuch der Rechnungslegung/Hrsg.: Edgar Castan, Losebl. Ausg., München, zitiert: *Bearbeiter* in: Beck'schen Handbuch der Rechnungslegung

Coenenberg, Adolf Gerhard, Jahresabschluß und Jahresabschlußanalyse, 16. Auflage, Landsberg/Lech, 1997

Corsten, Hans, Produktionswirtschaft: Einführung in das industrielle Produktionsmanagement, 9. Auflage, München/Wien/Oldenbourg, 2000

Dreger, Karl-Martin, Der Konzernabschluss: Grundsätze ordnungsgemäßer Konsolidierung; Konzernrechnungslegung nach dem Aktienrecht 1965, Wiesbaden, 1969

Druey, Jean Nicolas; Behr, Giorgio, Das St. Galler Konzerngespräch, Bern, 1988 zitiert: *Autor* in: Das St. Galler Konzerngespräch

Drygala, Tim, Abschied vom qualifiziert faktischen Konzern - oder Konzernrecht für alle?, in: GmbHR 2003, S. 729 ff.

Dyckhoff, Harald, Grundzüge der Produktionswirtschaft: Einführung in die Theorie betrieblicher Wertschöpfung, 3. Auflage, Berlin/Heidelberg, 2000

Emmerich, Volker; Gansweid, Wolfgang, Die Problematik des Gemeinschaftsunternehmens – BGHZ 62, S. 193 ff. in: JuS 1975, S. 294 ff.

Emmerich, Volker; Habersack, Mathias, Aktien- und GmbH-Konzernrecht, 3. Auflage, München, 2003, zitiert: *Bearbeiter* in: Emmerich/Habersack, 3. Aufl.; 2. Auflage, München, 2001, zitiert: *Bearbeiter* in: Emmerich/Habersack, 2. Aufl.

Emmerich, Volker; Sonnenschein, Jürgen, Konzernrecht: Das Recht der verbundenen Unternehmen bei Aktiengesellschaft, GmbH, Personengesellschaften, Genossenschaft, Verein und Stiftung, 6. Auflage, München, 1997

Eschenbach, Rolf, Erfolgspotential Materialwirtschaft, München 1990

Flume, Werner, Die Einbeziehung von Unternehmen im Mehrheitsbesitz ohne einheitliche Leitung in den Konzernabschluss, in: BB 1968,S. 1011 ff.

Forster, Karl-Heinz; Adler, Hans, Rechnungslegung und Prüfung der Unternehmen: Kommentar zu HGB, AktG, GmbHG, PublG nach den Vorschriften des Bilanzrichtlinien-Gesetzes; Adler; Düring; Schmaltz. 6. Auflage, neu bearb. von Karl-Heinz Forster, Stuttgart, 1996, zitiert: *ADS*

Freeman, R.E., Strategic Management. A Stakeholder Approach, Boston, 1984

Früh, Hans-Joachim; Klar, Michael, Joint Ventures - Bilanzielle Behandlung und Berichterstattung - Zur HFA-Stellungnahme 1/1998 des IdW in: WPg 1993, S. 493 ff.

Gadow, Wilhelm; Barz, Carl-Hans, Aktiengesetz: Großkommentar, 3. Auflage, Berlin ab 1970, zitiert: *Bearbeiter* in: Großkomm.AktG, 3. Auflage

Gadow, Wilhelm; Heinichen, Ernst, Aktiengesetz: Großkommentar, 4. Auflage, Berlin ab 1994, zitiert: *Bearbeiter* in: Großkomm.AktG, 4. Auflage

Gälweiler, Aloys; Schwanninger, Markus, Unternehmensplanung, Frankfurt, 1986.

Gansweid, Wolfgang, Gemeinsame Tochtergesellschaften im deutschen Konzern- und Wettbewerbsrecht, Diss. Univ. Bielefeld, 1976

Geßler, Ernst, Anmerkungen zum Aktiengesetz-Großkommentar, in: BB 1971, S. 1015 f.

Geßler, Ernst; Hefermehl, Wolfgang, Eckart, Ulrich, Kropff, Bruno, Aktiengesetz, Kommentar, 1. Auflage, München, ab 1973, zitiert: *Bearbeiter* in: AktG-Komm.

Godin, Reinhard von; Wilhelmi, Sylvester, Aktiengesetz, Kommentar, 4. Auflage, Berlin, 1971, zitiert: *Godin-Wilhelmi.*

Granobs, Hein, Zur Einbeziehung von Konzernunternehmen mit mehreren Obergesellschaften in aktienrechtlichen Konzernabschluss, in: DB 1972, S. 933 ff.

Gutenberg, Erich, Einführung in die Betriebswirtschaftslehre, Wiesbaden, 1975, zitiert: *Gutenberg*, Einführung

Gutenberg, Erich, Grundlagen der Betriebswirtschaftslehre, Band 1, 24. Auflage, 1983, zitiert: *Gutenberg*, Die Produktion

Gutenberg, Erich, Grundlagen der Betriebswirtschaftslehre, Band 3: Die Finanzen, 7. Auflage, 1975, zitiert: *Gutenberg*, Finanzen

Gutenberg, Erich, Unternehmensführung: Organisation und Entscheidungen, Wiesbaden, 1962, zitiert: *Gutenberg*, Unternehmensführung

Haberlandt, Helmut, Zur Behandlung von 50 %igen Gemeinschaftsunternehmen in der konsolidierten Bilanz einer Aktiengesellschaft, in: BB 1977, S. 375 ff.

Heinen, Edmund, Grundlagen betriebswirtschaftlicher Entscheidungen: das Zielsystem der Unternehmung, 3. Auflage, Wiesbaden, 1976, zitiert: *Heinen*, Grundlagen

Helmrich, Herbert, Bilanzrichtliniengesetz: amtliche Texte und Entwürfe; Begründungen, Stellungnahmen und Protokolle; München, 1996

Hofbauer, Max; Albrecht, Werner, Kupsch, Peter, Bonner Handbuch der Rechnungslegung/Hrsg.: Max Hofbauer, Losebl.-Ausg., Bonn, zitiert: *Bearbeiter* in: BoHdR

Hoffmann-Becking, Michael; Rellermeyer, Klaus, Gemeinschaftsunternehmen im neuen Recht der Konzernrechnungslegung in: Havermann (Hrsg.), Bilanz- und Konzernrecht, Festschrift für Reinhard Goerdeler, Düsseldorf, 1987, S. 199 ff.

Hoitsch, Hans-Jörg, Produktionswirtschaft, 2. Auflage, München, 1993

Hommelhoff, Peter, Konzernleitungspflicht: zentrale Aspekte eines Konzernverfassungsrechts, Köln/Bonn/Berlin/München, 1982

Hopt, Klaus ., Baumbach, Adolf, Duden, Konrad, Handelsgesetzbuch-Kommentar, 30. Auflage, München, 2000, zitiert: Baumbach/Duden/Hopt, HGBK

Hub, Hanns, Unternehmensführung: praxisorientierte Darstellung: Grundlagen, Arbeitsverhalten, System der Managementfunktionen, Organisationsentwicklung, Managementkonzeptionen, 3. Auflage, Wiesbaden, 1990

Huber, Ulrich; Börner, Bodo, Gemeinschaftsunternehmen im deutschen und europäischen Wettbewerbsrecht, Köln/Berlin/Bonn/München, 1978

Hüffer, Uwe, Kommentar zum AktG, 4. Auflage, München, 1999, zitiert: *Hüffer*, AktG

Jonas, Heinrich, Der Konzernabschluss, Stuttgart, 1986

Jung, Hans, Allgemeine Betriebswirtschaftslehre, 6. Auflage, München, Oldenbourg, 2000

Jung, Hans, Personalwirtschaft, 3. Auflage, München/Wien/Oldenbourg, 1999, zitiert: *Jung*, Personalwirtschaft

Kieser, Alfred, Handwörterbuch der Führung, 2. Auflage, Stuttgart, 1995, zitiert: *Autor* in: HWFü

Kölner Kommentar zum Aktiengesetz, Zöllner, Wolfgang (Hrsg.), Köln, 1. Auflage ab 1976; 2. Auflage, ab 1986, zitiert: *Bearbeiter* in: KK, 1. Auflage/2. Auflage

Koppensteiner, Hans-Georg, Definitionsprobleme im Konzerngesellschaftsrecht, in: SAG 1985, S. 74 ff.

Kosiol, Erich, Die Unternehmung als wirtschaftliches Aktionszentrum: Einführung in die Betriebswirtschaftslehre, Hamburg, 1975, zitiert: *Kosiol*, Aktionszentrum

Kotler, Philip; Bliemel, Friedhelm, Marketing-Management: Analyse, Planung. Umsetzung und Steuerung, 9. Auflage, 1999

Kropff, Bruno, Aktiengesetz: Textausgabe des Aktiengesetz 1965 mit Begründung des Reg.-Entwurfes, Stellungnahmen und Erläuterungen, Düsseldorf, 1965, zitiert: *Kropff*, AktG 1965

Kuhn, Alfred, Unternehmensführung, 2. Auflage, München, 1990

Küting, Karlheinz, Das künftige Konzernbilanzrecht – unter besonderer Berücksichtigung des GmbH-Konzerns, in: GmbHR 1984, S. 293 ff.

Küting, Karlheinz, Die Quotenkonsolidierung nach der 7. EG-Richtlinie, in: BB 1983, S. 804 ff.

Küting, Karlheinz; Weber, Claus-Peter, Der Konzernabschluss, 6. Auflage, Stuttgart, 2000

Küting, Karlheinz; Weber, Claus-Peter, Kommentar zur Bilanzierung und Prüfung, Band 1a: Handbuch der Rechnungslegung, 4. Auflage, Stuttgart, 1995, zitiert: *Bearbeiter* in HdR. Band 2: Handbuch der Konzernrechnungslegung, 2. Auflage, Stuttgart, 1998, zitiert: *Bearbeiter* in: HdKR

Leffson, Ulrich, Grundsätze ordnungsmäßiger Buchführung, 7. Auflage, Düsseldorf, 1987

Lutter, Marcus, Hommelhoff, Peter, GmbHG, Kommentar von Marcus Lutter und Peter Hommelhoff, 15. Auflage, Köln 2000, zitiert: *Lutter/Hommelhoff*, GmbHG

Lutter, Marcus, Stand und Entwicklung des Konzernrechts in Europa, in: ZGR 1987, 324 ff.

Lutter, Marcus, Vergleichende Cooperate Governance – Die deutsche Sicht, in: ZGR 2001, S. 224 ff.

Lutter, Marcus, Zur Herrschaft mehrerer Unternehmen über eine Aktiengesellschaft in: NJW 1973, S. 113 ff.

Lutter, Markus, Europäisches Gesellschaftsrecht, 2. Auflage, Berlin, 1984

Maas, Ulrich; Schruff, Wienand, Der Konzernabschluss nach neuem Recht in: WPg 1986, S. 201 ff.; 237 ff.

Maleri, Rudolf, Grundlagen der Dienstleistungsproduktion, 4. Auflage, Berlin/Heidelberg, 1997

Marchand, Gerhart, Abhängigkeit und Konzernzugehörigkeit von Gemeinschaftsunternehmen, Berlin, 1985

Martens, Klaus-Peter, Aktienrechtliche Probleme eines Ausstiegs aus der Kernenergie in: ZGR Sonderheft Nr. 10: Festschrift für Alfred Kellermann, Hrsg.: Goerdeler, Reinhard; Hommelhoff, Peter; Lutter, Marcus; Odersky, Walter; Wiedemann, Herbert; S. 271 ff.

Meffert, Heribert, Marketing: Grundlagen marktorientierter Unternehmensführung, 8. Auflage, Wiesbaden, 1998

Meier, Albert, Rationelle Führung und Leitung in der Unternehmung: Aufgabengliederung und Aufgabenverteilung aus neuer Sicht, Stuttgart, 1957

Milde, Thomas, Der Gleichordnungskonzern im Gesellschaftsrecht, Diss. Univ. Mainz, Berlin, 1996

Moxter, Adolf, Bilanzlehre I: Einführung in die Bilanztheorie, 3. Auflage, Wiesbaden, 1984

Moxter, Adolf, Bilanzlehre II: Einführung in das neue Bilanzrecht, 3. Auflage, Wiesbaden, 1986

Münchener Handbuch des Gesellschaftsrechts, Hoffmann-Becking, Michael (Hrsg.), Band I-IV, 2. Auflage, München, 1999, zitiert: *Bearbeiter* in: Münch.Hdb.Ges Band

Münchener Kommentar zum Aktiengesetz, Kropff, Bruno /Semler, Johannes (Hrsg.); 2. Auflage des Gessler/Hefermehl/Kropff, München, 2000, zitiert: *Bearbeiter* in: MünchkommAktG

Nordmeyer, Andreas, Die Einbeziehung von Joint Ventures in den Konzernabschluss, in: WPg 1994, S. 301 ff.

Nordmeyer, Andreas, Möglichkeit mehrfacher Abhängigkeit bzw. Konzernzugehörigkeit im Sinne des §§ 17, 18 AktG, in: BB 1971, S. 70 ff.

Olfert, Klaus, Finanzierung, 10. Auflage, Ludwigshafen/Kiel, 1999.

Olfert, Klaus; Steinbuch, Pitter A., Personalwirtschaft, 8. Auflage, Ludwigshafen/Kiel, 1999

Ordelheide, Dieter, Der Konzern als Gegenstand der betriebswirtschaftlichen Forschung, in: BfuP 1986, S. 293 ff.

Palandt, Otto; Bassenge, Peter, Bürgerliches Gesetzbuch, 62. Auflage, München, 2003, zitiert: Palandt/*Bearbeiter*

Perridon, Louis; Steiner, Manfred, Finanzwirtschaft der Unternehmung, 10. Auflage,München, 1999

Pick, Johannes J., Ausschüttungsregelung bei Konzernverflechtung: Versuch einer Deduktion von Ausschüttungsregeln für Konzerngesellschaften, Diss. TH Aachen, 1985

Raiser, Thomas, Recht der Kapitalgesellschaften, 3. Auflage, München, 2001

Raiser, Ludwig, Das Verhältnis der Wirtschaftswissenschaften zur Rechtswissenschaft, Soziologie und Statistik: Verhandlungen auf d. Arbeitstagung des Vereins für Sozialpolitik, Gesellschaft für Wirtschafts- und Sozialwissenschaften, Berlin, 1964

Rolfes, Gerhard, Gemeinschaftsunternehmen: Ziele ihrer Errichtung sowie ihre betriebswirtschaftlichen und rechtlichen Probleme, Diss. Univ. Bochum, 1979

Ruwe, Wolfgang, Die BGB-Gesellschaft als Unternehmen i.S. des Aktienkonzernrechts, DB 1988, S. 2037 ff.

Schaub, Dieter, Gemeinschaftsunternehmen in: Sölter, Arno; Zimmerer, Carl: Handbuch der Unternehmenszusammenschlüsse, München, 1972, zitiert: *Schaub*, GU

Scheffler, Eberhard, Konzernmanagement: betriebswirtschaftliche und rechtliche Grundlagen der Konzernführungspraxis, München, 1992

Scheffler, Eberhard, Zur Problematik der Konzernleitung, in: Havermann (Hrsg.), Bilanz- und Konzernrecht, Festschrift für Reinhard Goerdeler, Düsseldorf, 1987, S. 469 ff., zitiert: *Scheffler*, FS Goerdeler

Scherrer, Gerhard, Konzernrechnungslegung, München, 1994

Schildbach, Thomas, Anmerkungen zu den neuen Konzernrechnungslegungsvorschriften, in: DBW 1987, S. 391 ff.

Schildbach, Thomas, Der Konzernabschluss als Ausschüttungsgrundlage, in: WPg 1993, S. 53 ff.; 94 ff.

Schindler, Joachim, Konsolidierung von Gemeinschaftsunternehmen: Ein Beitrag zu § 310 HGB in: BB 1987, S. 158 ff.

Schmalenbach, Eugen, Finanzierungen, 3. Auflage, Leipzig, 1922

Schmidt, Karsten, Die Gesellschafterhaftung und "Konzernhaftung" bei der GmbH, in: NJW 2001, S. 3577 ff.

Schmidt, Karsten, Gesellschaftsrecht, 4. Auflage, Köln/Berlin/Bonn/München, 2002, zitiert: *K. Schmidt*, GesR.

Schneeweiß, Christoph, Einführung in die Produktionswirtschaft, 7. Auflage, Berlin, 1999

Schreyögg, Georg; Steinmann, Horst, Zur Trennung von Eigentum und Verfügungsgewalt: Eine empirische Analyse der Beteiligungsverhältnisse bei deutschen Großunternehmen, in: ZfB 1981, S. 533 ff.

Schruff, Wienand, Einflüsse der 7. EG-Richtlinie auf die Aussagefähigkeit des Konzernabschlusses, Diss. Univ. Münster/Westf., 1983

Schubert, Werner; Küting, Karlheinz, Unternehmungszusammenschlüsse, München, 1981

Schulze, Joachim, Einheitliche Leitung durch mehrere Obergesellschaften und ihre Bedeutung für die Konzernrechnungslegung nach dem Aktiengesetz, in: WPg 1968, S. 85 ff.

Semler, Johannes, Fehlerhafte Geschäftsführung in der Einmann-GmbH, in: Havermann, H. (Hrsg.), Bilanz- und Konzernrecht, Festschrift für Reinhard Goerdeler, Düsseldorf, 1987; S. 551 ff.

Semler, Johannes, Leitung und Überwachung der Aktiengesellschaft: die Leitungsaufgabe des Vorstandes und Überwachungsaufgabe des Aufsichtsrates, 2. Auflage, Köln, 1996

Siegwart, Hans; Menzel, Inge, Kontrolle als Führungsaufgabe, Stuttgart, 1978

Slongo, Bruno, Der Begriff der einheitlichen Leitung als Bestandteil des Konzernbegriffs: betriebswirtschaftliche Analyse und Folgerungen für einen Konzernbegriff de lege ferenda, Diss. Univ. Zürich, 1980

Sonderausschuß Neues Aktienrecht, Stellungnahme NA 2/1967: Zur Rechnungslegung im Konzern, in: WPg 1967, S. 488 ff.

Staehle, Wolfgang H., Funktionen des Managements: eine Einführung in einzelwirtschaftliche und gesamtgesellschaftliche Probleme der Unternehmensführung, 3. Auflage, Berlin, 1992

Starck, Wulf von, Betriebswirtschaftliche und gesellschaftsrechtliche Probleme der einheitlichen Leitung im Konzern, Diss. Univ. München, 1970

Steinmann, Horst; Schreyögg, Georg, Management: Grundlagen der Unternehmensführung, 4. Auflage, Wiesbaden, 1997

Süchting, Joachim, Finanzmanagement, 6. Auflage, Wiesbaden, 1995

Theisen, Manuel R., Der Konzern: betriebswirtschaftliche und rechtliche Grundlagen der Konzernunternehmung, 2. Auflage, Stuttgart, 2000, zitiert: *Theisen*, Der Konzern 2000

Theisen, Manuel R., Der Konzern: betriebswirtschaftliche und rechtliche Grundlagen der Konzernunternehmung, 1. Auflage, Stuttgart, 1991 zitiert: *Theisen*, Der Konzern 1991

Tieves, Johannes, Der Unternehmensgegenstand der Kapitalgesellschaft, Diss. Univ. Heidelberg, 1997

Ulrich, Peter; Fluri, Edgar, Management: eine konzentrierte Einführung, 7. Auflage, Bern, 1995

Wiedemann, Gerhard, Gemeinschaftsunternehmen im deutschen Kartellrecht, Heidelberg, 1981

Wirtschaftsprüfer-Handbuch, Handbuch für Rechnungslegung, Prüfung und Beratung, Band 1/Hrsg.: Institut der Wirtschaftsprüfer in Deutschland, 11. Auflage, Düsseldorf, 1996, zitiert: *Bearbeiter* in: WP-Handbuch 1996

Wittmann, Waldemar, Entscheiden unter Ungewißheit, Wiesbaden, 1975

Wöhe, Günter, Bilanzierung und Bilanzpolitik, 9. Auflage, München, 1997, zitiert: *Wöhe*, Bilanzierung

Wöhe, Günther, Einführung in die allgemeine Betriebswirtschaftslehre, 20. Auflage, München, 2000, zitiert: *Wöhe*, Einführung

Würdinger, Hans, Aktienrecht und das Recht der verbundenen Unternehmen, 4. Auflage, Heidelberg/Karlsruhe, 1981

Wysocki, Klaus von; Wohlgemuth, Michael, Konzernrechnungslegung, 4. Auflage, Düsseldorf, 1996

Zilias, Manfred, Zum Unternehmensbegriff im neuen Bilanzrecht (Drittes Buch HGB), in: DB 1986, S. 1110 ff.

Zöllner, Wolfgang, Einführung in das Konzernrecht, in: JuS 1968, S. 297 ff.

Zündorf, Horst, Die Konsolidierung von Gemeinschaftsunternehmen auf der Grundlage der Equity-Methode und der Quotenkonsolidierung nach neuem Konzernbilanzrecht, Diss. Univ. Saarbrücken, 1987

Zündorf, Horst, Zum Begriff des Gemeinschaftsunternehmens nach § 310 HGB, in: BB 1987, S. 1910 ff.

Frankfurter wirtschaftsrechtliche Studien

Herausgegeben von
Theodor Baums, Andreas Cahn, Friedrich Kübler, Hans-Joachim Mertens,
Eckard Rehbinder, Gunther Teubner

Band 1 Tomas Brinkmann: Unternehmensinteresse und Unternehmensrechtsstruktur. Aufgaben und Grenzen eines normativen Regulativs unternehmenspolitischer Prozesse. 1983.

Band 2 Rüdiger Hahn: Behinderungsmißbräuche marktbeherrschender Unternehmen. Eine Untersuchung der Beeinträchtigung von Wettbewerb und Marktstruktur durch horizontalen Nichtleistungswettbewerb als Gegenstand der Mißbrauchaufsicht nach § 22 Abs. 4 S. 2 Nr. 1 GWB. 1984.

Band 3 Peter Buchmann: Registerpublizität und Gläubigerschutz bei der Einmann-Gesellschaft. 1984.

Band 4 Christian Joerges/Eugen Hiller/Knut Holzscheck/Hans-W. Micklitz: Vertriebspraktiken im Automobilersatzteilsektor. Ihre Auswirkungen auf die Interessen der Verbraucher. 1985.

Band 5 Annette Boerner: Die Haftung des herrschenden Kommanditisten. 1985.

Band 6 Dirk H. Mahler: Rechtsmißbrauch und einstweiliger Rechtsschutz bei Dokumentenakkreditiven und "Akkreditiven auf erstes Anfordern": Eine rechtsvergleichende Untersuchung. 1986.

Band 7 Brigitte Kratz: Ausländische Eingriffsnorm und inländischer Privatrechtsvertrag. 1986.

Band 8 Dimitris Tsibanoulis: Die genossenschaftliche Gründungsprüfung. 1987.

Band 9 Jürgen Braun: Rechtsfragen des Transport-Unfall-Informations- und Hilfeleistungs-Systems der deutschen chemischen Industrie. 1987.

Band 10 Thomas Pfeiffer: Die Bedeutung des privatrechtlichen Immissionsschutzes. Eine Untersuchung zu §§ 1004, 906 BGB. 1987.

Band 11 Michael Bothe/Josef Brink/Christian Kirchner/Albrecht Stockmayer: Rechtsfragen der internationalen Verschuldungskrise. Voraussetzungen, Formen und Verfahren internationaler Umschuldungsmaßnahmen und Umschuldungsvereinbarungen. 1988.

Band 12 Felix Dörr: Die fehlerhafte GmbH. 1989.

Band 13 Rolf Trittmann: Anwendungsprobleme des Haager Beweisübereinkommens im Rechtshilfeverkehr zwischen der Bundesrepublik und den Vereinigten Staaten von Amerika. Exklusive Regelung zur Überbrückung der Unterschiede zwischen dem kontinental-europäischen und anglo-amerikanischen Zivilprozeßrechtssystem? 1989.

Band 14 Margaretha Sudhof: Dreieckige Rechtsverhältnisse im Wirtschaftsverwaltungsrecht - Am Beispiel von Konkurrentenklagen. 1989.

Band 15 Michael Weigel: Schriftformklauseln in Allgemeinen Geschäftsbedingungen. 1989.

Band 16 Hans-Peter Schröder: Der sichere Weg bei der Vertragsgestaltung. 1990.

Band 17 Matthias Haas: Haftungsfreizeichnungsklauseln in Allgemeinen Geschäftsbedingungen. Eine rechtsdogmatische und ökonomische Analyse. 1991.

Band 18 Andreas Hahn: Instandhaltungsverträge. Begriffe, Einordnung, Rechtsfolgenbestimmung, Auswirkung auf die Kautelarpraxis. 1991.

Band 19 Jürgen Götz: Der Entherrschungsvertrag im Aktienrecht. 1991.

Band 20 Friedrich Wächtershäuser: Das Gesellschaftsrecht des internationalen Joint Ventures. 1992.

Band 21 Christina Escher-Weingart: Nutzungsausfall als Schaden und sein Ersatz. 1993.

Band 22 Jean-Claude Zerey: Rechtliche Probleme der Finanzierung von *Leveraged Buyouts* und *Tender Offers* durch Banken in den USA und in der Bundesrepublik Deutschland. Eine rechtsvergleichende Studie über die Rolle der Banken bei Unternehmenskontrolltransaktionen in den USA und in der Bundesrepublik Deutschland. 1994.

Band 23 Markus Bauer: Gläubigerschutz durch eine formelle Nennkapitalziffer - Kapitalgesellschaftsrechtliche Notwendigkeit oder überholtes Konzept? Eine rechtsvergleichende Untersuchung der Gläubigerschutzkonzepte des amerikanischen und deutschen Kapitalgesellschaftsrechts. 1995.

Band 24 Marion Vollmann: Minderheitenschutz im aktienrechtlichen Beschlußmängelrecht. Eine Bestandsaufnahme und Vorschläge zu einer rechtspolitischen Reform. 1997.

Band 25 Lydia Klose-Mokroß: Gläubigerschutz im Kapitalgesellschaftsrecht am Beispiel der Lehre von der verdeckten Sacheinlage. 1997.

Band 26 Stephan Aubel: Der vereinfachte Bezugsrechtsausschluß. Aktionärs- und Gesellschaftsinteressen beim vereinfachten Bezugsrechtsausschluß nach Maßgabe des § 186 Absatz 3 Satz 4 AktG. 1998.

Band 27 Kurt Peter Dittrich: Die Privatplazierung im deutschen Kapitalmarktrecht. Eine Untersuchung der Vorschriften des Auslandinvestmentgesetzes, des Wertpapier-Verkaufsprospektgesetzes und des Gesetzes über Kapitalanlage-Gesellschaften unter Berücksichtigung des Rechts der Vereinigten Staaten von Amerika und des Vereinigten Königreichs. 1998.

Band 28 Viola Sailer: Aktienrechtliche Minderheitskompetenzen zwischen Mißbrauch und unternehmerischer Entscheidungsfreiheit. 1999.

Band 29 Marc Zimmerling: Kapitalerhaltung und Konzernfinanzierung. Eine Untersuchung der kapitalerhaltungsrechtlichen Problematik aufsteigender Sicherheiten im Konzern. 1998.

Band 30 Joachim Wichert: Die Finanzen der Kommanditgesellschaft auf Aktien. 1999.

Band 31 Kerstin Andrea Müller: Produktverantwortung und ihre Durchsetzung. Eine kartellrechtliche Beurteilung von Selbstverpflichtungen im Umweltrecht aus deutscher und europäischer Sicht unter besonderer Berücksichtigung der Altautoentsorgung. 1999.

Band 32 Bettina Friedrich: Konvergenzen im Gesellschaftsrecht. Recht-Fertigung durch Status- und Befundsicherung. 2000.

Band 33 Rudolf Lemke: Haftungsrechtliche Fragen des Ratingwesens – ein Regelungsproblem? 2000.

Band 34 Klaus R. Roller: Die Vergütung des Aufsichtsrats in Abhängigkeit vom Aktienkurs. 2000.

Band 35 Bettina Bokelmann: Personelle Verflechtungen über Aufsichtsräte. Aufsichtsratsmitglieder mit hauptberuflicher Vorstandsfunktion. 2000.

Band 36 Kai-Uwe Steck: Regulierung von US-amerikanischen Investmentgesellschaften (Investment Companies). Unter besonderer Berücksichtigung des National Securities Markets Improvement Act of 1996 (NSMIA) und anderer aktueller Rechtsanpassungen. 2000.

Band 37 Kristofer Bott: Wissenszurechnung bei Organisationen. 2000.

Band 38 Ursula Lenzen: Unerlaubte Eingriffe in die Börsenkursbildung. 2000.

Band 39 Martin Schulz: Verfassungsrechtliche Vorgaben für das Kollisionsrecht in einem Gemeinsamen Markt. Eine rechtsvergleichende Untersuchung zu den Grenzen einzelstaatlicher Anknüpfungsmethoden im internationalen Vertrags-, Delikts- und Gesellschaftsrecht am Beispiel der Vereinigten Staaten von Amerika. 2000.

Band 40 Maximilian Koch: Diversifizierung und Vorstandskompetenzen. 2001.

Band 41 Corrado Wohlwend: Die Hauptversammlung im Wandel der Kommunikationsformen. 2001.

Band 42 Michael Rozijn: Der Unternehmensmaklervertrag. Zur Anwendung des allgemeinen Maklervertragsrechts auf Mergers & Acquisitions-Dienstleistungen. 2001.

Band 43 Konstantinos N. Kyriakakis: Die Überwachung einer US-amerikanischen Aktiengesellschaft durch institutionelle Anleger. 2002.

Band 44 Uta Fredebeil: Aktienemissionen. Das underwriting agreement (der Übernahmevertrag) und seine spezifischen Klauseln. 2002.

Band 45 Michaela G. Döbler: Die Einführung des WTO-weiten Erschöpfungsgrundsatzes in das Markenrecht der EU und der USA. 2002.

Band 46 Jan Liersch: Regulierung des Blockhandels an den organisierten Aktienmärkten der Vereinigten Staaten, Großbritanniens und Deutschlands. 2002.

Band 47 Sascha Lotze: US-amerikanisches Kapitalmarktrecht und Internet. Aufsichts- und haftungsrechtliche Fragen des Internet-Einsatzes bei Wertpapieremissionen und im Wertpapierhandel. 2002.

Band 48 Boris Trautmann: Die Konkurrenz von Haftpflicht- und Versicherungsanspruch. Ein Beitrag zur ökonomischen Analyse des Rechts unter Berücksichtigung von Unsicherheit und Verhaltensanomalien. 2002.

Band 49 Matthias Möller: Rechtsformen der Wagnisfinanzierung. Eine rechtsvergleichende Studie zu den USA und zu Deutschland. 2003.

Band 50 Heiner Feldhaus: Die Eignung zur erheblichen Kursbeeinflussung bei der Ad-hoc-Publizität. Eine rechtsvergleichende und interdisziplinäre Untersuchung unter Berücksichtigung der europarechtlichen Vorgaben. 2003.

Band 51 Matthias Janke: Gesellschaftsrechtliche Treuepflicht. Neubewertung der richterrechtlichen Generalklausel im Rahmen einer rechtsvergleichenden und ökonomischen Analyse. 2003.

Band 52 Katrin Thoma: Eigengeschäfte des Vorstands mit der Aktiengesellschaft. Eine vergleichende Untersuchung zum englischen, U.S.-amerikanischen und deutschen Recht. 2003.

Band 53 Mathias Stöcker: Rechtsfragen grenzüberschreitender Unternehmenszusammenschlüsse - unter besonderer Berücksichtigung des Falles Daimler/Chrysler - 2003.

Band 54 Otto Korte: Zur mißbräuchlichen Wahrnehmung der aktienrechtlichen Anfechtungsbefugnis. 2003.

Band 55 Wilhelm Wilderink: Die Auflösung, die Übertragung und die Verschmelzung von Investmentfonds. 2003.

Band 56 Anja Birkenkämper: Rechtsfragen feindlicher Übernahmen. Jurisitische Nachlese zum Fall Krupp/Thyssen. 2003.

Band 57 Manuel Lorenzo Alonso: Die Neuausrichtung der Zwischenstaatlichkeitsklausel der Art. 81, 82 EG. Folgen der neuesten Entwicklungen des Gemeinschaftsrechts für die Zwischenstaatlichkeitsklausel - unter besonderer Berücksichtigung des Bankenbereichs. 2003.

Band 58 Dirk Kocher: Kapitalgesellschaft & Co. KG in Finnland. Eine Untersuchung zur Frage der Übertragbarkeit der deutschen Grundtypenvermischung auf das finnische Recht. 2003.

Band 59 Ruiting Qin: Parteiautonomie: Eine rechtsvergleichende Untersuchung. Versuch zur Entwicklung einer Gerechtigkeitsjurisprudenz im IPR. 2003.

Band 60 René Runte: Walter Julius Derenberg – Leben und Werk. 2004.

Band 61 Udo Prinz: Umstrukturierung durch *Schemes of Arrangement* mit Gesellschaftern im englischen Recht. – Ein Vorbild? 2004.

Band 62 Rainer Schmitz: Die Haftung des Vorstands gegenüber den Aktionären. Eine rechtsvergleichende Untersuchung nach deutschem und US-amerikanischem Recht. 2004.

Band 63 York Oehlschläger: Die typische und atypische stille Beteiligung an einer Aktiengesellschaft. Möglichkeiten und Grenzen der Gestaltung für die stille Gesellschaft zwischen Personengesellschaftsrecht, Aktienrecht, Konzernrecht und Umwandlungsrecht. 2004.

Band 64 Stefan Klein: Die Rechtsstellung auswärtiger Gesellschaften im deutschen und US-amerikanischen Recht. Ein Beitrag zur Neuausrichtung des deutschen internationalen Gesellschaftsrechts unter besonderer Berücksichtigung des Europäischen Gemeinschaftsrechts. 2004.

Band 65 Knut Sauer: Haftung für Falschinformation des Sekundärmarktes. 2004.

Band 66 Michael Senger: Bankenaufsicht, Unternehmensverbindungen und Bankengruppen. 2004.

Band 67 Maximilian Rittmeister: Gewährleistung beim Unternehmenskauf. Die Gewährleistungshaftung des Verkäufers bei einem Unternehmenskauf seit In-Kraft-Treten des Schuldrechtsmodernisierungsgesetzes. 2005.

Band 68 Ole Ziegler: Der Anteilserwerb am Kapitalmarkt nach der Schuldrechtsreform. 2005.

Band 69 Maia Tacheva: Rechtsbehelfe des Käufers im Warenkaufrecht. Eine rechtsvergleichende Untersuchung des Übereinkommens der Vereinten Nationen über Verträge über den internationalen Warenkauf (CISG), des englischen Sale of Goods Act, des bulgarischen Kaufrechts und des deutschen Kaufrechts vor und nach dem Schuldrechtsmodernisierungsgesetz. 2005.

Band 70 Michael Lange: Rechtsfragen der Finanzierung eines feindlichen Übernahmeangebotes. Am Beispiel der großen Publikumsgesellschaft nach US-amerikanischem und deutschem Recht. 2005.

Band 71 Niklas Dieterich: Outsourcing bei Kapitalanlagegesellschaften. 2005.

Band 72 Julia Sernetz: Derivate und Corporate Governance. Kompetenzen und Pflichten des Vorstands von Aktiengesellschaften beim Einsatz von Derivaten. 2006.

Band 73 Marcel Polte: Aktiengattungen. Eine rechtsvergleichende Untersuchung zum deutschen, US-amerikanischen und englischen Recht. 2005.

Band 74 Jens Bornscheid: Stapled Stock (Verbundaktien). 2006.

Band 75 Robert F. Thoma: Der Wettbewerb um Stimmen im US-amerikanischen und deutschen Aktienrecht. 2006.

Band 76 Markus Lauer: Gemeinsam geführte Unternehmen im Bilanz- und Gesellschaftsrecht. 2006.

Band 77 Arne Christian Lawall: Die virtuelle Holding nach deutschem Aktienrecht. 2006.

www.peterlang.de

Peter Lang · Europäischer Verlag der Wissenschaften

Thomas Paul

Die Gesellschafterfähigkeit von Gesamthandsgemeinschaften

Frankfurt am Main, Berlin, Bern, Bruxelles, New York, Oxford, Wien, 2005.
XXII, 385 S.
Saarbrücker Studien zum Privat- und Wirtschaftsrecht.
Herausgegeben von Johann Paul Bauer, Michael Martinek und Helmut Rüßmann.
Bd. 54
ISBN 3-631-53787-5 · br. € 68.50*

Die Gesamthandsgemeinschaften spielen seit jeher im rechtswissenschaftlichen Diskurs und in der Rechtspraxis eine prominente Rolle. Trotzdem sind noch viele Fragen ungeklärt oder bedürfen aufgrund zwischenzeitlich vollzogener Rechtsentwicklung neuer Antworten. Als Beitrag zu diesem Prozess begreift sich diese Arbeit. Thematisiert werden alle Gesamthandsgemeinschaften des BGB, des HGB und des UrhG. Den Schwerpunkt bildet die Beteiligung von Erbengemeinschaften und Gütergemeinschaften an Personengesellschaften. Hier kommt die ablehnende Auffassung von Rechtslehre und Rechtsprechung auf den Prüfstand. Dabei fühlt sich der Autor dem Grundsatz der Privatautonomie in besonderem Maße verpflichtet und tritt für eine weitgehende Zulässigkeit der Beteiligung ein.

Aus dem Inhalt: Gesellschafterfähigkeit von Erbengemeinschaften · Als Gesellschafterin einer GbR · Beteiligung an der Gründung einer Außen-GbR · Mitgliedschaft in einer Partenreederei · Gütergemeinschaft als Gesellschafterin einer Außen-GbR, oHG und KG

FSC
www.fsc.org
MIX
Papier | Fördert
gute Waldnutzung
FSC® C083411

Kolibri 360 GmbH
Ferdinand-Jühlke-Straße 7
99095 Erfurt, Deutschland
produktsicherheit@kolibri360.de

Druck:
CPI Druckdienstleistungen GmbH
im Auftrag der
Kolibri 360 GmbH
Ferdinand-Jühlke-Str. 7
99095 Erfurt